迈克尔·纳库拉教授作品系列

— 理解青少年
教育工作者的青少年发展手册

当今世界的青少年心理
全球视角下的风险、关系及发展

关乎解释
青少年心理治疗与发展关系的相互转化

理解青少年
教育工作者的青少年发展手册

UNDERSTANDING YOUTH
Adolescent Development for Educators

[美] 迈克尔·J. 纳库拉　埃里克·托沙利斯 ｜ 著
Michael J. Nakkula　Eric Toshalis

冯　博 ｜ 译

生活·讀書·新知 三联书店

Simplified Chinese Copyright © 2025 by SDX Joint Publishing Company.
All Rights Reserved.
本作品简体中文版权由生活·读书·新知三联书店所有。
未经许可，不得翻印。

图书在版编目(CIP)数据

理解青少年：教育工作者的青少年发展手册/(美)迈克尔·J. 纳库拉,(美)埃里克·托沙利斯著；冯博译. —北京：生活·读书·新知三联书店,2025.1
(当代世界德育名家译丛)
ISBN 978-7-108-07882-7

Ⅰ. D43-62
中国国家版本馆 CIP 数据核字第 2024M4Z632 号

责任编辑　成　华　苟娇娇
封面设计　刘　俊
出版发行　生活·讀書·新知 三联书店
　　　　　(北京市东城区美术馆东街22号)
邮　　编　100010
印　　刷　江苏苏中印刷有限公司
版　　次　2025 年 1 月第 1 版
　　　　　2025 年 1 月第 1 次印刷
开　　本　880 毫米×1230 毫米　1/32　印张　12
字　　数　244 千字
定　　价　78.00 元

总　序

一

马克思说:"一个时代的迫切问题,有着和任何在内容上有根据的因而也是合理的问题共同的命运:主要的困难不是答案,而是问题。"比较思想政治教育的兴起既是世界多极化、经济全球化、社会信息化与文化多样化背景下的必然之举,也是学科发展到一定阶段进行观念反思与议题创新的应然选择。

历史从哪里开始,思想进程也应当从哪里开始。和平与发展是当今时代的主题,世界多极化不可逆转,经济全球化深入发展,综合国力竞争日趋激烈。实现中华民族伟大复兴是近代以来中华民族最伟大的梦想,随着中国特色社会主义逐渐迈入新时代,社会矛盾发生深刻变化,提出并推进人类命运共同体思想是在新时代的历史方位中实现中国梦的战略需要。通过挖掘和利用国际合作与交流工作的基础性、前瞻性和引领性的潜力和特点,努力加快宽领域、高层次国际合作与交流步伐。

思想政治教育理应与时代同行,与实践同行,思时代之所思、问时代之所问、急时代之所急,并在最新的实践命题中提取理论命题,在最新的社会实践中检验理论生命力。值此百年未有之大变局,思想政治教育需要从本学科视角出发审视时局并明确自身的使命担当。加强对学生思想政治教育的重视,是立足于新时代教育对学生德育教育的重视的教育内容,是学生成长和发展的重要基础。对于学校而言,思想政治教育的有效开展是促进学校教育改革的重要方式;对于国家及社会的发展而言,思想政治教育有利于保障人才培养的品德修养,是培养德才兼具型人才的重要教育内容;对于学生自身而言,思想政治教育是保障其符合新时代社会发展需求的重要方式,是促进其身心健康、持续发展的重要保障。

拥有宽广的国际视野,对思想政治教育研究者和工作者来说,是不可逆转的发展要求,也是比较思想政治教育在新的发展态势下找准生长点、走特色人才培养道路的必然选择。在对外人文交流中确立比较思想政治教育研究的角色既是实践经验的总结,也是发展模式的探索。开展国际间思想政治教育比较研究对于认识和把握人类社会发展规律具有重大意义,可以指导人们更好地进行社会实践活动;比较的目的在于辨别事物的异同关系,谋求背后的一般规律,以服务于社会现实需要;进行比较要以共同点为前提,立足各国事实情况,不能回避和掩饰问题的实质;在具体的比较过程中,既要以联系的眼光综合运用纵向比较与横向比较,又要以整体性思维处理好比较中的整体与部分、一般与特殊的关系。

二

思想政治教育学是一门研究思想政治教育现象、问题并揭示思想政治教育规律的科学。在这个"历史向世界历史转变"的时代,只有通过比较的研究方法对思想政治教育研究进行时间与空间双重维度的拓展,深入解析不同历史时间和空间地域下的思想政治教育实践的具体样态及其生成发展规律,才有可能深刻把握思想政治教育演变发展的一般规律,为思想政治教育创新发展提供理论基点,探寻现实进路。

党的十八大以来,思想政治教育理论研究与实践创新取得很大成绩。但随着国际形势深刻变化和国内经济社会发展,新情况新问题新挑战层出不穷。思想政治教育要跟上形势变化、更好发挥作用,必须强化人本意识、问题意识、实践意识,不断开拓创新。思想政治教育比较研究的价值追求不止在于寻找异同,更在于透过现象看到其背后蕴含的本质性规律,深入理解、借鉴和反思世界各国思想政治教育实践活动。思想政治教育的比较研究进行得越是深刻和精准,我们越能接近思想政治教育的本质规律。以深入开展思想政治教育比较研究为主要切入点,我们亟待提升以"比较思维"为核心的思想政治教育研究格局,超越单一视域的思维阈限,拓宽传统思想政治教育学的认识边界,进一步强化思想政治教育在理论上的学理性和在实践上的适用性。

思想政治教育学自1984年确立以来,其主干学科逐渐由"三足鼎立"(原理、历史、方法)的结构体系演变为"四维驱动"(原理、历史、方法、比较)的发展态势。为了使国际比较研究与其他基础理论研究形成正反馈机制,就必须更加全面、深刻、科学、高效地借鉴。基于此,根据学界业已形成的丰富成果与思想观点,从认识论与方法论的视角体察探究思想政治教育国际比较的借鉴问题就显得至关重要。只有积累了一定的国别研究成果和比较研究成果，才能进一步探讨借鉴问题。当比较思想政治教育学科发展到一定阶段后，只有探明借鉴问题，才能更好地展现出其对于促进思想政治教育学科议题创新与观念反思的重大价值。在对外人文交流中确立比较思想政治教育研究的角色既是实践经验的总结，也是发展模式的探索。

总之，无论是从时代背景、文化背景，还是学科背景出发，思想政治教育国际比较的借鉴问题研究都势在必行。

三

我国比较思想政治教育兴起于20世纪80年代中后期。经过多年的建设，比较思想政治教育的发展已经初具规模。2016年5月17日，习近平在哲学社会科学工作座谈会上指出："观察当代中国哲学社会科学，需要有一个宽广的视角，需要放到世界和我国发展大历史中去看。"2019年3月18日，习近平在学校思想政治理论课教师座谈会上又强调，教师的视野要广，包括知识视野、国际视野、历史视野，要能够通过生动、深入、具体的纵横比较，把一些道理讲明白、讲清楚。拥有宽广的国际视野，对思想政治教育研究者和工作者来说，是不可逆转的发展要求，也是比较思想政治教育在新的发展态势下找准"生长点"、走特色人才培养之路的必然选择。比较思想政治教育学的研究成果丰硕，包括著作译介、事实描述、要素比较与因果分析，对于比较后借鉴的可能、立场、内容与方略等问题的研究则显得相形见绌。

新时代背景下，开展思想政治教育比较研究具有很强的指导意义，同时也极具挑战。首先，"比较"应当甚至必须作为一种科学的研究方法,应用于哲学社会科学和自然科学研究领域之中。其次,"比较"不仅是一种具体的研究方法,还具有重要的方法论意义。比较研究为人们分析不同历史时代和不同社会的意识形态及其教育提供了科学的认识工具。最后,"比较"更是一种思维方式,这种思维方式理应贯通于整个思想政治教育研究的过程之中。"比较"不单从方法工具层面,更是从思维方式层面赋予了思想政治教育比较研究重要的价值意蕴。

从思想政治教育的时代背景和学科立场出发,我们精选国外思想政治教育相关领域较具权威性、代表性、前沿性的力作,推出了具有较高研究价值与应用价值的系列翻译作品——《当代世界德育名家译丛》(以下简称"译丛")。该译丛是东北师范大学思想政治教育研究中心(以下简称"中心")推出的"比较思想政治教育研究"系列成果之一。我们秉承"以我为主、批判借鉴、交流对话"的基本原则,"聚全球英才、育创新团队、塑国际形象"的建设理念,对国外著名学者的研究成果进行了深度透视与全面把握,意在拓展原有论域,进一步深化学术研究、强化学科建设、服务国家需要。

译丛作品的原作者均在全球范围内享有学术盛誉,具有深厚的理论功底和丰富的实践经验,将这些国外德育名家的研究成果集中翻译并结集出版,高度体现了中心以全局性、世界性的眼光认识问题,致力于推动人文社会科学研究的范式创新与人文社会科学的繁荣发展。

译丛主要面向四大读者群:一是教育学、政治学、社会学、思想政治教育学等领域的科研工作者,二是教育主管部门决策者、高校辅导员、政府相关部门等行政人员,三是思想政治教育、道德教育、比较教育等相关专业的本科生与研究生，四是广大对相关主题感兴趣的学者、教师，以及社会各界人士。

译丛在翻译过程中特别注意原作者真实观点的阐释，同时立足于马克思主义根本立场、观点和方法，坚持中国特色社会主义道路的行动指南，对所选书目及其内容进行甄别。译丛在翻译过程中，由于需努力精准呈现原作者的思想，难免涉及国外的价值取向和意识形态，请所有读者在研习的过程中加以辨别，批判性地进行阅读和思考。

杨晓慧
2024 年 1 月于长春

谨以此书献给我们曾经教育和辅导过的学生

目 录

前言　*1*
致谢　*1*
作者介绍　*1*

第一章　青少年时期的身份建构　*1*
第二章　情境中的身份认同　*23*
第三章　冒险行为与创造力　*55*
第四章　心流理论和可能性发展　*83*
第五章　关系认同和关系发展　*106*
第六章　性别认同发展　*133*
第七章　种族认同发展　*159*
第八章　民族认同发展　*201*
第九章　性认同发展　*236*
第十章　信仰与终极意义的发展　*266*
第十一章　从学校到职业生涯的过渡　*303*
第十二章　青少年发展的教育生态　*326*

索引　*342*

前　言

《理解青少年》是一本写给青少年教育工作者的书。我们所说的教育者包括教师、学校辅导员、心理学家、社会工作者、学校管理者、未来的职业培训人员和军队人员，以及那些在社区中心和其他地方教育年轻人并促进他们人生发展的青少年发展教育工作者。我们对教育者的定义还包括监护人、导师和其他在青少年教育和发展中发挥重要作用的成年人。写这本书的缘起和初衷是：

- 我们认为，面对当前教育工作者及其对发展心理学知识的特殊需要，缺乏一本广泛适用于青少年发展的专业性书籍；
- 我们多年来为教师、辅导员和其他的学校专业人员提供教育和服务，并从中获得了他们在帮助青少年从中学到大学或职业生涯中所需的信息和技能；
- 我们的目标来自教师和辅导员的工作的基本职责，即如何有效地教育青少年并促进他们的最佳发展。

在这本书中，我们广泛地从这三个基本的初衷和需求中汲取灵感，努力向上述那些致力于促进青少年人生发展的教育工作者传授对人生可能性的理解。有鉴于此，本书在"贯穿式"案例研究（threaded case studies）的基础上嵌入了大量关于青少年发展的实践、理论和经验信息。我们的"贯穿式"案例研究方法将在特定的青少年生活情境下，结合现实所面对的教育和人际关系环境，介绍和揭示青少年发展的相关问题，进而持续跟踪这些问题，因为它们将伴随青少年教育的新挑战和发展需求一起演变。在每一章中，我们会介绍一个或多个角色，包括不同的学生和教育者，他们将通过其自身案例呈现出不同的研究主题。在接下来的章节中，我们还将看到这些问题和研究主题逐渐成为青少年发展和教育者实践过程中的重要组成部分。我们更期待的是，将这些主题内容与教育者或受教育者以往的经验和实际需求结合起来，会更加有助于增强青少年发展教育在实践应用中的生命力，并在这个意义上加强这些概念的教育有效性。

关于本书主标题的措辞，"理解青少年"：从我们的角度来看，理解青少年并不是要实现的具体目标（即当你读完这本书，你不能声称你已经完全了解年轻人了），而是要致力于从多个角度寻求对学生未来发展可能性的独特见解。因此，教育者应对学生采取一种更谦和、更包容的姿态，并不断学习、了解青少年如何看待事物以及他们成长过程中可能需要的东西。我们强调谦逊是实现"专业"或"专业知识"的良方，因为我们实际上对个体生活的复杂性知之甚少。假定我们自认为已经彻底掌握了知识或真正地理解了青少年，这无疑将剥夺使我们成为更好的教育者所必需的额外学习机会。然而，举手宣布无知，同样是有问题的，我们需要找到一种平衡，为学生提供探索的空间，使我们成为有效的教育者和倡导者。

正如我们在第一章中全面描述的那样，在这部作品中我们认同建构主义的观点（constructionist perspective），这意味着我们强调通过生活经验的产生来提升"发展"的作用，而不是专注于对个体发展过程中生物学的、心理学的或是其他学科的"客观"描述。建构主义的观点认为，人们在创造"发展"的过程中相互合作。因此，发展不是一种纯粹的个体现象，而是被视为心理关系的基础：它发生在所有类型当中。这种方法旨在使教育者更清楚地认识到他们在帮助学生构建人生发展中所起的作用。同样，本书旨在帮助教育工作者认识到他们与学生之间的关系，包括在这些关系中体验到的自我效能感（self-efficacy）或缺乏自我效能感是如何影响他们的专业和个人发展的。从这个角度看，青少年发展的核心意义从根本上在于青少年对自身和世界的解读。换句话说，就是青少年通过自己的生活体验赋予了人生意义。而我们作为教育者可以在青少年获得生活体验的过程中发挥关键作用，正如他们可以在教育者人生发展中发挥重要作用一样。

建构主义的观点还认为青少年时期本身是一种社会建构，而不是一种客观现实。正如我们在书中所说的那样，这种观点并没有削弱"理解青少年"在当前时代和社会文化之中的现实重要性。因此，我们的学校系统和其他社会机构一样，都是根据对儿童、青少年和成年人的特殊理解而设计的。与这种社会建构相一致的是，我们粗略地将青少年定义为从中学过渡到高中，再到大学或工作的阶段。为了读者使用和研究的便利，我们选择以教育阶段为标志而不是年龄，但同时也能看到两者之间有密切的相似之处。学生大约12岁开始上初中，从高中到大学或工作的过渡通常是在18或19岁的时候。青少年大约被定义为十几岁（teen years），尽管有新的理论争议将这一定义延伸到至少20岁早期，但考虑到当代西方社会的结构,也有其他文献主张用一个名为"成年早期"(early adulthood)的新发展时期来重新划分这一成长阶段。鉴于我们的主要受众读者是初中和高中教育工作者,所以我们选择了一个符合教育成长阶段的划分标准作为本书对于青少年时期的界定。

本书大部分内容的阐述都以认同发展理论(identity development)为基础,并基于埃里克·埃里克森(Erik Erikson)对这一理论的经典论述,但同时我们也将更多当代"关系发展"(relational development)的概念融入本书的"认同"概念。虽然我们发现许多认同理论对于了解青少年很有用,但我们和其他人一样,认为与其说认同是个人的努力,不如说是集体的合作,因为我们是在与他人的关系中成长为我们自己的。在本书中我们用了大量的篇幅来阐述基于关系的认同发展。

我们对师生关系发展重要性的立场超出了理论范畴本身。我们相信,在处理与青少年有关的工作时,有一种道德上的必要性。与学生保持距离会使我们与工作对象及工作内容脱离联系,这是相当危险的情况。在当今"高风险测验"(high-stakes testing)的时代,这是一个应该引起高度关注的现象。在这个时代,为了满足提高学校整体考试成绩的要求,我们往往忽略甚至牺牲对某些学生自身长期人生发展的规划和关注。在实际工作中,我们一再听到这样的说法:不能以牺牲整体的教育质量为代价而将过多的精力投入到某些少数"优秀学生"身上。虽然这种做法符合一定的培养规律和教学逻辑,但它却把教育者置于另一个道德陷阱:谁是优秀学生?谁是后进生?我们的底线在哪里?而那些按照现行"评价标准"(学习成绩)没有成功的人又会怎样呢?这些都是很难回答的问题,而且这种情况也绝非罕见。我们的理念是,在教育中采用一种关系的方法,将师生看作一个整体,这样可以有效减弱将学生视为影响应试教育或整体利益的责任主体的观点。在日常的工作之中,教育者的职责不仅是传授教学内容或完成某些教学目标,还包括与学生建立起有效的师生关系和相互之间的理解与信任,并通过这种关系创造学生未来人生发展的可能性。

这种"关系理论"不仅适用于个人,也同样适用于青少年发展的更大生态系统。通过将关注点扩展到家庭、文化、制度和社会组织(这些是影响青少年想要成为什么样的人以及如何成为那样的人的要素),我们能够更敏锐地解读青少年人生发展的微妙之处。虽然我们接受教育者"不能包揽一切"的观点,即不能成为所有人的老师、辅导员、家长和朋友,但我们有责任融入学生生活实践并理解他们。将孩子们简单地视为去情景化的学习者(decontextualized learners),将导致教育者无法深入地了解到更多的青少年。在这本书中,我们从特定的角度为读者理解青少年的生活提供了一些具体案例。

教育与咨询的区别在于前者是教育如何关怀,后者强调如何通过关怀去教育。传统的教育是让学生关心这个世界,在这个世界上扮演有意义的角色,但我们认为,只有通过关心学生是什么样的人,认同他们的雄心壮志和未来规划,同情他们的困难与迷茫,才能让教育者和学生一起成长,才能参与他们的心理发展过程,才能实施最有效的教育。这种关怀使教育者与学生形成发展联盟(developmental alliance),与学生一起参与他们的发展过程。这样做不仅有助于学生的成长,而且能通过这种经历让教育者积累经验并逐渐成熟。建立师生发展共同体不仅是单方面地为学生助力，也彰显了教育工作的职业价值和工作意义。在此，教育更多呈现的是互惠性合作，而非单方面支持。这意味着教育者应该更多地陪伴年轻人而不是强制引导他们，应该更多地倾听他们的心声，应该以更加开放的态度理解和激励青少年，就像我们希望青少年对教育者的激励也保持同样的开放态度一样。

这不是一本传授"怎么教"的书，而更像是一本传授如何"理解并参与"青少年发展过程的书。我们希望鼓励所有读过这本书的教育工作者，让大家努力与学生建立良好的师生关系和更多的信任，并通过这一过程来更好地了解自己。当彻底地了解如何与学生打交道的时候，我们就已经置身于开展工作的最有利位置上了。要想通过教育成为促进学生人生发展的重要力量，就必须参与到青少年的实际生活和学习之中。理解青少年就是在与他们的关系中理解我们自己。正如我们在一开始所说的，理解不是终点，而是一个过程。我们希望通过叙述本书中的具体案例及对案例的分析来与您分享我们的观点。

致　谢

像这样一本涵盖了青少年发展这一广泛领域中诸多话题的书，显然要感谢很多人。作为合著者，我们一同感谢那些帮助过我们的人，然后以个人名义感谢那些让我们的想法成为现实的关键性人物。

我们首先要感谢的是在过去的许多年中我们教过和辅导过的初中生、高中生、大学生和研究生。与我们在此提出的教育和人类发展的观点一致，不用多说，通过这样的教育机会，我们学到了很多，也成长了很多。当在哈佛大学教育研究生院的青少年发展课程(H-236)上合作的时候，我们就产生了创作这本书的想法。多年来，数百名学生选修了这门课程，我们对他们表示深深的感谢，感谢他们帮助我们了解到学校教职人员需要掌握哪些关于青少年发展的知识，以及如何促进青少年发展。在编辑方面，我们感谢卡罗琳·昌西(Caroline Chauncey)——她的热情、支持、耐心——始终着眼于这本书的大局。感谢道格·克莱顿(Doug Clayton)对本项目从始至终的支持。感谢丹尼尔·西蒙(Daniel Simon)的编辑工作，让整本书从碎片化到整体性呈现出来。同时感谢多迪·里格斯(Dody Riggs)帮助本书顺利出版。

我(迈克尔)向史蒂夫(Steve)、马克(Mark)和罗恩(Ron)致以个人的谢意,他们从年轻的时候就参与这本书的创作,直至现在我们依然是非常好的朋友。特别要感谢史蒂夫和他18岁的儿子贾里德(Jared),一直陪伴我完成这本书。从青少年到中年,我们的欢声笑语和激烈的争吵让我保持了年轻时期的最佳状态。我也对我的兄弟蒂姆(Tim)、格雷格(Greg)和肖恩(Shawn)表示感谢,虽然他们与我一起在年少的时候为父母带来了很多麻烦,但这些经历也为我从事的教学和咨询工作奠定了基础。在理论上,我要感谢鲍勃·塞尔曼(Bob Selman),他对人类发展理论,特别是对我的工作和生活的贡献,贯穿本书。在过去的八年中,我很高兴与一群有趣且才华横溢的教学研究员一起指导青少年发展。有鉴于此,我还要特别感谢合著者埃里克(Eric),感谢您对我的工作方式的坚定支持,以及将其与您独特的才能和见解相融合的能力,正是您的坚持和帮助,使这本书得以成形。最后,感谢我的妻子卡罗琳(Caroline)和我的儿子卢卡斯(Lukas)和萨姆(Sam),谢谢你们给我的爱和所做的牺牲,让我在本已丰富而充满挑战的生活中完成此书。现在是仲夏了,红袜队和老虎队的季后赛之旅似乎是一种理想的放松和娱乐(尽管这种方式有点难以想象),如果你们愿意,我已做好准备!

对于我(埃里克)来说,之所以能够编写此书是因为有那么多人愿意教我(或愿意让我教),为此我感到受宠若惊,无比感激。首先要感谢的是我在乔纳塔学校(Jonata School)、戈莱塔谷初中(Goleta Valley Junior High)以及剑桥林奇与拉丁学校(Cambridge Rindge and Latin)的所有学生。在我们的日常课堂互动中,你们教给我的关于青少年发展的知识比其他所有专业学者和理论教给我的还多。同样,我要感谢参加H-236和H-210A课程的所有学生以及多年来在哈佛教师教育计划（Harvard Teacher Education Program）中的实习生，他们为我提供了宝贵的意见，使我了解到理论和实践之间有效衔接的过程。我要感谢我的第一任校长戴夫·卡什（Dave Cash），他给了我及全体老师以试错机会和成长所需的自主权。对于凯·梅瑟斯（Kay Merseth），我感谢您提供给我无数机会来培训老师、检验假设并扎根于课堂。我要感谢安（Ann）和欧文·圣蒂尔斯（Irwin Sentilles）慷慨地提供了崇高而安静的静修所，使我能够安静并认真地工作。对于我的老师、顾问、辅导员和朋友迈克尔·纳库拉，我永远感谢您与我分享的知识、信任、敏锐的洞察力和共同创作的才能，您是我最好的导师。对于萨拉（Sarah），我要感谢您对我工作的信任，我将永远感谢并敬畏您的才华，没有您，我将无法实现我的梦想。最后，我感谢我人生中"青少年发展"理论的最初实践者——我的父母。你们教会我为那些努力成为自己的人而认真思考、工作，这本书证明了这种方法的价值。

作者介绍

迈克尔·J.纳库拉(Michael J. Nakkula)是哈佛大学教育研究生院(HGSE)的助理研究员,曾在该院教授咨询、城市教育和青少年发展等课程,并帮助开发了 HGSE 的风险与预防项目。在 1998 年至 2004 年担任 HGSE 首任人类发展与城市教育卡格曼助理教授。与莎伦·拉维奇(Sharon Ravitch)合著了《解释问题:治疗和发展与青年关系中的相互转化》(1998)一书。目前的研究重点是青少年在城市教育系统中走向工作、大学和职业生涯时所应对的挑战。迈克尔·J.纳库拉拥有密歇根州立大学传播学和心理学学士学位、明尼苏达大学德卢斯分校咨询学硕士学位以及 HGSE 咨询心理学博士学位。

埃里克·托沙利斯(Eric Toshalis)是哈佛大学教育学院的教育学讲师和博士研究生。他曾担任初中和高中教师,并以教练、辅导教师、社区活动家、教师工会主席、课外小组组长和课程编写者的身份在学校与众多青少年一起工作。2003 年以来,他一直在哈佛大学教师教育项目中与同事搭档为职前教师讲授青少年发展课程。作为一名研究者,托沙利斯研究教师和学生如何以不同的方式抵制公立学校制造社会不平等的倾向,同时研究如何在课堂上宣扬这种抵制。他在加州大学圣巴巴拉分校获得学士学位、教学证书和教育学硕士学位,并在哈佛神学院获得神学研究硕士学位。

第一章　青少年时期的身份建构

丹妮尔·彼得森(Danielle Petersen)是一位已经从教五年的中学教师,在过去的四个月中,她所执教的十年级第三学期的世界文学课程进展得相当顺利。[1] 班级中大多数学生都通过了考试,并且很多人都得了 A 的成绩。丹妮尔老师对课堂和学生们的高要求,是他们取得如此骄人成绩的重要原因。她与班上大多数学生都保持着良好的师生关系,对于偶尔出现的小问题和小矛盾,她似乎总能以一种大多数学生都能接受的方式妥善化解。但是,她与班级里一名叫作安特文·萨拉丁(Antwon Saladin)的学生的关系却一直非常紧张。尽管平日里安特文看起来是一名为人友善、与世无争的学生,但是从九月份开始,丹妮尔老师却逐渐地感到了他对自己的粗鲁、无礼和深深的敌意。同样,安特文也感觉丹妮尔老师对他很粗鲁,不尊重他、充满

---

[1] 本书的所有案例研究均是结合教育工作者与学生面临的共同挑战而虚构出的。这些案例和人物是基于教育者工作中的经验合成的,因此本书中并不会出现真实的学生或教育工作者。如有人物名字或特定挑战与真实人物或真实挑战雷同,纯属巧合。

敌意。他们互相之间都有很多怨言并可以举出具体事例证明对方的诽谤、忽视和恶意对待。但遗憾的是，他们双方谁都没有用一种冷静、理智的方式处理这些日益恶化的不满情绪。

丹妮尔老师不知道的是，安特文一直与跟他有竞争关系的朋辈群体进行着激烈的斗争，这使得他在与不同朋友交往时要做出很多艰难的决定。考虑到自己较差的阅读和写作能力，以及最近的考试成绩，安特文意识到自己很有可能无法通过国家要求的毕业考试，所以他一直在想各种办法来避免暴露自己能力的缺乏。因此，他从不做家庭作业，在小组讨论的过程中也总是心不在焉，声称自己不知道答案，或者在丹妮尔老师要求他回答问题时拒绝发言，并且总是在寻找机会让全班学生偏离正题，进行一些不相干的时事讨论。这种行为让丹妮尔老师越来越生气，甚至觉得自己受到了严重的冒犯，但她还是尽量在学生面前掩饰这种由正面冲突带来的不安和焦虑。因此，她试图回避和无视课堂的问题，并希望这些麻烦会自行消失。更遗憾的是，丹妮尔老师成长于欧洲中产阶级家庭，习惯了师生之间传统的交流方式，像安特文这样来自城市的非裔美国学生，彼此之间或与老师不会像那样交流，这让她拿他们没办法。安特文的大嗓门和硬派的街头风格让丹妮尔老师感到特别害怕，因为这让她意识到自己缺乏能与安特文心平气和交流的素养和文化。

社会建构下的青少年发展

从不同的角度和阶段解读青少年时期是至关重要的。人的认知是不断发展的（通常被定义为理性思考和复杂思维能力的不断增强），这种认知在青少年发展的初期就已经相当成熟，大多数青少年具备以新颖有趣的方式解释世界的必要能力。儿童也是世界的伟大诠释者，但他们的思维更加具象，对"真实"的依赖也较少。例如，在幼儿的科幻游戏中，从来没有人想去验证剧情的合理性，不会具体考察普通人是如何把自己变成非凡的超级英雄的。为了区分儿童与青少年思维之间的区别，发展心理学家通常将青少年思维称为"理论思维"（theoretical thinking），它根植于对事物运行方式的假设，然后通过现实世界的试错实验来验证这些假设。[1]

在上述的案例之中，安特文已经对丹妮尔老师进行了数周的试探，试图确定她是自己的盟友还是敌人。他不愿意或不轻易与老师谈论自己对即将到来的毕业考试的恐惧，以及他与同龄人之间的关系，于是他采取各种各样的方式来干扰师生之间的互动和交流，以此来建立和验证他自认为的理论。基于以往与其他老师的相处经验，安特文给自己设定的假设是，丹妮尔老师肯定会因此而感到失望，并更多地采取

---

[1] Karen Bartsch, "Adolescents' Theoretical Thinking," in *Early Adolescence: Perspectives on Research, Policy, and Intervention*, ed. R. M. Lerner (Hillsdale, NJ: Lawrence Erlbaum, 1993), 143–157.

控制措施,而不是用一种双方可接受的平等方式进行沟通和交流。他在课堂上随意举起的红旗被丹妮尔老师解释为反抗、粗鲁和不尊重,这样的举动让老师感受到了安特文的不守纪律,令人失望。而老师的反应与态度也恰恰让安特文觉得自己的理论假设是正确的,并开始将老师当作自己的敌人、对手而非朋友。与此同时,丹妮尔老师也开始把安特文描写成她在教学生涯中又一个失败的例子,并开始为他日益低迷的表现找一个解释,那就是安特文自身恶劣的表现和低劣的素质。

上述案例中,初高中学生企图通过反抗老师以及扰乱课堂秩序的行为来控制课堂,这正是他们在测试自己的人际关系的本质和边界,以及适应因此而创建的学习环境。通过这种测试方法,他们构建了在课堂与生活中、成年人与同龄人之间的内隐理论[1](implicit theories),进而形成了自己对于此的独特理论。这些经过测试的经验(tested knowledge)积累,形成了青少年的人生观、价值观与世界观,以及对自我的认知和定义。如果用这种方式来理解,那么那些曾经被认为是病态的或者是越界的叛逆行为,其实都是青少年建构和揭示自我世界的过程之中的重要组成部分。当青少年通过对他们的行为及其引发的反应来测试人际关系边界之时,成年人也无形之中用自己的认知来塑造和定义这

---

[1] 内隐理论,亦称"内隐观""公众观",认为一般公众会在日常生活和工作背景下形成关于某些问题或事物的看法,且以某种形式存于个体头脑中。该理论为个体的日常理解和解释提供范式和框架,并影响着个体的社会生活与实践。——译者注

种实验,而青少年时期正是在这些不断的测试中逐渐建构起来的。

作为基础教育的专业人士,我们要在工作中为青少年(和青少年时期)的"共同建设与发展"做出积极的贡献。教师们往往拥有数十年的教学经验,并不断将外部世界那些丰富的想象力和成熟理论元素融入教学之中。作为教育工作者,他们完全有能力采用这种创新的思维模式指导青少年。当青少年含蓄地询问老师,自己应该成为何样之人、应该成为何人之友、应该相信何人、应该如何处世的时候,老师对这些问题的理解和解答将有助于师生对青少年时期的"共同建构",即使老师的反馈可能会被学生们否定或拒绝,但这无疑将成为他们与世界和外界接触的有效途径。因为无论是师生通过合作的方式解决学生所面对的至关重要的问题,还是学生拒绝了老师想要帮助他们塑造未来发展的努力,师生之间都在不断地相互融入,并日益提升解决人生困境所必需的思维技能和理论能力。同样地,如果我们有足够的能力来证明这一点,那么青少年的理论想象力也可能会让老师们发现一些更为丰富、更具批判性和更有希望的世界观。

在"理论想象力"(theoretical imagination)理论发展的萌芽阶段,理论想象需要抓住并汇集从不同背景环境中收集而来的全方位信息数据,并将这些知识转化为可能性,以过去的经验和现实的境遇为基础,设想未来可能发生的事情,这构成了"理论想象力"的核心。青少年恰恰在这种行为活动中表现得格外出色。想想一个典型的例子,成年人经常问青少年(或者青少年时常扪心自问):你希望研修什么专业?你想从事什么样的职业?在一段亲密关系之中,对你来说最重要的是什么?你信奉何种宗教?你坚持何种信仰？所有这些问题对于青少年来说，都需要一方面借鉴过去的经验，另一方面将其与当前的利害联系起来，并判断未来的某种可能性，最终给出自己的答案。在安特文的案例中，这些问题就值得引起深思，他对过去与老师相处的经历进行理论分析，并将这些经验投射到他与丹妮尔老师的关系中，这种方式似乎让情况变得更糟。同样，丹妮尔老师的焦虑也源于她过去的经历，以及她在教学和课堂中与安特文所建立起的关系。他们的这种关系表明，从自身的实践意义出发，将历史上跨越不同时间界限的生活经历联系起来的能力，恰恰是一个人为自己或与他人一起构建现实的结果。理论想象力不是简单地回忆事实或者单纯地将现实与过去相互关联，而是为历史经验创造出一种新的独特意义，并以此作为建立和支持未来某种可能性的基础。

上面提到的类似问题可能会以不同的形式摆到孩子面前，但是预期的答案会有很大的不同。我们应该充分考虑到青少年的兴趣、价值观和人格特点，以便让他们以一种更加知情、共情的方式回答抽象的问题。有时候，他们能有足够的时间提前思考这些问题，并在以往丰富经验的基础上做出回答。但也有时候，孩子们并没有实际验证"信仰"和"假设"的系统经验，无法回答高度抽象的问题。在这个意义上，青少年必然成为一名实验员。他们不仅去挑战那些具有一定冒险性的行为，还尝试解决和处理那些对未来可能有深远影响的日常问题和繁杂小事。在某种意义上，这些实验员仅仅是一群"理论家"，因为他们缺乏实验中必需的客观事实去验证。很多事情他们是不知道的，例如，大学生活是何种滋味，即便他们认识一些有过大学经历的人，但是也未曾亲身体会。大多数青少年不知道儿童时期在未来的决策中应该扮演什么样的角色,也从没体会过拥有一份有价值的工作的欣喜和失去工作时的悲伤。因此,他们必须依靠想象,才能感知这些提前预设的情境,必须根据自己对自己的固有认知或一种假设的想象来设计未来,并且在这样的过程中逐步实现心中的目标。

  简而言之,青少年的发展是一个不断构建自己假定生活状态的过程。在他们认为没有实现自己的理想状态或者简单地认为没有适应或改变自己的成长环境之前,他们就会自觉地尝试自我的突破和发展。这种试图自我发展和改变成长环境的过程,差不多就是我们所说的青少年时期的建构(construction of adolescence)。在很多方面,青少年时期的建构这一概念,同后现代主义文学对文本意义所持立场类似。我们认为,青少年发展的核心意义从根本上在于青少年对自己和他们所面对的世界的理解与诠释。必然出席他们日常生活的成年人,对这种理解与诠释有着巨大的影响,但不可否认的是,无论成年人有着与青少年相似的判断还是巨大的冲突,都不能代替青少年的自我认知和生命体验。这种根植于他们内心的理论实验,解答着青少年对于生命如何产生、延续以及终结的疑惑。正因为考虑到青少年在接受教育阶段自我认知的重要性和能动性,这种建构主义的观点就绝不仅是停留在理论和抽象层面,[1]而是青少年时期本身在现实

---

[1] 我们在这里和整本书中使用了"建构主义"一词来定义我们的应用发展方法,它强调青少年自身意义的相互作用,即现实的建构与其他重要的人——包括家人、朋友和教育工作者——的建构相互作用。我们的建构主义观点来源于这样一个假设:年轻人(和所有人一样)是他们自己生活故事的主要作者,是他们身份、关系、经历和意义的主要建设者。同时,这种观(转下页)

生活中发展和形成的核心与灵魂。

那么,作为专业教育工作者,我们应该如何支持青少年阶段的学生对自己及身边环境进行创造性的想象呢?我们怎样更好地鼓励他们,甚至加入他们对未来人生发展的设计过程中?我们的教学实践、言传身教、规章制度究竟是有助于他们自我认知还是限制了他们的追求和目标定位?……对于这些问题,教师应该时刻自我提醒,常记心头,本书也将在接下来的章节中不断地给出合理答案。

创造人生叙事

青少年通过不断的测试、验证以及通过一种可能性理论构建他们生活的时候,他们又是如何把所有这些理论与实践相互关联起来的呢?哪些实践经验和实验有助于他们的自我成长和人生发展?哪些自我概念(self-conception)和关于未来可能性的理论最终能转化为有效的成果?来自不同领域的学者研究表明,人们有权通过自己的理解和诠释来演绎人生。所有这些演绎出来的故事,将跨越时间的隔阂融合在一起,就像文学作品或世界历史的记述一样,它们将成为生命的主题和核心标志。从这个角度来看,人生意义的构建,就是我们如何创造生活里的各种故事以及

(接上页)点认为,没有人是他生活经历或叙述的独立作者;我们都有自己的生活故事——由我们与那些对我们最有意义的人合著。我们选择了建构主义(constructionist),而不是更常用的构成主义(constructivist),是因为后者在发展心理学领域有着特殊的含义,在这里并不一定成立,包括在许多情况下,构成主义还强调发展阶段、水平或相关的结构层次。

我们如何将生命故事的演绎和诠释当作日常行为、关键决策、自我认知的内在动力。从这个意义上说，一个人的人生建构类似于一个作家对于一本小说的创作和理解，我们其实就是自己人生的作者，每一段经历都是关于自己的成长和选择的作品，作为"编剧"的我们用生命感知和人生体会参与了这项伟大和持久的创作。

在接下来的章节中，我们将讨论认同发展在建构或创造一个人的生活这一任务中的作用。在许多方面，自我认同捕捉到了人生叙事的重点，也就是说，它代表了我们构建生活意义的核心主题。因为青少年时期带来了许多新的经历，伴随着思维意识与技能的不断进步，认同发展的过程在这段时期显得尤为重要。虽然认同发展与自我认知是一个个体的内在升华，但其中又有人际关系和生活环境的影响。我们显然不能独立开展自己的人生叙事，相反，生活中的朋友、亲人、师长以及外界成长环境都是生命之书的共同作者。

父母的抚养，与兄弟姐妹、朋友等一起生活的经历，对孩子的自我理解有着强烈的影响。早期的生活经历对后来的行为和自我理解的形成有很大的作用。虽然孩子们总是试图逃避、纠正那些已经建立的童年标记，开始自己认为的理想人生，开启属于自己的生命叙事，但不可否认的是，到了青少年时期，这段生命叙事已经进入开始的章节，并且这些开篇叙事已经为整个生命故事设定了相当明确的伏笔与前提。

儿童需要从外界持续不断地获得支持，以开启属于他们的人生叙事，并在社会交往中逐渐收集用以丰富故事的素材。同样地，成年人也需要依赖源源不断的支持来构建生命现实和创建这种现实的内在化叙事。从这个意义上说,没有人是生命叙事的独立作者。所有的人生叙事都是由多位作者共同撰写的。我们教育工作者与青少年一起工作,双方都在编译着对方对于生命的理解和诠释,都在影响着对方人生叙事的走向和结局。正如小说中的不同角色一样,故事来源于生活的各个方面,或是帮助关心过我们的朋友、亲人,也可能是对我们冷漠、排挤的对手或敌人。但是故事的发展绝对不是一种杂乱无章、毫无逻辑的随机事件,就像小说中的人物出场顺序一样,人生叙事的每一位"作者"的顺序和参与度都是至关重要的。不同的是,在人生叙事之中,我们可能无法像作家那样任凭自己的主观意念决定角色的发展。

这一点在安特文和丹妮尔老师的关系中体现得特别明显。彼此都存在于对方的生命叙事之中,并且都基于自己以往的生活经验去想象未来的发展可能,同时在双方互动过程中验证自己的理论。安特文的行为和自我理解是与丹妮尔老师共同构建的,同时,丹妮尔老师在这样的关系中也形成了自我认知。值得关注的是,安特文并不是对所有老师都抱有如此敌意,丹妮尔也不是对所有的学生都这么漠视和反感,这一事实从建构主义角度突显了青少年发展(和教师发展)的必要性和重要性。

在青少年时期,这种合作的可能性变得更加复杂,因为获取生活经验的渠道变得更加多样化。由此,选择生命之中的合作者以及解释合作理由变得更加重要。例如,在教育领域,"学校"的含义经常被戏剧性地修改。在童年时期,学校主要是用来培养学习和生活技能,这些技能对于当时阶段的学生来说可能具有很强的个人意义。一个三年级的学生,在学校的表现和成绩,可能会对孩子的家庭产生积极或消极的影响,也关乎这个学生在朋辈之间的评价和地位。但是,很少有人会去考虑这对一个人未来的意义,除了是否能顺利升入四年级之外,其他的影响往往被模糊处理或当作隐隐的直觉。然而,到了青少年时期早期,学生们很明显地将他们在学校的表现与未来的发展可能性联系在一起。而到了高中(十年级或十一年级),孩子们在学校的表现将会直接影响到他未来的专业选择、人生规划。因此,在青少年时期,教育的主题对一个人发展中的生活叙事至关重要,无论这个主题以何种形式出现。

如前文所述,宏观上生命叙事是由多人共同完成的,同样,在微观上的具体教育细节也是需要众人参与的。那么谁是这种教育的合作者?他们应该扮演什么角色?这些问题应该被所有的教育工作者、家长和青少年的朋友关注。在青少年发展的宏观叙事中,这个问题对教育工作者特别重要。鉴于教育对于当前美国社会青少年的发展的重要作用,我们要持续探讨教育工作者(我们理解的教育工作者包括教师、行政人员、辅导员、心理学家和社会工作者)如何在构建学生自我认同的过程中发挥重要作用。例如,教师的职责是否要严格遵照国家的教育法规、课堂教学标准或是升学考试的指向而执行?教师是否可以按自己的主观意识来扮演超越课程标准或法律要求的角色?简而言之,作为教育工作者,我们是否应该更多地从关系的角度考虑我们与年轻人的合作及互动?如果是这样的话,我们该怎么做呢?我们如何建立这些关系?和哪些学生?所有人?每天?这可能吗?如果没有,我们如何选择?

大多数有责任心的教育者都会问一连串这样的问题。幸运的是,没有绝对的答案。不幸的是,许多答案导致了糟糕的教育结果和自我认知，而这些都产生于学校里那些常规教育制度的负面影响。教育者通过扮演教师、辅导员、学校心理学家、社会工作者和学校管理者的角色，在学生的生活中占据了非常重要的地位，这种传统的教育方式和师生关系给青少年的自我发展同时带来了机遇与挑战。俄罗斯著名的发展心理学家利维·维果茨基[1]（Lev Vygotsky）开创了一条颇具影响力的研究范式，该研究表明儿童的认知发展是由他们接触外界思想的途径而决定的。也就是说，单纯地给孩子们提供书本和课程是不够的，想要实现儿童真正的发展需要"授之以渔"，教会他们思考方式远比直接告诉他们结果重要。同样的道理也适用于青少年，只是方式更加复杂，因为他们的能力更多样、更抽象，理论建构能力更强。青少年始终处于复杂多变的社会关系之中，所以他们必须学会在所有领域以更加复杂的方式思考。

因此，青少年教育者如果希望更深入地影响学生的思想，就必须超越讲授课程的范畴。他们必须分享自己对这些内容的看法或理解。简而言之，如果教育者要在青少年学生的人生发展中扮演一个有影响力的角色，双方必须达成共识并建立相互信任的关系。假定每一次教育行为都是一次"头脑风暴"式的会议，那么其内容既可以是根据会议目标探讨正式的学术范畴，也可以是围绕那些不太正式的内容进行互动研讨，关键在于让教育者的思

---

[1] 利维·维果茨基（1896—1934）是苏联建国时期卓越的心理学家，他主要研究儿童发展与教育心理，着重探讨思维和语言、儿童学习与发展的关系问题。主要的著述有：《心理学危机的含义》（1926）、《儿童期高级注意形式的发展》（1929）、《儿童心理发展问题》（1929—1934）、《心理学讲义》（1932）。——译者注

想尽可能地透明和直接,以便学生能够用一种更清晰的方式理解教育者的会议目的,或者让他们以知情的方式对会议主题进行辩驳。显而易见,任何此类会议都不可能单方面地举行。更确切地说,如果这种开诚布公是片面的,那么会议的效果将大打折扣。想象一下,如果丹妮尔老师使自己的动机、解释甚至她的恐惧和期待变得更加透明与直接,安特文和老师的关系将会发展得多么不同,当然,这取决于这些信息是如何分享的。此外,想想如果安特文能够坦诚地与老师倾诉他对失败的恐惧、对未来的无助、对没有朋友的落寞,以及对老师的失望,那么老师将会有怎样不同的反应。但事实是,他们双方都处于一种不那么理想的互动交流状态,彼此都隐藏着心里的真实想法,以至于没有达成任何理解和共识。但幸运的是,对他们来说所有的事情都为时未晚,他们完全可以通过改变而建立一种新的交流方式和合作关系,以推动更有利的发展。[1]

为了以最佳的方式分享彼此的观点,教育工作者必须了解他们的学生思想的大致水平或本质。换句话说,为了更加有意义地参与学生们人生叙事的进程,教育者就必须不断地了解学生的想法。这种观察和了解可能会被证明是困难和不准确的,但如果不努力去了解我们的学生是如何思考的,几乎不可能以最佳的方式与他们分享我们的想法。简而言之,教师是无法单方面开展人生理想教育的,这样只会错过教育目标,浪费时间和精力,人生叙事的剧本只能通过合作、开放、透明的方式共同完成。

---

[1] Lev Vygotsky, *Mind in Society* (Cambridge, MA: Harvard University Press, 1978).

思维互动学习

维果茨基称这个合作学习过程为心理互动发展（interpsychological development）。这个概念阐释了个体心理发展在本质上是一个关系过程（relational process）。每个个体的心智都是在其他心智的环境中发展起来的，并且可以被其他心智所影响。这个概念不应与人际关系发展（interpersonal development）相混淆，人际关系发展是一个更为流行的概念，特指个人如何学会成为健康的社会人。心理互动发展包括人际交往领域，但是其本质属性还是在社会互动环境中个人心智的发展。

维果茨基的研究中有两个被广泛使用的概念有助于将互动心理发展理论转变为一种实用的教育模型，即"支架理论"（scaffolding）和"最近发展区理论"（zone of proximal development, ZPD）。[1] "支架"是指帮助人们在发展中前行的具体策略或结构。这个概念基于这样一个假设，即每个人在学习时都已经掌握了一定的前提认识和知识储备，新的学习是建立在这些心理结构上的。例如，当老师试图建立一个基于"安全空间"（safe space）的课堂行为规范时，每一个参与建设这个空间的学生已经通过自我的感觉、视觉、听觉有了一个固有概念。为了充分地共同构建

---

[1] 除了参考维果茨基有关最近发展区理论及该理论中支架理论的起源的原始文本外，还可以参考其《思维与语言》（*Thought and Language*, Cambridge, MA: MIT Press, 1986）一书。此外，若希望获取对这些以及其他教育学相关概念的清晰概述，可以参考《维果茨基的愿景》（Joan Wink, LeAnn Putney, *A Vision of Vygotsky*, Boston: Allyn & Bacon, 2002）一书。

一个安全的空间，教师必须明确地表达对"安全"的已有假设，然后从学生那里找出他们对于这个概念的理解。在相互交换这些基础信息之后，教师和学生才能共同构建起一个相互协商的互动关系，在已有的内容和结构上支持新的学习。

与建构主义的隐喻一致，"支架理论"支持新学习、新技能和新见解的建设，运用"支架理论"可以帮助我们达到新的认识水平。正如上面所讨论的，虽然在这一过程中我们可以为学生们提供多样的帮助，但最佳的支架式教学需要一个心理连接或心理桥梁，让他们学习到一个刚刚超越现有技能一点点的个人能力。从这个意义上讲，"支架理论"指的是在已经获得的知识基础上达到新的理解水平所需要的智力支持。在学术领域之外，社会和情感支持也需要达到更高的发展水平。这里需要明确的是，青少年（就像与他们一起工作的成年人一样）从来不会在一张白纸上开始新的学习。我们总是不断地在已有的知识结构和生活阅历的基础上构建新的知识学习和行为实践。这一理论过程适用于学习类似"二次方程""1812年战争""莎士比亚的十四行诗""光合作用"等学术概念，也适用于心理学层面对自我情感、关系、动机、身份等的认同。

"最近发展区"是指，学生在独立活动时所能达到的解决问题的实际水平与通过教学所获得的可能发展水平之间的差异（图1.1）。事实证明，这一概念对于那些努力最大限度地提高学生学习效率的教育工作者来说是无价的。维果茨基和随后的研究人员发现，当课程面向最近发展区或教育舒适区的更高边缘时，最佳学习状态就出现了。教育工作者要认识到，如果想在学生的最近发展区内有效地教育或指导学生，就必须深入考虑学生已有的能力。简而言之,我们必须了解学生的现有水平以及可能的发展水平,然后才能在此基础上进行下一个发展区的培养。如果课程过于重复一个人已经知道的内容(表明教师在继续上课之前没有评估或考虑学生已有的知识和理解),学生就会感到厌烦,就不会学习新的知识。如果课程过于具有挑战性——远远超出了一个人的知识水平或目前的技能水平,也同样达不到教学目的(图1.2)。

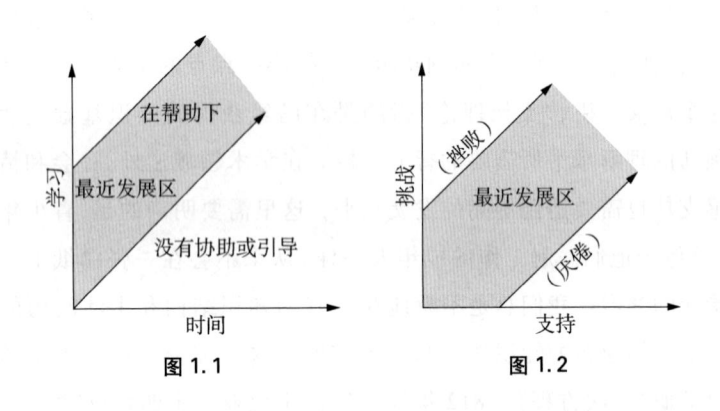

图 1.1

图 1.2

理想的课程或人生发展的挑战位于一个人的知识或技能水平的边缘,因此需要学生扩展他的思维。正如所有的理论发展模型一样,最近发展区理论并没有一刀切的办法,并不能给所有学生一个统一的参数指标,甚至在同一个学生身上,这种学习边界也是动态变化的。有些学生喜欢尝试不同的学科领域,想要获得更广泛的知识信息,有些同学则更偏向于一个学科的学习,向更加深层次的方向开展研究。

事实上,根据个体特征去评价学生的最近发展区间和应对教育挑战的能力,是一个误区。学生在不同的学习环境中往往有不同的技能水平和表现能力,他们在一个班级中可能会有很高的挑战性体验,但在另一个班级中却没有。例如,对于一位将英语作为第二语言的学生来说,她可能在早上的代数课上享受解决具有挑战性的数学问题的过程,但在当天稍晚的英语课上却抗拒这种挑战性的内容。和成人一样,青少年也希望感到能力感和掌控力,而正式的学习过程可能会削弱这种感觉。最近发展区理论表明,如果我们希望培养有能力、有自信的学习者,并激励他们迎接教育过程中下一个层次的挑战,那么将学生的学习需求与必要的支持相匹配是至关重要的。

从维果茨基的观点来看,无论学生在面对学习挑战的时候给出何种反馈,有效的教育都需要教育者不断评估学生的学习或发展水平,以便为他们的成长搭建适当的"支架"。心理咨询和指导也是如此,这种评估过程植根于智力参与和关系联系,而不是正式的测试或诊断。与建造一栋建筑所需的脚手架不同,"教育脚手架"更加灵活和多样。它是通过与学生的每一次有意义的接触来构建和重塑的,以响应即时学习中突发的需求。每当教育者有意识地开展教育,努力将自己对某一特定话题的思考与学生的思考联系起来时,他的思维框架就会随之调整。教育者如果没有努力去创建这种心理桥梁,就会把学习的任务留给学生自己,从而削弱了潜在"支架"的作用。虽然这种个人主义的教育方式对一些学生来说是有效的,但在某种程度上,老师每次错过与学生搭建心理链接的机会,都会扩大学生与其他领域进行链接的可能性,其中一些可能是不健康的,甚至是危险的。大量的研究表明,这种关系的缺失将会引起更多负面效果,使学校教学逐渐变得没有意义,逐渐脱离青少年的日常生活和人生发展。

互惠合作

正如教育者在构建学生的生活情境中扮演着关键角色一样，学生在老师、校长和辅导员的生活情境中也同样重要。教育者的专业叙述和他们的自我效能感是建立在他们"用户"的经验基础上的。例如，作为一名教师，我对自己的感受很大程度上植根于我与学生之间的联系以及学生的每一次发展和进步。此外，就像任何有价值的职业一样，教师的工作价值观和成就感将会影响自己的人生发展与自我评估。研究员玛丽·海伍德·梅茨（Mary Haywood Metz）注意到，教师这种职业相对于其他高收入工作而言，缺乏外部奖励。教师依靠内在奖励来让自己感到工作有价值，这使得教师对学生十分敏感和过分依赖，因为"学生可以确证或者摧毁教师的教学成就和职业自豪感"，梅茨继续解释这种依赖性：

> 教师的职业定位是教育学生，所以学生的学习进步与人生发展就是教师职业评估的重要标准和证据。即使在最有利的情况下（学生是充满学习热情并且是有学习能力的，教育效果也是有效的），教师们也不可避免地要将自己的职业评价寄托于相对年纪小、地位低、知识少的人群。这就形成了一种非常有趣和矛盾的现象，那就是自己的职业价值依赖于被自己控制和指挥的人。[1]

---

[1] Mary Haywood Metz, "Teachers' Ultimate Dependence on Their Students," in *Teachers' Work: Individuals, Colleagues, and Contexts*, ed. Judith Warren Little and Milbrey Wallin McLaughlin (New York: Teachers College Press, 1995), 130.

第一章 青少年时期的身份建构

每一位经验丰富的老师,如果诚实的话,都会告诉你,在花费数小时、数天甚至数周的时间准备一节本应让全班充满感激之情的完美课程后,面对学生的抵触、不信任或敌意时,会有多么痛苦。通常来说,教师拥有塑造学生自我理解的技能,但反过来同样如此,学生也塑造了教师的自我认知。

当师生关系变得对任何一方都不是最理想的时候,参与其中的一方自然就会想办法脱离或抵制。和老师一样,青少年也会以各种不同的方式做到这一点。梅茨观察到,老师们很难理解"为什么我精心准备课程,但学生在课堂上却始终看着桌子不抬头;自己明明讲过的知识点,但是考试的时候全班都错了"。学生们不听老师讲课,转而与朋友闲聊,甚至有轻微的暴力冲突以及对课堂的极度厌倦。教师将这些表现内化为自己认知和理解的程度取决于他们对学生基本情况的了解以及对于学生学习动力和成长需求的把握。不管学生脱离或抗拒的原因是什么,这种互动根植于学生内心,并被占据主导地位的"专业叙事"(professional narrative)——教师有义务也有权利处理他们与学生之间的一切关系形态——所左右。根据梅茨的观点,"教学的艺术应该在于说服不愿意学习的学习者去学习",[1]这一普遍认同的理念进一步强调了"专业叙事"。鉴于在我们的社会中,专业叙事对个人自我概念非常重要,所以学生始终是教育工作者生命叙事中重要的组成部分。因此,通过互动学习的过程形成心灵与心灵的真正联系,不仅创造了对学生发展至关重要的认知联系,而且形成

---

[1] Metz, "Teachers' Ultimate Dependence," 131.

了教育工作者的个人和职业认同。通过与学生的交流,教育工作者为自己的专业成长以及个人发展添砖加瓦。

纳库拉和拉维奇(Ravitch)在他们的《解读问题》(*Matters of Interpretation*)一书中使用了"互惠转化"(reciprocal transformation)这个术语,来描述年轻人和与他们一起工作的成年人促进彼此发展的过程。[1] 通过对实习生进行个案研究,通过教学、咨询、指导和预防规划等一系列措施来促进青少年发展,作者描绘了儿童和青少年在教师成长中扮演的独特角色。纳库拉和拉维奇所谓的教育者和其他应用发展主义者(applied developmentalists),正是通过与学生的密切联系完成了自我进步和专业发展。根据他们所提出的案例,作者认为,互惠性转换以及更广泛的发展,是积累互动经验的最好办法,至少适用于师生之间的共同进步和关系确立,双方通过人际关系成长和学习,实现共同改变。

安特文和丹妮尔老师的交往关系中始终存在着互惠转化的过程。每一方都通过行为的交互与结果的建构来影响对方的发展。安特文正在用自己的方式教会丹妮尔老师如何思考、如何接近并最终建立关系。这样,丹妮尔老师将基于自己已有的知识框架并结合"支架理论"解释安特文的行为,进而成为他的人生导师。老师通过从刻板印象中获取的这些信息及素材评估学生的近区发展空间,虽然在本章案例中的师生关系并没有合理地创建起来,老师对学生的能力和需求也有很大的误解,但是老师仍然试图通过教育填补近区发展空间。本案中教育失败的重要原因,

---

[1] Michael J. Nakkula and Sharon M. Ravitch, *Matters of Interpretation: Reciprocal Transformation in Therapeutic and Developmental Relationships with Youth*, 1st ed. (San Francisco: Jossey-Bass, 1998).

是丹妮尔老师的教学经验不足，不知道如何正确处理一名非裔美国男孩和白人女老师之间的关系，更不知道如何帮助他建立和谐的人际基础、劝解他坦然面对毕业考试甚至是人生规划和自我认同。与此同时，这种师生关系与交流方式，也逐步验证着学生们的理论假设，同步改变、共同构建着安特文的人生发展。丹妮尔作为一名世界文学老师，传递给学生的不仅仅是课本上的内容和小说中的故事，她同样影响着受教育者的自我理解和认同，是学生们生命叙事的共同作者，是师生关系中重要的建构者。所有这些都说明了这种关系确实是互惠的，虽然本案中这种互惠并没有达到理想的状态。正因如此，我们才能看到这种关系的脆弱性和不稳定性，如果不施以正确引导和科学规范，将会导致非常危险的后果，这也凸显了教育工作者把自己理解为学生发展的共同建设者和互惠者是多么重要。作为一名教育工作者，要促进学生的发展，保障自己能力的进步，就需要真正融入到学生的生活中，建立起有效的联系方式，反过来也需要让学生了解教师的真实世界。

诚然，资深教师都非常清楚，在职业生涯中与每一个学生保持这样的互动关系是很难实现的。他们必须要保证在日复一日、年复一年的教学活动中时刻保持警惕，但面对庞大的班级规模、每届学生的轮替、国家教育政策的改革以及个人生活的种种现实挑战，老师很难真正有时间、有精力、有能力建立起这样良好的师生关系，很多时候是逐渐疏远甚至向反方向发展。在许多方面，教育者和学生之间的疏远与参与者本身关系不大，更多的是受学校管理制度、社会评价标准和文化传统等影响，但即使这样，也并不能免除教育者应该推动建立这样的互动关系的道德责任。尽管这种距离感似乎对于个人生活是必要的，但对于教育者和他的学生而言，这给学生发展带来了沉重的代价，而且这种后果很少被重视。与自己的工作和人际关系的渐行渐远，将是自我孤立的一个重要且危险的信号。在本职工作中与学生产生隔阂和距离，将会让教师彻底丧失参与学生人生发展和生命叙事的机会。所以本书会在接下来的章节中详细探讨如何避免和弥合这种可怕的鸿沟。

第二章 情境中的身份认同

大多数关于青少年发展的理论都强调情境或环境对青少年成长的影响。但是,它们很少涉及在这些情况下成年人如何与青少年一起成长,以及如何在这样的背景下向他们提供互动发展的机会。在本章中,我们提出了具有一定影响力的青少年认同发展理论,这些理论是建立在教育工作者和学校其他专业人员实际工作基础上的。我们的目标是帮助教育者超越对青少年身份发展的自我理解,并通过他们的日常互动建立促进青少年身份发展的建设性思维。

像我们的学生一样,作为教育者,我们每天早上醒来时都是复杂的、不断进化的自然人。但在学校职业教育实践中,内容专业化、责任具体化和熟练度差异化等导致教师们陷入具体工作的不同角色之中,导致他们常常失去自我,并忽略自己的生活意义及工作价值。当老师授课时,他们不仅仅是在与学生进行智力互动;当学校辅导员与学生交谈时,他们谈论的不仅仅是内心感受;当管理人员管教学生时,他们处理的不仅仅是不当行为;当教练教运动员如何打区域联防时,他们影响的不仅仅是身体技能和战术技巧。教师在教育教学实践中的工作职责不仅仅是表面上看起来的那么单一。无论我们是否意识到了这一点,教育者在学校环境里与青少年学生打交道时,都势必参与他们的智力、情感、行为和身心健康发展的互动过程,这是一个相对复杂和多变的任务。也许理解这些互动关系的最有效方法就是将它们视为对自己身份认同的确证。为此,本章以一个简单的断言开始:我们在学校的工作就是教育学生形成身份认同的工作。

当青少年不断适应变化的生理发育、发展更为抽象的思维逻辑、学会更复杂的人际交往技能、建立与父母和亲密朋友之间的深层关系、重新构建自己的价值体系,并为未来的成就设定目标[1]的时候,他们也因此而形成了自我身份认同。因为在青少年时期,很多事情都在变化,很多事情让青少年感到困惑,他们最迫切想要解答的问题就是"我是谁?",因此,我们认为形成自我认同是青少年时期的核心任务,这种理解并不牵强,尤其是在一个像我们这样专注于自我展示和独立开放的社会文化之中。事实上,很多青少年选择做什么,和谁交往,如何度过他们的人生都取决于他们是如何创造、评估和修正自我认同的。

当代认同理论的历史始于20世纪40年代埃里克·埃里克森[2]

---

[1] This list is adapted from P. M. Miller. "Theories of Adolescent Development," in *The Adolescent as Decision-Maker*, ed. J. Worell and F. Danner (San Diego, CA: Academic Press, 1989), 23 - 24.

[2] 埃里克·埃里克森(1902—1994),美国精神病学家,著名的发展心理学家和精神分析学家。他提出人格的社会心理发展理论,把心理的发展划分为八个阶段,指出每一阶段的特殊社会心理任务;并认为每一阶段都有一个特殊矛盾,顺利解决矛盾是人格健康发展的前提。主要著作:《儿童和社会》《少年路德:精神分析和历史的研究》《领悟与责任》《同一性(青少年与危机)》《甘地的真理:论好战的非暴力根源》等。——译者注

(Erik Erikson)的研究。[1] 为了追溯这一概念的演变过程,并为以后研究这种认同如何被种族、民族、性别和性取向等因素所影响奠定基础,我们首先简要概述埃里克森经典理论中的几个基本概念。这种理论首次提出了用发展的角度看待身份认同问题。正如我们在本章末尾所阐释的那样,对教育工作者来说,用开放、自由的态度处理身份认同的发展问题,可能比根据某个理论家的观点随意地修正它更有价值和意义。我们在学校的实际教育工作中,需要秉持更加多维、立体的视角审视青少年发展问题,尤其是像身份认同这样的重要领域,要集百家之言相互借鉴,求同存异。

埃里克森的身份认同发展模型

埃里克森将身份认同定义为一个发展的概念,其起源在童年早期,并持续到成年直至死亡。这种理念和发展模式被应用于现代西方教育、心理学、社会工作和社会科学等诸多领域。例如,在心理咨询指导领域,埃里克森的身份认同理论就产生了强烈的影响,并影响着青少年的人生观、职业观的成熟与发展。[2]

---

[1] 埃里克森关于认同发展的早期研究可以在他的著作《童年与社会》(*Childhood and Society*, New York: Norton, 1993)中找到。该书最初于1950年出版,是一部经典著作,深刻影响了儿童发展领域,对人类发展领域更是产生了广泛的影响。

[2] 参见Barbara M. Newman and Philip R. Newman, *Development through Life: A Psychosocial Approach*, 9th ed. (Belmont, CA: Thomson Wadsworth, 2006);若想全面了解埃里克森的理论为相互关联的人类寿命发展、发展性指导、职业指导与咨询三个领域带来的影响,可以参见 Edwin J. Herr, Stanley, H. Cramer, and Spencer, G. Niles, *Career Guidance and Counseling through the Lifespan: Systematic Approaches*, 6th ed. (Boston: Allyn & Bacon, 2004), 304–307。

19　　埃里克森的理论起源于弗洛伊德经典的性心理发展理论,后者认为心理健康是个体内在的生理驱力(性驱力和其他)与家庭、社会的规范期望之间不断协调互动的发展过程。从这种性心理发展理论视角来看,我们的心理自我,即我们的思想、情感、习惯和行为的发展与我们性体验的方式是相适应的,包括将我们的性欲转化为生产性工作以及其他建设性活动。简而言之,在这个模型中,所有的能量都是性能量。虽然弗洛伊德理论清楚地表达了一系列复杂的心理防御机制,并解释了性冲动和其他生理驱力转化为社会可接受的行为的过程,但埃里克森更强调这一过程中的社会因素,他不仅把人格发展当作独立存在的自我的内部运行,而且更加关注个人发展与社会进步之间的协调与适应,在这个意义上,埃里克森的理论是个人发展和社会心理学之间的桥梁。

埃里克森以弗洛伊德的性心理模型为基础,阐述了进化中的个体与我们所处的社会环境之间的匹配理论,用以解释人从出生到死亡的各个生命阶段是如何发展的,这也是第一个阐述人格终身发展的理论模型。这种模式从根本上说是一种社会心理模式,因为我们永远都要面对自己对自己的定义与他人对自己的定义、肯定或否定之间的不协调的情况。[1] 在他最有影响的著作《儿童与社会》中,他将人的一生分为 8 个社会心理发展阶段。每个阶段都围绕一个特定问题展开,认为人们必须解决这些挑战,以便增加在随后阶段健康发展的可能性。每个阶段都与生理成长相关联,并以二分法的方式具体分析应对这些危机所带来的机遇

---

[1] See Erikson, *Childhood and Society*.

与挑战。如果不能解决列于首位的主要任务的话,那么危机则会在下一个阶段出现。

第一阶段　基本信任和不信任的冲突(0—18个月)[1]

这个阶段可以称为前婴儿期,前婴儿期的任务是培养基本的信任感,相信父母或者主要照顾者会充分养育自己。

第二阶段　自主与怀疑的冲突(18个月—3岁)

这个阶段可以称为后婴儿期,主要任务是迈出建立自主性的第一步以及感受随之而来的能力感。

第三阶段　主动与内疚的冲突(3—6岁)

这个阶段可以称为幼儿期,幼儿期的主要任务是培养孩子初期的主动性以发起建设性的活动,并开始在家庭和伙伴团体中担任领导角色。

第四阶段　勤奋与自卑的冲突(6—12岁)

这个阶段可以称为童年期,童年期的任务是在学校和家庭环境中增强作为贡献者的效能感。

第五阶段　自我同一性与角色混乱的冲突(12—18岁)

这个阶段可以称为青少年时期,青少年时期的任务是将技能、兴趣和价值观组织成一种核心的自我意识,并将其应用于对现在和将来的追求中。

第六阶段　亲密与孤独的冲突(18—30岁)

这个阶段可以称为成年早期,成年早期的任务是将自我意识带入与他人的亲密关系中,最典型的就是以建立终身伙伴关系为目标。

---

[1] 各阶段年龄范围为本书译者所补充。

第七阶段　生育与自我专注的冲突（30—60岁）

这个阶段可以称为成年中期，成年中期的任务是利用自身的社会特质和职业特质，为家庭和社区做出持久贡献。

第八阶段　自我完整与绝望期的冲突（60岁以后）

这个阶段亦可称为成年后期，成年后期的任务是接受自己终身的贡献，并带着一种完整感和平静感走向死亡。

每个阶段的应对和解决（或不解决）方式都会对后续阶段产生深远影响。这一点在埃里克森所说的第五个阶段——自我同一性与角色混乱的冲突中表现得尤为明显，这个阶段也是与青春期联系最紧密的一个阶段。

为了确证认同感的重要性，埃里克森认为"在人类的生存社会中，没有认同感就没有活着的感觉"。他把认同感描述为"人格中的人"并且认为作为自我属性的认同感构建了我们在这个世界上的自我体验。因此，认同感的形成是一个动态的过程，是将自我形象和个人意识整合成一个整体的过程。埃里克森认为，认同感被认为是青春期最重要的自我成就，是在"社会心理暂缓期"内形成的一种具有凝聚力的自我意识。这一时期是指在儿童时期的社会心理成长和成年时期的等待需求之间的发育停顿。在这一时期，青少年试图通过扮演多种角色，尝试各种可能性以及通过在不同情境中来回转换潜在身份来寻找真正的自我。儿童可能难以理解自身与奶奶、朋友之间身份的差异，青少年则会利用这些差异来理解"我是谁"和"我想成为谁"的意义。

埃里克森认为青少年想在社会心理暂缓期实现完整的自我发展，就必须经历某种危机。虽然这一时期的作用是为青少年探索各种机会，展现自身的各种可能开辟空间，但随着时间的推移，在心理上会变得难以为继。埃里克森认为,每天都要面对"我是谁"和"我应该成为谁"的问题,这不仅会让人精疲力竭,还会让人产生身份认同危机。这种危机源于青少年所承受的压力,因为他们试图构建一种身份认同,以获得朋友、家人、老师和整个社会的支持。在这一时期,青少年一方面要让自己与家人、朋友、社会区别开来(即独一无二),另一方面又要与重要的人建立并保持有意义的关系(即有归属感,并被那些与自己在某些方面相似的人所了解),在平衡这二者的过程中,往往就会产生焦虑的情绪。他们既寻求自己的表达方式,但同时又希望与他人建立联系。因此,对于青少年对独立性的追求与对归属感的追求是不断交织在一起的。

在上一章中,我们认识了安特文·萨拉丁,看到了他在处理学习成绩、师生关系、同学关系之中的困惑与挣扎,很显然他对自己的独立性和归属感有着非常高的需求。朱利安·托马斯(Julian Thomas)是安特文最要好的朋友,他出身于一个海地移民家庭,也是这所学校十年级的学生。朱利安和安特文是儿时的玩伴,他们在小学的大部分时间里几乎形影不离,而且总是最先被选中参加社区的足球或篮球比赛。上高中时,朱利安开始在学业上崭露头角,尤其是在数学和科学方面。他对体育的兴趣逐渐减退,因为他父母的鼓励和期望迫使他专注于学习,并将学习视作一种改善命运与前途的手段。因此,朱利安在代数和物理课的考试中经常名列前茅,并在高一结束时进入了加强班学习课程。他甚至加入了学校数学俱乐部,并计划参加今年的"奥数"(Math Bowl)比赛。这些学业的进步让他的父母感到非常自豪,但也意味着他不能再和安特文在同一个班级上课,放学后也很少和他一起踢足球或打篮球。这不仅使朱利安与安特文的关系变得愈发紧张,也让朱利安重新思考对自己的认知。

在上高中之前,朱利安是安特文最好的朋友,也是父母的好儿子,这种人际关系和家庭关系被他处理得非常融洽,并且这种自然和简单的表现与成为一名好学生的标准是一致的。然而现在,朱利安认为每一件事情都变得非常刻意,他必须仔细斟酌每天的穿着、吃午餐时的地点、放学后的安排,甚至是听什么样的音乐、与朋友交谈时的方式方法、与老师交流时的态度用词。朱利安已经被每天的"重要决定"搞得一筹莫展、筋疲力尽,根本找不到可以试验未来可能性的空间和机会,觉得自己活得非常不真实,没有办法自己决定人生轨迹。于是他开始尝试从当前的关系中退出,在面对困难和挑战的时候选择逃避,成为一名"隐形人"。他每天放学以后就直接跑回家,把自己关到屋子里,沉浸在科幻漫画里英雄人物的关系和斗争之中,甚至培养出专业的绘画能力,几乎和他最喜欢的系列漫画中的插图画家一样出色。

朱利安的案例提醒我们,青少年渴望在处理人际关系和给别人反馈时做真实的自己,需要有足够的空间和包容的人际关系来进行自我身份认同的实验。青少年努力寻求个性化(individuation)和共性化(connection)之间的平衡,这推动了他们自我身份认同的确证和随之而来的短暂激情。无法应对这种危机挑战的年轻人就会陷入埃里克森所说的角色混乱[1]（role confusion）状态，他们发现很难达到自我认知和定位，很难体验到做决策的乐趣，也很难适应这种充满威胁和冲突的多变环境。青少年与他们的同龄人之间发生摩擦和矛盾，通常是因为被人发现自己的行为与其他人不一致，甚至会被要求解释这种差异。同龄人可能会问："如果你和我们在一起是这样，和他们在一起是那样，那么你到底是谁呢？"埃里克森的身份与角色混淆阶段的内涵在这些问题中显而易见。的确，我是谁？我如何纠正这些差异？同龄人带来的压力在青少年时期会异常强烈，正是因为"忠诚"被理解为一个人真实自我的标志，是持久的身份认同表现，而不是行为或关系中的短暂选择。随着时间的推移，在积极的社会实验环境支持下，青少年形成了稳定的身份认同，这种认同能够承受住外界多重挑战，并且足够灵活，能够适应多种社会背景下的竞争性需求。

然而，对于朱利安来说，这样的稳定社会实验环境还没有真正实现，所以他试图从那些有可能暴露自己自我认同不足的关系和情境中退出，但他发现完全退出是一个站不住脚的选择。他为所有的代数和物理考试做了充足的准备，但没有准备的是在第三节课课间与安特文在学校男卫生间的见面。安特文在丹妮尔老师的世界文学课上使用了"卫生间通

---

[1] 根据埃里克森的理论，青少年期心理发展的主要困难是角色混乱。在摆脱儿童期一向认同别人的习惯之后，其自我统合尚未形成，在迷失中不能定向，因而在"我是谁？"的困惑中感到角色混乱，情形严重者难免产生统合危机（identity crisis）。——译者注

行证"(可以在上课的时候去卫生间),巧合的是,朱利安也使用了奥利里老师(Mr. O'Leary)的卫生间通行证,因为他不想与写作学习小组的同学分享他的作业,以避免在集体讨论家庭作业的时候被贴上书呆子的标签(朱利安知道他的答案都是正确的,因为他在前一天晚上和父亲一起审阅了答案,但最近他对别人说他是"老师的宠儿"或"爱因斯坦"的评论变得愈发敏感)。这种逃避就是想从同学们看起来"温柔和恭维"的取笑中得到些许的喘息。朱利安走进卫生间,发现安特文正准备离开。安特文很高兴见到他,他们互致问候,但没想到的是,接下来发生的事情让朱利安无所适从。

安特文拿出一支笔尖非常粗的永久性记号笔,让朱利安守着门,这样他就可以在卫生间的墙上写对丹妮尔老师的恶毒评论。当朱利安停下来考虑该怎么做时,安特文暗示,如果朱利安仍然是他的"好兄弟",就一定要帮助他守住大门。朱利安很快意识到他与安特文的关系已经岌岌可危,为了缓和彼此的感情,增加相互的信任,他朝门口走去,留心老师们或可疑的同学。一分钟后,安特文完成他的涂鸦,并要求朱利安在墙上画一幅画,因为他知道朱利安是"漫画专家"。朱利安意识到,现在回头已经太晚了,他害怕失去朋友,想跟安特文重新做回好兄弟,不由得拿起笔,开始画一幅讽刺丹妮尔老师的漫画。就在这时,学校的心理老师米奇·吉列尔莫(Mitch Guillermo)走了进来,显然他们被老师抓住了。朱利安知道自己通过了安特文对他们友谊的考验,但是这丝毫没有减轻恐惧感,因为他意识到自己将不得不向失望的父母和老师解释这一过错,这进一步加剧了他在努力应对不断变化的认同感时的焦虑。

在朱利安的行为中,我们可以看到试错实验是形成"自我同一性和角色混乱的冲突阶段"的基础。同样,我们也能看到他拥有勇气和必要的支持以构建一个他可以称之为"自己"的身份认同。朱利安夹在老师、父母和老朋友的要求之间,其实在每一方单独看来,他已经非常成功了,但是朱利安试图成为所有人期待的样子,满足所有人的要求。但那天在卫生间里,当这些世界相撞的时候,他就面临着埃里克森式的困惑,不知道哪个"版本"的朱利安才是最真实的自己。虽然惩罚或者和解可能是成年人对诸如涂鸦之类的越轨行为的适当反应,但如果将朱利安的行为试错实验仅仅视为一种违规行为而对其置之不理,那么就很有可能浪费了他生命之中与成年人共同成长的一个机会。同样,仅仅因为安特文和朱利安参与了同一事件,就同等对待二者,这也错失了对一个学生进行自我认同教育的重要机会。他们两人从非常不同的角度看待这一事件,并提出了自己独特的理解,这里的重点是,朱利安的行为关系到他的自我认同,他迫切需要找一个人来谈论这件事。

埃里克森对这种情况的观点是,只有在角色混淆威胁和身份危机被解决后,同一性才会形成。青少年经常表达一些不受欢迎的观点、革命性的思想、反传统的立场,这些行为风格的选择往往与成人的规范期望背道而驰,但这些却是青少年社会心理发展的重要组成部分,他们这是在测试自己的未来可能性和身边教育环境的边界。青少年会有意识地做出与传统权威人物不同的选择,事实上,这是他们人生发展的重要阶段。如果将这样的试错行为以及与之相关的焦虑仅仅视为"他们需要度过的阶段""荷尔蒙的冲击"或简单的"青春期叛逆",那么就贬低了这个发展时期的独特而重要的意义。对于一个青少年来说,成为自己想成为的样子,并且敢于把那个自己带来这个世界上,这需要很大的勇气。学校的教育工作者是提供这种平台和支持的理想人选。想象一下我们学校和老师的教育应该如何被青少年所感知,我们要真正地关心(而不是评判和恐惧)他们为什么选择那件衬衫,为什么选择那种音乐,为什么选择那本书,为什么选择这些朋友,为什么选择这种发型,为什么选择那部电影,为什么选择那种食物。青少年想要谈论这些事情,如果我们足够幸运成为他们倾诉和信任的对象,那么谈论以上这些简单的问题,将会成为我们开展身份认同教育和人生发展教育的重要契机。

米奇·吉列尔莫知道"自我同一性和角色混乱冲突",他自己十几岁时就曾面对过这种危机。尽管他现在是一名拥有12年经验的学校心理学家,但他并没有忘记曾经在菲律宾贫困地区长大的自己是什么样子,他经常不得不努力争取同龄人的尊重,也曾努力学习以使母亲高兴。他非常了解在多种情况下角色混乱的"推拉"作用,每种情况对个人有不同的要求。直到今天,他仍然认为足球是一个可以让他展现自我的舞台,甚至可以鼓励他自信地进行全方位的展示;例如,在学校是一名努力工作、专心科研的学者,在运动中是一名体能优秀、思维敏捷的前锋,在生活中还是一个不愿意忍受他人嘲笑的、骄傲的菲律宾小孩。当他发现朱利安和安特文在卫生间墙上涂鸦时,他忍住了愤怒,只是把孩子们带到了办公室,并关上了身后的卫生间大门,尽量避免涂鸦的事情不被传开。

那天下午,他与丹妮尔老师和朱利安的母亲进行了交谈,两人都请求他同朱利安推心置腹地来一次谈话——安特文的问题将由学校的顾问玛吉·朗(Maggie Lang)来解决,关于这个话题稍后再说。朱利安的谨慎是可以理解的,他很少透露自己的内心世界。所以米奇老师努力让他明白这些谈话的目的并不是要对他批评教育,而是让他可以有一个倾诉的对象,袒露自己的心声并聊聊在学校到底发生了什么事情。45分钟后,他得到的大部分是简短的回答,所以米奇老师决定当天不再进一步谈话,而是简单地通知朱利安他们下次见面的时间,在感谢他的到来后就送他回家了。接下来的一周,米奇老师通过各种渠道获得了朱利安的一些信息:仔细研究他的行为记录,暗暗观察他在走廊和自助餐厅与同学们的互动、与每一位老师的交谈、与父母长时间的通话。在一次与数学俱乐部负责人的会面中,米奇老师与他们还达成了一项协议,那就是让朱利安完成一些由米奇决定的额外任务,否则他将被禁止参加接下来的两场奥数比赛。米奇老师随后根据朱利安的行为方式和对自我认同的需求,为他制订了一个详细的咨询计划。

米奇老师对埃里克森的同一性和角色冲突危机的框架结构很熟悉,认为这是青春期的核心危机,因此米奇规划他的咨询方法是基于这样一个事实:青少年时期在整个生命进程中是一个充满膨胀和危险的阶段。青少年认知能力的扩展促使他们充分意识到一个人的自我概念是如何与诸如种族、性别、阶级和性取向等个人特征相联系的。这些新的认知能力也促使青少年针对自我存在的更深层次内涵开展行为实验,包括人际关系、宗教信仰和道德信念。就像青少年寻求"真实的自我"一样,他们也渴望拥有一个真正的方向,一种真实的生活方式,渴望一种能指导他们发展中的世界观的意义和目标。这使得青少年容易受到意见领袖、道德习俗和文化思潮的影响,特别是那些一直在试图测试当下事物和未来发展边界的青少年。正如埃里克森所说:

> 青少年在寻求事物或真相的时候,往往受到社会环境的影响,这让他们的判断时而非常坚定,时而又充满怀疑,并总是在这种坚定和模棱两可之间徘徊。虽然青少年表面上看似反复无常,但我们可以在变化中发现一些持久的追求。这种追求容易被别人误解,但只有自己才能朦胧地觉察到,因为青少年既要从不同的视角审视标准,又要在不断的变化中坚持自己的原则,所以,在深思熟虑地选择自己人生道路之前,他们经常做一些极端的尝试。这种极端做法,尤其是在青少年意识混淆和身份认同模糊的年纪,不仅表现为叛逆,更有甚者可能会走向犯罪和自我毁灭。但是,所有这一切都是可以被暂停或放缓的,青少年可以通过先验、试错的实验来检测事物的真相,然后再将自己的身心投入到现在或未来的行为实践中。[1]

---

[1] Erikson, *Identity, Youth, and Crisis*, 235-236.

在学校工作的教师有独特的机会与年轻人一起构建他们自己，共同达成自我同一性，就像年轻人也同时促进教师的专业发展和自我认同一样。正如所有在学校工作的教师都曾是青少年，在塑造自我的过程中也都曾经面临过困境和挑战，在与学生们合作的过程中，我们经常会想起自己的青少年阶段、我们曾经所做的决定、曾经面临的挑战，以及那些与我们最密切相关的年轻人和成年人共同构建我们的身份认同时所解决的各种危机。埃里克森帮助我们把青少年时期的危机看作每个人都必须面对的形式各异的发展机会，并怀着怜悯之心专注于这些机会。从这个角度来看，我们自身的发展也体现在学生的人生挑战之中，如果我们停下来，就能认出那些是自己青春期时也有过的经历，而这将有助于我们与学生建立起更加真实、有效的互动关系。此时，"我们—他们"的二分法可以被重新定义为一个完整的"我们"，一起工作，互相依赖。

在卫生间事件发生一周后，米奇老师在与朱利安见面之前，首先回想了自己的青少年时期，以及他遇到的与朱利安相似又不同的麻烦。为了确保他们的互动与朱利安的担忧有关，米奇老师让他列出每天必须面对的各种生活环境和人际关系。米奇老师感觉朱利安对这项任务可能存在抵触情绪，于是再次提醒他们谈话的目的，并补充说，如果他选择不配合，就不会有机会参加数学竞赛。经过20分钟的犹豫不决，朱利安开始敞开心扉，列出了家庭、妈妈、爸爸、公交车站、学校走廊、他的5节学术课、自助餐厅、体育课、他的每一位老师、他的数学竞赛朋友和安特文。米奇老师慢慢地找到了突破口，于是递给朱利安一张纸，让他写下每一个生活环境和身边的人。在朱利安答应之后，老师又让他写下每个环境中人们对他的期望。"什么意思？"朱利安问道。"在那些地方和关系中，你认为人们想让你做什么。""哦，你是说他们希望我成为什么样的人？""完全正确。"米奇老师说。大约半个小时后，朱利安描述了每个场地的特点和人们对他的要求。老师进而对他提出了新的要求，在下次见面前必须要完成一个任务："从现在到周四（两天后），我希望你能注意自己的感受，特别是当你感到有安全感或焦虑不安的时候。明白了吗？"朱利安表示同意，只要他写的这些问题不被别人看到。"没问题，"米奇说，"只要你周四来。准备好谈谈你的感受和感知。"

马西亚对埃里克森模型的推广

在对青少年的研究中，加拿大心理学家詹姆斯·马西亚（James Marcia）发现埃里克森关于社会心理"暂停"（psychosocial moratorium）的概念具有巨大的解释力和潜在发展空间。[1] 在埃里克森研究青少年时，他们经常这样描述自己的经历：探索各种可能的自我，经常性地建构和解构自己的身份，努力去建构一个内外一致的自我。并且，埃里克森认为青少年在人生的实践过程中不断地启发自我意识并做出决策是一个线性渐进的过程。然

---

[1] James E. Marcia, "Identity in Adolescence," in *Handbook of Adolescent Psychology*, ed. J. Adelson (New York: Wiley), 159–187.

后,马西亚发现埃里克森基于危机[1](crisis)的模型(一个人要么实现了自我认同,要么迷失了自己)在解释这一过程方面具有一定的局限性。为了更好地解释这些理论,马西亚强调了埃里克森基于危机的模型中的"探索与承诺"概念。与埃里克森的危机框架相似,马西亚用二元论构建了危机与承诺:一个人要么对某种身份做出承诺并据此生活,要么不做承诺。图 2.1 体现了承诺与危机之间的关联,以及由此产生的认同发展过程中的四个不同状态。

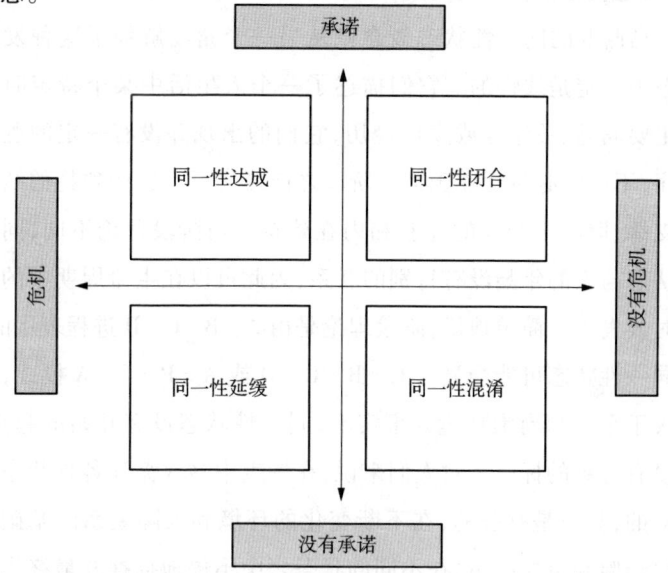

```
                     承诺
                      ↑
    ┌─────────┐   ┌─────────┐
    │同一性达成│   │同一性闭合│
    └─────────┘   └─────────┘
危机 ←─────────────────────→ 没有危机
    ┌─────────┐   ┌─────────┐
    │同一性延缓│   │同一性混淆│
    └─────────┘   └─────────┘
                      ↓
                   没有承诺
```

图 2.1 马西亚的"承诺"与埃里克森的"危机"之间的关系

───────────

[1] 1.源于希腊文 krisis,意谓个人或社会事件的转机,可能由之转入佳境,也可能由之转趋恶化。所谓"危机即转机"者,即此之谓。2.指病人病情转趋恶化的情形。3.指个人生活或社会秩序的正常状态突然中断(如个人失业或丧偶及社会动乱等)而亟须重新调整的情形。以上三种解释的共同之点是危机都是在失控的情形下发生的。——译者注

39

马西亚的"同一性状态"(identity status)概念在很多方面不同于更常见的发展阶段理论。后者是用一个阶段典型的特点描述"以共同经历或生活事件为界限"的发展时期。每一个阶段都是发展序列的一部分,在相邻的两个阶段之间都有共同的经历和事件。这种阶段论模型通常是线性的,并判定人的发展是按顺序通过它们的。例如,埃里克森的八阶段发展危机标志着在生命周期中各自阶段的核心问题。当个体从一个阶段成长到另一个阶段时,危机会依次得到处理和解决(成功程度不同)。

马西亚的同一性状态概念则从另一个角度解释了这种发展状态不一定是线性的。它们描述了一个人生活中某个特定时期的主要问题、关注点或发展经历,它们的出现并没有一定的逻辑顺序,不一定必然存在于某个阶段之前或之后。这些独特的结构和支撑,取决于个人的经验和内在建构。与阶段理论不同,同一性状态与人的年龄没有特别的联系,因此可以在生命周期中的任何时候发生。简单地说,阶段理论是由 A-B-C-D 进程表示的,但同一性状态可能会显示 C-B-C-D 或 A-B-C-A 模式,这取决于个人和周围环境。事实上,同一性状态没有开始的起点,也没有终结的标志。对人们来说,在一生中多次循环各种状态是可能的,甚至是有益的,在不断变化的环境和人际关系的基础上重温经验和重建决策,在不同的状态之中不停地摇摆并最终进入一个稳定的状态。

同一性闭合

在马西亚的模型中,同一性闭合是指个体在尚未经过深入探索和尝试其他选择的情况下,就确定了自己的生活方式。这不仅是一种被强加给个体的身份,而且个体自身对此也很少进行思考就直接接受。如果一个人没有经历过决定自己身份的确证,而始终处在不同假定身份的状态,无论其身份来源方式如何,那么可以说这个人是同一性闭合者。马西亚的理论建立在这样的一种论断基础上,即个体已经形成某种自我认同,但自己从未意识到。

当个体不加质疑地接受他人对自己的身份期待,不分人物关系和环境,并一成不变地维持下去,其结果就是终结自己的人生可能性。同一性闭合者的身份发展和信仰、价值体系通常是由父母或同龄人确定的,他们没有探索其他发展可能性,却过早地做出了承诺,也未曾经历过探索不同社会角色的危机。在外部环境驱使下,同一性闭合的青少年相对缺乏自主性,经常会压抑自己不与固定的自我意识相冲突。有时,他们拒绝探索更多的可能性,导致他们在面对与自我不一致的信息时往往采取僵化的强制态度。

举一个相关的例子,一个青少年成长在一种特定的家庭环境里,这个家庭的成员都狂热地支持某一个球队(比如波士顿红袜队),而强烈地鄙视另一支球队(比如纽约洋基队)。对这个青少年而言,他可能从来没有有意识地决定自己要成为一名波士顿红袜队的球迷、穿上红袜队的球衣,或者在球场上为之欢呼。因为红袜队的球迷(以及洋基队的对手)身份,他已经融入到了整个家庭的氛围之中,长期以来一直与值得信赖的父母和朋友一起在电视前观看他们的比赛,被红袜队运动服和宣传海报包围,甚至还要到芬威公园现场观看重要比赛,与家人和全体观众一起欢呼、一起呐喊。对于一名其球迷身份同一性闭合的青少年来说,他除了成为一名红袜队球迷之外几乎没有其他选择,但是他自己又无法独立认识和描述迫使他构建这种球迷身份的原因和经历，他就那样成为了"自己"。在这个简单的例子中，同一性闭合可能是一个健康、有益的选择，因为并不是人生的所有认同都需要探索。然而，长期缺失生命探索必然导致生活的被动和停滞，更无法打破一个人与生俱来的性格特质和现实枷锁。

因为同一性闭合的个人基本上是作为其他人的生命延伸，并且依赖于他们的认可，所以当面对需要灵活性或适应性的情境时，他可能展现一种防御型或自闭型的状态。这种类型的人对朋友和家庭关系通常是感到相对亲密和安全的，但对陌生人缺乏足够的信任。他们决不能容忍用模棱两可的态度对待"忠诚"，因为非此即彼的"二分法"思维（dichotomous thinking）根深蒂固（例如，你要么支持我们，要么反对我们）。这就导致他们往往在生活中过度认同或完全遵从同龄人或父母的行为规范——听令于他们对服装风格、演讲模式、艺术欣赏、文化传统、爱好、运动队的喜好，甚至自己的宗教信仰和职业规划也受到影响。在极端情况下，身处同一性闭合状态的人将忠心跟随精神领袖、社会帮派或者邪教。

出于这些原因，对一个同一性闭合的人来说，质疑和挑战他们的自我认知在实践层面就显得不那么理智。因为对他们"已经确证的自我认知"提出质疑，不仅会破坏他们自我认知的稳定性，还会让他们失去对亲密朋友和家人的信任。那么，外界的支持与干预在多大程度上可以帮助他们考虑和面对此类问题和挑战呢？这与个人对自己身份的认同能力以及对环境的适应力息息相关。

第二章 情境中的身份认同

这种理论在朱利安与米奇的案例中显而易见。周四,朱利安带着各种各样的"经历"回来了,在这些经历中,有些让他感到很自在,也有很多时刻让他感到焦虑、脆弱,并有被当成是骗子的风险。随后,米奇老师和朱利安进行了一次充分的谈话,他们讨论在不同的情况下向别人展示自己内心真实的想法和人生思考会有多大的压力。米奇老师也讲述了他的一些故事,这让朱利安更容易分享他的困惑。朱利安开始陶醉于米奇老师的真实和坦诚之中,感觉自己是被聆听的、被同情的,并对他产生了一种莫名的信任感。虽然这次谈话并没有改变他在努力寻找真实自我时所面临的挑战,但至少让朱利安找到了一个可以倾诉自己真实想法的地方和对象,这也给了他极大的安慰。因为米奇老师知道朱利安的绘画天赋和他对漫画书的痴迷,所以在这次见面结束之前,米奇老师布置了新的任务,那就是让朱利安通过画画和讲故事的方式来描述一名超级英雄会如何处理同样的问题和困境。当然,米奇老师也保证这些画不会被其他人看到,朱利安欣然接受了此次任务。

为了解决朱利安正在经历的危机,并探究可能出现的承诺,米奇将马西亚的模型融入了他的实践。马西亚提供的最有价值的见解之一,可能就是他认识到人的自我认同并不总是来自每次面对选择时权衡利弊的思考,相反,通常可能来自那些无法察觉、未经思考而内化于心的部分。我们要将这些隐藏的部分带到表面,加以明确地说明并对它们的运作方式保持敏锐性,这将是自我认同构建过程的重要组成部分。一个青少年在面对多样性、多重性身份情境时对自我认同的挑战和质疑不可避免,因为他们没有成熟的经验和足够理性的思考能力去面对这些选择(这不仅意味着对复杂性和可能性的更充分的理解,而且意味着对伴随自我变化而来的潜在痛苦的更深层次的体验)。所以我们就必须认识到同一性闭合的意义与价值,这样,在面对青少年对自我产生怀疑的时候,教育者就应该不假思索地陪伴他、聆听他,而不是简单地批评。这就是为什么米奇老师首先让朱利安把面对的困难和危机逐一写出来,以确保不将自己对人生的理解和年轻时的经验强加到朱利安身上。

同一性混淆

如果一个人既不存在身份危机,也不对自己的身份做出承诺,马西亚就把这种状态称为混淆状态。同一性混淆状态是指从来不去探索各种选择,也不去尝试做出努力,缺乏清晰的方向,没有确定自己的目标和价值观,也未对特定意识形态、价值观或社会角色做出清晰承诺。该状态下的青少年容易受外界影响,经常在不同信仰和角色之间切换,以符合变化的情境。像变色龙一样,这种状态下的个体会与周围的环境相匹配,以融入其中,避免被发现是一个独立于环境之外的、有区别的局外人。同一性混淆的个体以外部为导向,往往相当冲动,对环境高度敏感,容易受到他人评价的影响,他们的自尊心可能会因他人的反应而产生巨大的波动。青少年经常出现的情绪波动,很有可能就是同一性混淆状态的阶段性表现,而不是整个青春时代的特点。青少年与社会的联系,就像他们的情绪一样,可能是不稳定的,这种对社会的信任危机将随着个体在不同情境下对外界依赖程度及期待值的变化而愈发凸显。由于缺乏个人整合意识,处于同一性混淆状态的人常常活在当下,并尽量避免谈论他们的过去,甚至他们最近的行为,并可能通过性行为、毒品、旅行或盲目听从朋友指导来逃避现实的自我。虽然现在有一种将这种状态病态化的倾向,但出于明显的原因,作为应用发展主义者的教育者必须认识到,同一性混淆状态下这种自我矛盾和对自我认知的短暂忠诚,是生命进程中的重要组成部分。如果这一过程导致人们探索更多种的选择,并最终从中做出基于自我理解的承诺,那么这一过程就是有益的,但是如果不能做出某种承诺,则可能导致永久性的自我摇摆和混乱。

作为教育工作者,我们可能会考虑如何陪伴青少年,因为他们正在与同一性混淆状态所带来的情感冲击和纯粹的精力消耗做斗争。想象一下,青少年在一天的时间中,将面对多么复杂的情景和人际关系:从早晨家里的餐桌,到校车上,再到学校走廊,然后是6个以上不同的课堂,每个课堂上都有不同的文化差异和同学关系,放学以后将是体育活动的不同组织、课后作业的团队,甚至在晚餐上也要面对与早餐时不同的家庭成员,他们将不得不在这些情境中满足亲人和同学的期待。对于我们任何一个人来说,应对这些情况在任何时候都是很费力的,但现实是,许多青少年每周五天都要面对,所以他们的身体需要巨大的精力来应对这些成长和改变。难怪许多青少年整个周末都在睡觉,或者将自己沉溺于音乐、电影、电子游戏、业余爱好,或在简单固有的朋友关系中寻找逃避,因为这些为他们提供了自我认可、自我放松的空间和理由,即使是短暂的。

然而,正是由于个体身份在不同情境下的转换,导致同龄人之间可能会产生冲突,并带来这样的问题:"为什么你对他们那样,而对我这样?哪个才是真正的你?"当一个处于同一性混淆状态的青少年来找到教育者,而我们又对此束手无策时,我们就必须从发展角度思考,考虑如何与他们共同构建对自我的认知,而不是简单地为他们解决现实问题。如果一个学生在处理所有这些情况时都感到困难,那么就应该直截了当地告诉他:"做真实的自己。"因为当他没有一个真实的自我可以定位的时候,他就会不理解和错误地评估自己每天面对的人与事。

虽然青少年不会用马西亚的理论来表达他们的认同体验,但他们会描述一天中发生了什么,以及他们是如何理解的。当他们这样做的时候,我们必须从发展的角度而不是评判的角度去倾听。与其成为孩子们的单向"顾问",告诉学生该做什么或如何行动,不如询问他们在这些情境中的经历,倾听他们的焦虑和兴奋,进而在他们谈论起兴的时候交流自己的看法,这显然会更有效。问一问"在那样的环境下是什么感觉"或者"当你在那个地方和那些人在一起的时候是什么感觉",这些过程就是让我们的学生积极并富有成效地面对自己同一性混淆的状态。在听了一段他们的陈述以后,我们可以选择讲述自己的经历和观点——不是施加长者的权威或命令(这只会被认为是在喧宾夺主),而是展现想要与青少年亲近的同理心——在学生自我认知困惑的时候将自己当作是他人生发展的盟友。当我们把自己当作青少年倾诉的"镜子"而不是说教者时,我们可能就会赢得足够的信任,从而让他们在我们面前变得无助和脆弱,并主动地问:"你认为我应该怎么做?你觉得我应该是谁?"但即使在这样的时刻,教育者仍要克制住直截了当地回答问题的冲动,而要为他们打开一个新的空间和视野,让他们自己回答这些问题,只有这样,才有助于使青少年的混淆状态进入延缓期。

米奇老师意识到朱利安需要一些针对自我身份认同的实验,让其在没有任何压力的情况下去承诺一种特定的自我认识,于是他试图围绕朱利安的问题以及他对这些问题的理解方式来制订计划。又一次见面时,朱利安把背包扔在一张空椅子上,拉开拉链,掏出一个笔记本,上面是他的画。"想看看我创造的角色吗?"他问道,甚至没有停下来问候米奇。"当然。"老师回答,试图抑制自己对朱利安这么配合完成任务的兴奋。然后,朱利安翻阅了几十页的插画和情节故事,直到找到他最新的作品:《变色龙》。朱利安借用了近年来很多漫画书中的人物特征和故事情节,创作了一个自己理解的全新故事。故事描述了一位博学的科学家发现了一种极其耐用的材料,这种材料能精确地反映周围环境的颜色,并且可以通过改变自己的内部结构在细节上随着背景不断地变化。科学家用这种材料制作了一套衣服,他意识到自己已经找到了一种方法,可以毫无违和感地融入任何环境,并开始利用这件衣服来回穿梭于以前对他不利的空间。"变色龙可以改变、适应,去任何地方,但是在一天结束时,他仍然可以做他自己。在这套衣服里面,他就是他自己,你知道吗?"米奇老师点头表示同意,回答说:"朱利安,这故事真不错,你的画也很棒,令人印象深刻。"为了引起朱利安对变色龙感觉的理解,米奇接着问道:"你觉得穿上这套衣服是什么感觉?"停顿了一下,朱利安低头看着他的画说:"呃,我不知道。我想是冷静吧。比如,安全。"

　　此时,看着桌子上放着的漫画,他们开始谈论安特文以及在卫生间里的发生的事情,谈论朱利安的数学朋友,谈论他与父母的矛盾,谈论他在不同朋友之间的迷茫,以及在面对不同版本自己的时候的无助。师生二人都反复提到,变色龙是在多种变化的环境中保持自我意识一致性的典范。米奇老师指出了这样一种衣服的超级能力和效用,但也指出了它帮助科学家隐藏了自己的真实身份。"你想隐身吗?"米奇接着问道。"有时候。"朱利安承认。这是一次富有成果和具有揭示性意义的讨论,讨论的结果是明白了朱利安渴望隐身,他渴望拥有与其他人一起出现的力量——但只能作为一个不被注意的旁观者——并利用在这些观察中获得的信息,渴望知道当自己隐身功能被关闭后,再次出现时该如何适当地重新进入这些区域。

　　米奇老师看到了一个良好开端,他告诉朱利安,能够在各种不同的环境中与所有这些不同的人交往是多么伟大,他已经做到了这一点,而不需要隐藏自己。米奇鼓励朱利安要抵挡住不同版本的自己的诱惑,而顺应一个特定版本的自己。他还告诉朱利安,对于我们"真正是谁"以及其他人认为我们应该是谁的偶然误解,是适应能力逐渐强大而产生的一个不可避免的副产品。米奇老师想让朱利安知道,试验、反思和与他人的交流,就是他所谓的"变色龙套装"。"你是否知道人们为什么总是说'我只是角色扮演'?因为这是一个很好的理由,可以解释他们在尝试一个不同的身份,并看看这种身份会与其他人产生什么样的'化学反应'。

其实你周围的人一直都在这么做。我们所有人都在不断地试验自己的身份,试图成为一种变色龙,让人们真正看到并喜欢的变色龙,我们都希望如此。而你,朱利安,在为自己找出答案方面做得相当不错。坚持下去,如果我能帮上忙,请告诉我。"米奇老师领着朱利安走到门口,紧紧地握着朱利安的手,补充道,"但是如果你再在卫生间墙上画漫画,这个角色扮演就结束了。明白了吗?""我懂了,老师。"朱利安咧嘴笑着回答。

同一性延缓

马西亚将像朱利安这样的个体经历一场没有承诺的身份危机的状态称为同一性延缓,与前文埃里克森的概念一致。这是一种发展状态,在这种状态下,一个人积极探索角色和信仰、行为和关系,但不愿做出承诺。个体在探索真实自我的过程中会遇到各种要求,但却感受不到自己身份的同一性,因此这个阶段通常伴随着巨大的焦虑。因此,处于同一性延缓状态的青少年可能会从理想化的朋友、导师、亲戚、英雄榜样那里寻求稳定,无论这种稳定是多么短暂。姑姑或表亲可能成为完美榜样的化身,摇滚明星可能成为神一样的化身,职业篮球运动员可能成为运动成就的完美代表,历史人物可能成为超越现实的原型。将这些人物理想化,就是尝试通过模仿他们,从而绘制出一条可能达到类似高度的人生道路。青少年对这些理想化的模型投入的情感和经历往往是充满希望的,但也是转瞬即逝的,其中一些所谓的人生道路被采纳,但随后就被无情地抛弃。这种状态的关键是个体对于自己角色的研究，因为青少年选择这个或那个身份是有原因的，甚至可以用一个有目的的实验来表达被选择的身份。

虽然他们可能会密切关注存在主义、生命的终极奥义以及公平正义等重大问题，这种深深的迷恋往往伴随着与自身不相称的知识储备和认识水平，但这也无法影响到他们对探索正确答案的执着。当处于这种状态的人尝试新的角色并在不同的环境中进行实验时，他们通常会做出多个尝试性的承诺，但却没有足够的时间来深入检查这些承诺。这些身份实验的体验不同于个体在同一性混淆状态时的身份转换。它们的区别根源于这样一个事实，即延缓是伴随着个体对危机有感知、有意识的体验，而同一性混淆则不同。对于一个处于同一性混淆状态的学生来说，在不同情境中表现出来的多重自我之间没有冲突，或者他们自己没有意识到这种冲突。然而，对处于延缓状态的个体来说是存在着冲突的，而且他们想要积极寻求解决冲突的方法。在此期间，他们的解决办法可能表现为抽样调查几种体育运动的特点，或体验不同音乐艺术的表达形式，可能会形成与同辈群体的不同关系，可能会调研多种政治观点，可能会尝试不同的恋情。这种尝试思考和存在的方式，往往不是简单的叛逆，而是寻找自我的表达，形成自我的内外统一。

如果处于延缓状态的个体想要在这种积极的实验中努力维持原有的关系，那么冲突和失望是不可避免的，因为一个人不可能面面俱到。当青少年面对这样的现实时，他往往会意识到，他并没有成为父母一直希望他成为的那种人，他也不是最好的朋友一直希望他成为的那种人，不是伴侣一直希望他成为的那种人，也不是老师一直希望他成为的那种人。因为感受到了让别人失望而产生的愧疚感,以及身份实验所带来的失败感,青少年可能会开始过度补偿——将时间和精力投入到对某一种关系的培养上,而牺牲其他的关系。如果我们对所了解的青少年表示了一致的失望和不满,并且正巧这些青少年处于同一性延缓状态,那么我们其实应该理解他们正在尝试不同的身份,应该期待他们的这种身份实验可以有一些成功的机会并得到预期的回报。相反,如果教育者不给他们提供安全的空间和充足的条件,让青少年能够在其中体验稍纵即逝的角色,那么他们就会去别处寻找答案。这些观察结果强调了米奇老师在接下来的几周以及整个学年里再次与朱利安联系是多么重要。陪伴一个处于延缓期的青少年就是聆听他的经历、解释和自我决定,并给他一个安全的空间来分享他的实验。

米奇老师深知这个发展过程的脆弱性,所以他要确保为朱利安提供多个可能的空间和关系,让其可以在这些空间和关系中脱下"变色龙外套",讨论自己的真实想法。他与朱利安的老师和父母进行了非正式的交谈,让他们知道朱利安对自己的身份认知感到些许焦虑,可能需要在这里或那里进行一些试验,以找出最适合他自己的答案。米奇意识到朱利安正处于寻找和发现危险行为的意义的重要关头,因此他向朱利安周围的成年人传达了一个重要观念,那就是与青少年在形式上互动交流的重要性(同时仍然要求他对自己的行为负责),应该让朱利安主动谈论自己的经历,而不是退缩回孤独或虚构的超级英雄世界中。对每个成年人,米奇老师重复了一个相似的解释:"我的工作就是帮助朱利安把自己的自我认同看作是一个发展过程。让他相信只有不断更换自己的身份,而不是被困在某个僵硬的角色之中时,他才会发现'真实的自我'。我试着保持畅通的交流,只有这样,当他身处不同的情境和人际关系时,才会用心地体会自己内心的感受。所以请让我知道,我能做些什么来帮助朱利安,以发现对他来说有意义的自我认同。"

同一性达成

正如米奇老师在上面所暗示的,马西亚理论中的第四个状态实际上是同一性的达成。当身份认同危机得到解决,对所选身份的承诺又很高时,就会发生这种情况。在这种状态下,个体成功地整合了过去、现在和未来的自我同一性需求,因此能够在不断变化的情境中显示出一定程度的自我认可和自我力量。同一性达成通常是一段时期的高度探索和实验的结果,因此,它通常是在一段延缓期之后出现的。由于处于同一性达成的青少年已经相对完成对身份的探索(至少现阶段如此),他们可能就对自己要成为什么样的人不会那么焦虑,而是更在意自己是什么样的人,这不仅提高了他们的自我反思能力,而且更能接受别人批评他们的行为、决定。在这种状态下,同一性达成者往往表现出很强烈的归属感和目的性,同样,在不同的环境中他们也更坚持自己的独立性。虽然他们仍然非常渴望联系外界与被肯定,但同一性达成者更看重的是自主性和自控感。

同一性达成状态并不代表自我认同建构过程的结束,相反,它是个人理解和构建生命意义中的一个转折点。如果个体有一种经历,经过一些大喜或大悲的事情扰乱了已达成的同一性,那么很有可能进入另一个循环状态,直到危机解决或达成新的承诺。马西亚的同一性理论帮助我们认识到一个事实:把自我认同视为一个动态的过程,而不是固定的目标。即使作为成年人,我们也同青少年一样,没有实现真正的同一性达成状态,因为我们都有终身的机会来改变自己。青春期人格的形成之所以具有重大意义,并不是因为它标志着一项任务或过程的完成,而是因为这是青少年第一次能够亲身和如此热烈地投入其中。对性取向、意识形态立场、职业方向和宗教信仰等的危机与承诺,其复杂程度在童年时期并没有被意识到,但都在青少年时期被展现和检验了,并贯穿整个成年期。每一天的生活,每一段人际关系都在挑战和确认我们对自我的理解和认知,对于一个55岁的成年人和一个青少年来说都是如此。我们有机会重温我们在青少年时期做出的决定,因为我们每天都与那些做出这些决定的人互动,帮助共同构建青少年。同时,青少年也帮助共同构建着成年人,这不仅"让我们保持年轻",而且使我们意识到人总是处于成长过程中。如果我们带着同理心,坚持不懈地关注这一现实,那么教育者将在学校中、在支持学生自我认同发展的同时,达成自身的同一性状态。

埃里克森认同理论的超越

我们在第一章中介绍的建构主义方法虽然不能完全涵盖埃里克森关于自我认同发展的观点,但也不与其相悖。我们强调的是在个体认知形成的过程中密切的人际关系的协作功能。青少年不会独自进入特定的认同状态,也不会独立地协商与思考,正如我们从朱利安、安特文和米奇老师的关系中看到的那样。我们也将在接下来的章节中重申,从我们的角度来看,发展能通过个人所处的所有关系和社会情境得到交互式促进。我们在此对埃里克森经典理论的讨论,为研究认同发展提供了一个起点。这个出发点将在接下来的理论和实践中不断地得到探讨和延伸。

第三章　冒险行为与创造力

在主流学术和专业讨论中,青少年的冒险行为已经成了麻烦或问题行为(problem behavior)的代名词。的确,冒险会导致年轻人在发展上面临各种形式的困难。例如,酗酒、吸毒、性行为和鲁莽驾驶会导致许多我们常常听到的有害结果。同样,冒险有时也是家庭关系困难或自卑心理等潜在问题的征兆或症状。在这些情况下,高危行为,如吸毒、早熟、不安全性行为等,可能是青少年缓解自我痛苦的一种方式。因此,冒险行为既可能是引起青少年发展困难的原因,也可能是他们正在经历困难的标志。[1]

另一方面,冒险可以被看作是青春期的一种典型现象。这是一种对个人能力极限的挑战,对限制青少年活动的外界权威人士的挑战,也是对同龄人中的行为规范的挑战,所有这些限制都可

---

[1] Richard Jessor and Shirley L. Jessor, *Problem Behavior and Psychosocial Development: A Psychosocial Study of Youth* (New York: Academic Press, 1977); R. Jessor, "Risky Driving and Adolescent Problem Behavior: An Extension of Problem Behavior Theory," *Alcohol, Drugs, and Driving* no. 3 (1987): 1–11; and Martha R. Burth, Gary Resnick, and Emily R. Novick, *Building Supportive Communities for At-Risk Adolescents: It Takes More Than Services* (Washington, DC: American Psychological Association, 1998).

能会让青少年感到压抑或乏味。换句话说,在许多方面,冒险行为已经成为青少年身份实验这一传统概念的当代解读。对这种身份实验的最初理解,学者们的主要观点是,青少年会尝试不同的存在方式,在这个过程中,那些冒险和挑战权威的行为,对于健康的身份认同发展非常重要。虽然并不是所有的理论家都认同青少年身份实验对于健康成长的必要性,但除了极端情况以外,他们在很大程度上都同意这样的实验从理论上讲是健康和有益的。

  在这一章中,我们将探讨冒险的各种形式,这些形式可能是青少年发展遭遇严重困难的先兆或标志,也可能是建立一种胜任和自信的自我意识的前提。与大多数学者对"冒险"的描述不同的是,我们将其与创造力的概念相结合。毕竟,许多(可能不是大多数)创造性行为都需要冒险或打破常理方式看待问题和行为实践。借鉴杰出的青少年发展研究人员和理论家的研究成果,我们认为:青少年时期的冒险行为在很大程度上是一种创造性的表达,青少年通过冒险行为努力创造有趣而独特的自我。即使是在有风险甚至危险的情况下,青少年也经常会有创造和体验另类事物的冲动。我们试图为教育工作者开辟"冒险—创造力"之间辩证的互动关系,并以这种方式创造性地改变教学手段,以此来接触和引导每天都与我们共同创造生活体验的青少年群体。

重塑风险

  青少年自身并不将成年人眼中的许多高风险行为视作风险。例如,每周末大量饮酒成为一种长期的、根深蒂固的行为模式,这可能会被父母视为危险的、明显违反家庭规范的事。然而,青少年可能会觉得这种重复性的行为毫无风险。事实上,这可能会被青少年理解为"我们应该做的"一种为融入群体的行为,不会给自身带来任何挑战意义或新奇的体验。但以此为背景进行控制酒精依赖的实验,正好为看起来无从下手的研究铺平了道路,因为在这种情况下,风险是客观的,例如潜在的物质依赖、健康问题、车祸的可能性等,它们不是主观体验和决定的,也不是依靠经验能判断的。

但是,如果情境改变,那么哪怕采取同样的行为(酗酒),也很有可能构成经验意义上的冒险。例如,青少年过度饮酒是为了"疯狂"和"旷课",为了做他们本来不会做的事情,为了体验兴奋,那么这种行为就符合冒险在经验意义上的定义。他们有意识地追求新的经历,或者改变已有的体验,即使他们可能已经一遍又一遍地参过这种活动。所以,对于这群饮酒者来说,冒险的根源在于渴望更多的体验。那么,哪个群体更"有风险"呢?是那些为了融入社会而大量饮酒的人,或是那些为了与众不同而饮酒的人,还是那些为了做他们不想做或不能做的事而饮酒的人?简言之,如果我们对青少年饮酒行为导致的酗酒成瘾的具象问题进行抽象分析,就可以将传统意义上的冒险行为——"消极冒险"——归纳为两大类:一种是被动的、习惯的行为变成一种依赖;另一种是主动的、无法抑制的对新体验的渴望变成了无法自拔的沉溺。尽管这两幅风险画面有很大的不同,但它们都描绘了"处于危险之中"的情境。

因此,高风险行为从本质上说是具有危险性的,无论它是否被那些参与其中的人视为一种风险。除了这两种形式的冒险行为,还有传统意义上的"积极冒险",它指的是个体超出自己舒适区域开展具有挑战性的活动。体验式教育就是建立在积极冒险的基础上的,这些教育工作者为青少年营造挑战环境,并通过反思实践,传授和指导应对挑战的经验和方法。这样做的目的是教会年轻人具有冒险精神,敢于直面阻碍他们前进的恐惧。正如攀岩运动已经成为体验式教育项目中越来越受欢迎的主要内容,正是因为它要求攀岩者对抗人类对坠落的原始恐惧。当然,课堂老师、学校辅导员和心理学家也可以为学生创造同样的冒险的挑战环境,比如超越学生的舒适区等做法。事实上,只要青少年超越安全感和已知经验去尝试,就会有更多的学习机会。

当然,这第三种形式的冒险行为是大多数教育者在教学实践中采用的通常手段。例如,在教室里创造健康风险,支持学生进行户外、体验式冒险活动,似乎都是合乎逻辑的。但是仅仅采取第三种形式的冒险体验,往往会限制教育者对青少年冒险精神的认可和欣赏。发展心理学家辛西娅·莱特福特(Cynthia Lightfoot)提出了一个关于冒险的全面性观点,主张充分认识所有冒险行为的性质和益处。[1] 莱特福特设想了一种青少年冒险的文化,这种文化以一组相互关联的复杂过程呈现,帮助构建青少年的世界。与埃里克森的"认同实验"观念类似,莱特福特认为,青少年正在努力创造一个新世界,或是"二次元世界",存在于成人的标准和规范之外,这是一个由青少年为自己创造的独立世界。根据莱特福特的说法,冒险行为,是构建这个"世界"的主要

---

[1] Cynthia Lightfoot, *The Culture of Adolescent Risk-Taking* (New York: Guilford Press, 1997).

第三章 冒险行为与创造力

工具,是要超越成年人、权威人士认同的界限。这样的冒险行为意味着"非成年人""我的方式"或"我们的方式"与"他们的方式"等的对立与冲突。从这个意义上说,冒险行为是青少年从成人的世界和成年人的规范要求走向个性化的重要途径,根据认同理论可以判断出这种行为是青少年的通常做法。

正如莱特福特解释的那样,冒险本质上是具有创造性的。这一切都是青少年为了创造一个由他们自己组成的新世界而做出的努力。当然,这个创造性的过程是有风险的,有时甚至是危险的。因此,莱特福特不支持也不纵容青少年进行冒险行为,但是,她有说服力地论证了冒险行为的重要性和普遍性,认为这对许多青少年来说至关重要。因此,教育者忽视这种行为或将其置之门外,那就将自己排除在理解和欣赏青少年现实能力的范围之外了,或者至少是缺失了其中的一个关键部分。值得一提的是,莱特福特没有犯青少年冒险行为"普遍性"的错误,这是在一些较早的青少年认同实验中所得出的结论,即一个人必须承担风险才能健康成长。她并不认为青少年必须挑战成年人的权威,才能最终获得健康的、独立的、自由的发展。简单地说,她通过一项长期的跟踪式调查研究得出:青少年的冒险行为很常见,而且意义深远。[1] 冒险活动往往提供紧张的体验,青少年可以从中构建自己的生命叙事,并在此基础上建立有意义的社会关系。过山车、恐怖电影、电子游戏、极限运动和探险都依赖于刺激性元素来提升风险意识,并强化青少年的生活意义。有鉴于此,就很容易理解为什么亲密的友谊往往围绕着共同参与这些危险事件而产生,

---

[1] Lightfoot, *The Culture of Adolescent Risk-Taking*.

为什么身份认同也是围绕着这些冒险行为而逐渐形成的。

珍妮·蒙特罗(Janine Montero)就是一个很好的例子。作为中央高中的一名二年级学生,她从小就是一个假小子,在童年时代,她的冒险行为就是跑得比其他男孩更快,对他们和他们的世界比对女孩子更感兴趣。这些对于一个七八岁的孩子来说,可能看起来并不是很危险,但是当她进入中学的时候,情况发生了重大变化。在她自己还不知道性别是什么的时候,她的性取向就受到了他人质疑。起初,她会还击那些越来越多关于自己是"同性恋"的嘲弄,但那时的她还不知道到底为什么去还击。她正在与她无法理解的侮辱做斗争,而且是她独自一人在战斗。到了七年级的中期,对自己的辱骂声音已经渐渐平息下来。珍妮也变得更加"女性化",并开始以一种不同的方式与"她的男性朋友"相处。虽然她不像其他同学那样性活跃(sexually active),但是她成为许多男同学关注的焦点,这让她感到自己被接受了。

在罗斯福中学读九年级时,珍妮把绝大部分精力都投入到建立社会交往和人际基础上来。尽管她早就放弃了参加体育活动,但她发现自己在某些领域仍能与男孩子们竞争,有时还能击败他们,包括喝酒。她和一些九年级的女孩一起,与邻近城镇的高年级男孩出去玩,并在周末与他们疯狂地聚会。这样的聚会玩乐,让女孩们觉得自己更成熟了,并在学校里慢慢有了"名气"——一个和她们的现实一样虚幻的名声,但这种"名气"却改变了女孩们的生活。在九年级结束之前,珍妮意外怀孕了,她的父母在珍妮与朋友打电话时意外得知这个消息。这无疑引发了父母关于珍妮"生活方式"的许多讨论,包括她每况愈下的学校表现。经过一番劝说和妥协,珍妮同意转到中央高中读高二,以获得"一个全新的开始"。

作为理解青少年的理论研究者,我们应该将冒险行为看作是一种富有意义的尝试,这有助于我们超越所谓"危险"青少年的花言巧语。这将改变我们对什么是"好的冒险"或"坏的冒险"的草率判断,而转向对青少年自我认知、自我体验的深层次思考。如果我们跟随莱特福特的研究视野,以这种方式理解冒险行为,就必须问自己:我们如何理解这个被视为成人禁区的"二次元冒险世界"?我们如何接受这个世界?如果可能的话,又如何与这个世界互动?即使我们本身不能参与其中,但至少能以游客或"外来人"的身份来接触它,试着了解"住"在那里的人的生活状态。我们需要一张地图,也许还需要一位导游。但现实是,这样的地图和导游并不存在,只有一些模糊的指南和关键地点的标记。

认知发展与风险评估

青少年的"风险评估"(calculated risks)到底是如何测量的呢?例如,我们听说过青春期的冲动和轻率,这些特征都不能准确地量化。那么,青少年的冒险行为是否比预计的更严重呢?或者有没有介于两者之间的范畴,比如"直觉冒险行为"(intuitive risk taking)或"自发性冒险行为"(spontaneous risk taking)。直觉冒险行为可以定义为在直觉上感觉这种冒险行为存在风险,但是认为自己最终可以成功,并因此得到满足。赌徒们就是习惯于凭借直觉去冒险,不过,最好的结果也就是喜忧参半。股票投资者的冒险行为涉及"知情的直觉"(informed intuition),其结果也是有赚有赔。那么自发性冒险行为呢?它通常被定义为一种"即时行动",因一时冲动为之,或通过快速的评估给出结论。例如,自发的亲密关系不一定是冲动的亲密关系,相反,它是一种基于某次意外机会的尝试或努力。从理论上讲,健康的自发性不等同于冲动。我们如何理解所有这些冒险行为和冲动行为,并评估它们在这些过程中的相对作用呢?朱利安参与安特文的涂鸦的案例中(见第二章),从一个成年人的视角来看,可能就是一个因为冲动而导致的冒险行为。因为对于朱利安来说,这是一个意想不到的"机会",虽然让他面临惩罚的风险,但加强了他和老朋友之间的联系和信任。

巴奇和皮亚杰

认知发展学家卡伦·巴奇(Karen Bartsch)将青少年思维的特点定义为理论性思维[1]。与儿童相比,青少年通常会沉浸于构建理论联系和相互关系,从而将他们的世界联系在一起。例如,他们会比小时候更加积极地、理性地规划自己未来发展的可能性。儿童可以想象创造出奇妙的、不可思议的未来,但在现实中,这种想象往往被改变或搁置,青少年则更倾向于设计

---

[1] Karen Bartsch, "Adolescents' Theoretical Thinking," in *Early Adolescence: Perspectives on Research, Policy, and Intervention* ed. R. M. Lerner (Hillsdale, NJ: Lawrence Erlbaum, 1993), 143–157.

那些有可能性的未来，即那些他们自己通过努力可以创造或者实现的未来。这些可能性就是理想主义的重要标志，但此处的理想是植根于现实的可能性上的。青少年会将很多精力投入到利用当前的机会来创造一个更理想的世界和一个更理想的自我上。

受人尊敬的瑞士著名发展心理学家让·皮亚杰（Jean Piaget）专注于研究青少年从婴儿期到成年阶段的知识和推理能力提升。皮亚杰主要以他自己的孩子作为观察和测试对象，他把人类思想的内容理解为经验和记忆的不同分类，他称之为"图式"（schema）。根据皮亚杰的观点，思维是我们根据已经拥有的图式来处理信息的过程。如果新的信息符合我们已经形成的图式，它就会被我们同化[1]（assimilation）。如果不符合，它就会被我们拒绝，或将其匹配给新的图式并对其他图式进行相应调整。这个心理过程叫作"顺应"（accommodation）。为了探索青少年如何用这些图式来验证自己对自我世界进行理论化的不同过程，皮亚杰区分出了四个不同的阶段，其晋级的标志是自我逻辑的逐步构建、青少年理解现实和未来可能性的能力发展水平。这四个阶段

---

[1] 根据皮亚杰的认知发展理论，同化指个体以其既有的图式或认知结构为基础去吸收新经验的历程。同化与调适两者互相配合，形成个体对环境的顺应。按皮亚杰的解释，在认知发展历程中，随着儿童认知能力的增长，同化的形式也跟着产生三种改变：(1) 再生同化，指儿童对出现在面前的刺激做出重复的反应（如用手重复抓取同一物体），以帮助儿童了解物体的各种属性和特征；(2) 辨认同化，指儿童根据不同刺激间的差异，学习到以不同的反应来处理信息，即以不同的图式吸收不同的信息（如有时将物体摇动听其声音，有时放进口中尝其味道）；(3) 概括同化，指儿童根据多种刺激的相似性给予归类的反应，如儿童能按大小、颜色、形状的不同，将多块积木分类。——译者注

已经成为认知发展理论的核心:感知运动阶段(sensorimotor stage)、前运算阶段(preoperational stage)、具体运算阶段(concrete operational stage)和形式运算阶段(formal operational stage)。[1]

感知运动阶段(0—2岁)[2]是婴儿的认知能力初步发展的时期,婴儿靠感觉与动作认识周围的世界。新经历或者带有细微差别的旧经历如果都不能满足生存模式的话,在很大程度上会被拒绝。但是只要父母在环境中发挥了较好的缓冲作用,婴儿的认知能力都能初步发展得很好。在前运算阶段(2—7岁),儿童适应世界的能力增强,全新的意义世界由此开启。儿童的语言变得更加丰富,开始出现幽默的语言和行为,能够理解并运用符号象征事物,可以识别某些社会行为,并对时间的概念有更理性的认知。这种快速适应(调整现有图式以适应新的经验)使儿童在大约7岁之前(有些人早一些,有些人晚一些)一直处于十分忙碌和平衡的状态。此时,对儿童来说,不仅需要识别符号,还需要具备符号转化的能力。皮亚杰做了一个著名的实验:将水从一个较大的容器倒入一个细烧杯里,虽然水的形状发生了变化,但水的总量保持不变。他观察到,处于具体运算阶段(7—12岁)的儿童能正确回答该实验中水的总量是否发生了变化,处于前运算阶段的儿童则不会。

最后一个阶段——形式运算阶段(12岁以后)——的特点是儿童不仅能够认识实物,还能识别抽象的概念、复杂的图形和思

---

[1] See Jean Piaget, *The Language and Thought of the Child* (New York: Meridian Books, 1955); Barbara Inhelder and Jean Piaget, *The Growth of Logical Thinking from Childhood to Adolescence* (New York: Basic Books, 1958).

[2] 各阶段年龄范围为本书译者所补充。

想。处于形式运算阶段的儿童或青少年能够转换观念,并认识到逻辑的微妙,如认识到"所有正方形都是长方形"这一说法具有不可逆性。如果青少年生活在一个鼓励反思的环境中,那么在青春期初期就会萌发反思性思维,形成感知和操控那些不再需要做具体确证的抽象意义系统的能力。结果,在从具体运算思维向形式运算思维过渡的过程中,全新的现实模式就展现出来了。青少年开始问"要是……会怎么样",而且会充满激情地去探索世界和他们自身的无数可能性。当被要求解释"应该怎样"和"不应该怎样"时,青少年往往会在回答之前加上"看情况"这个修饰词,这表明青少年已经具备了考虑多种可能性的能力。

帕克斯和维果茨基

莎朗·帕克斯(Sharon Parks)很好地说明了皮亚杰理论中从具体运算阶段到形式运算阶段的转变(图3.1)。[1]帕克斯认为,由于形式运算的出现,青少年能够思考自己的想法,抽象自己以及自己的感知,开始从自己的内在理解中找到所谓的"真理"。形式运算思维也使得帕克斯和其他发展理论家所称的"第三人称换位思考能力"成为可能,换位思考是一种同时把握自己和他人观点的能力。这是一种强大的全新意识模式,允许个体与他人、自我及其存在意义、目的、真相和身份等核心关注点有更深入的联系。青少年时期被理解为某种认知的觉醒,它带来了新的创造力形式,包括对未来可能性的想象,以及将自

---

[1] Sharon Parks, *The Critical Years: The Young Adult Search for a Faith to Live By*, 1st ed. (San Francisco: Harper & Row, 1986).

己投射到一个可以改变的世界当中。青少年实际上成为了理论家,他们寻找实验来测试自我理解、人际关系和社会习俗的界限。冒险行为可以被看作青少年设计的一些最激烈的发展实验。

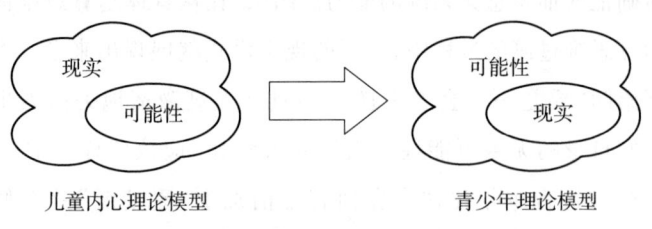

```
       现实                         可能性
        可能性                       现实

   儿童内心理论模型              青少年理论模型
```

图 3.1　从具体运算阶段到形式运算阶段的转变

无论是否表现为冒险体验,青少年的理论思维都在积极努力建立跨情境的联系。青少年把自己未来的可能性投影到当前这个世界上,并通常采取存在主义的观点来展现问题的形式:我应该如何逃离家里去到学校,或者跟朋友出去玩?我将如何以不同的方式共同创造出完整的自我呢?在不同的地方,不同的情境下,我需要怎样做,或者应该怎样做?与第二章讨论的同一性形成过程相似,这些都是寻找人生体验经历的理论问题。这些信息是从哪里收集的?它的采集方法又有哪些?青少年的实验,即冒险行为当然是备选方案之一。根据莱特福特的说法,每个冒险行为都提供了新的信息,这些信息构成了更大的实验,并证实或否认了关于自我在现实世界中的假设。现实生活中的青少年发展理论研究者中,有些人通过长期跟踪调查收集青少年数据,所以需要仔细考虑必要的、可控的样本量;另一些人则从每个可用的数据源中快速地收集大量数据,很少考虑原始数据如何转化为连贯的、可解读的结果;然而大多数研究者是介于两者之间的。但无论如何,通过冒险实验得出的理论,都能有力地促进年轻人对世界运行和自己在其中扮演的角色的理解。

理论思维是抽象思维。它从此时此地的具体现实转向了彼时彼地的可能现实。它是一种投射——从当前情况的约束限制投射到未来机会的自由释放。随着青少年生活信息的收集和积累,如何分析这些问题就变得至关重要,因为现实就是从经验的分析中构建而来的,而不仅仅是在拥有或收集的信息中自然呈现的。

巴奇在她的理论思维概念中大量借鉴了维果茨基关于认知发展的社会心理理论(见第一章)。根据维果茨基的观点,个体思维是由集体思维发展而来的。具体地说,一个人的认知能力或思维能力和策略是通过与他人的思想联系培养而来的,这种联系可以在亲密社会关系中遇到,也可以通过更广泛的文化体验来实现。个体理论模型不是简单地分享或吸收已经形成的思想,而是基于这些观点,以互动的方式重新构建它们。理论思维就是"建模",我们从别人的模型中建立自己的理论体系,我们与之联系,并从中学习。这并不是说个体最终从外界得到了与他们塑造的思维相同的理论体系,而是从中获得了指导。因为每个思维都与其他许多思维联系交织在一起,所以我们的思维模式是各种贡献的综合体。从定义上讲,这个过程是有创造性的。个体正是通过与他人的思维相互联系来创造自己的思维,所以我们每个人都是这一个过程的创造者和共创者。

正如在第一章中所分析的那样,维果茨基提到心灵的成长是一个心理互动发展的问题,[1]与人际关系发展相反。后者指的是社会交往技能和成熟度的提高,而心理互动发展指的是个体心智与他人心智相互关联的发展过程。一个人的心灵相对于其他心灵成长的方法的核心是"支架理论"的概念,它指的是建立促进个人心理成长所需要的相关支持。该理论基于这样一个观察:我们自己能学到的东西和我们在别人的帮助下能学到的东西往往是不同的(见第一章图1.1和图1.2)。教师、辅导员和学校心理老师都依托这些"支架"开展工作,通过努力扩展自己的能力范围,教育、理解并鼓励学生/受教育者的自我发展。维果茨基关于心理互动发展概念中的"内化",意味着学习中存在着一种关系性的、文化性的成分,用以支持教育者和受教育者在支架系统中共同学习和成长。例如,有哪位老师没有从他的学生那里学到更好的教育技巧和更成熟的教育经验吗?像心理互动发展一样,"支架理论"表明人们的心智不会也不可能自己生长;相反,它们需要有组织的、系统的"支架"支持,这种支持可以有多种形式。然而,这些形式的共同目标是帮助个体在特定的认知领域内走出自己的舒适区域——简而言之,就是学习的冒险。

"支架"评估

社交或教育方面的直觉性或自发性冒险是否一定要发生在自己的舒适区之内呢?直觉的概念暗示了人们自我认知的基础。

---

[1] Lev Vygotsky, *Mind in Society* (Cambridge, MA: Harvard University Press, 1978).

它暗示自己可以通过实践经验和现实分析，对可能发生的事情或可以实现的事情有充分的了解。就这一点而言，直觉与"据理推测"是同义词。参与直觉性冒险的青少年表现出的自信是建立在先前相关经验的基础上的，而经验通常是通过与他人互动而建立的，这种参与是形成个体直觉的发展"支架"。虽然一些成年人不认同这种特定式的"支架"具有积极的建设性作用，但与同龄人经历的联系以及他们对此类经历的思考有助于青少年建立认知模型，从而导向直觉性冒险。

珍妮在中央高中的"新开始"为强化冒险行为提供了新的背景。在新男友的派对上喝了 7 杯啤酒后，她决定开车回家，这一决定可能会被解读为直觉性的冒险决定。这是有风险的，原因很明显，醉酒的她没办法控制车辆，她把自己和乘客都置于危险的境地，她可能会被警察拦下，她可能会严重伤害一名行人。这些在直觉上显然是有风险的，因为她很可能以前也处于类似的情境，可能只喝了几杯啤酒，或者作为乘客乘坐过一位年长的朋友在类似的情况下驾驶的汽车。因此，珍妮凭直觉认为她可以驾驭这种风险。虽然她有可能是因为喝醉了并在没有意识的情况下拿走了车钥匙，但事实并非如此。珍妮在与他人的交往中逐渐有了酒后驾车的经验，并随着时间的推移拓展了她对这一活动的认知和行为模式。换句话说，正是因为这些反复接触的经验，心理"支架"被构建起来了。在这种情况下，珍妮是在她的舒适区内操作车辆，尽管可能处于舒适区的边缘，而且可能正在朝着更高风险的酒后驾车实验评估方向发展。

就像赌徒的直觉虽然可能会一次又一次地得到回报,但这些只会建立虚假的信心,直觉性冒险也会导致毁灭性的后果。如果珍妮的直觉告诉她,在吸食某些混合毒品后,继续在这种迷离的状态下开车,是一种远远超出她的经验舒适区的行为,那么她的有限经验可能会让她意识到,那种状态下生存的几率很小。关于美国青少年吸食毒品和车祸死亡的统计数据令人恐惧,而这些统计数据背后的青少年受害者很可能被归类为直觉上的冒险者。青少年会基于先前遇到危险的经历和似乎战胜了某些险情的经验而让自己去承担更高的风险。[1] 因为搭建更高的"支架"可以带来新的体验高度,但同时从边缘坠落的危险也会加剧。

那么自发性冒险行为呢?它通常发生在舒适区之内还是之外?许多青少年喜欢随心所欲,因为这意味着不受约束的自由。他们的想法是:与其计划晚上的活动,不如让我们顺其自然,让我们做现在想做的事吧。这或许是一种没有风险的自发行为,比如决定打一场临时的篮球比赛,或者出去看场电影。但这也可能是有风险的自发行为,比如决定吸食一种以前没有尝试过的毒品,或者通过一段计划外的关系来发生性行为。尽管这种自发的冒险行为可能是计划外的,但这些行动通常建立在一个已有的"支架"结构上,这种"支架"结构允许甚至促使冒险行为的发生。与直觉性冒险行为一样,这个"支架"是由冒险领域内的先前经验或一些相关经验构建而成的。例如,自发的"尝试新事物"的冲动通常建立在尝试与新体验相关或并列的东西的经验基础上。

---

[1] Jessor, *Risky Driving*.

即使是看似完全自发的第一次性行为的决定，通常也是建立在事先考虑"合适的时间"或在"可能的情况"基础上的。一般来说，自发性冒险行为被视为突破了发展的边界与极限。这是从有计划的、可预测的日常体验到新鲜领域的一次飞跃。然而，大多数情况下，这种飞跃以先前的相关经验为平台，这使得飞跃者至少可以粗略地评估涉及的风险和潜在利益。

在莱特福特的研究中，冒险经历更多地被理解为提供了一个生活被瞬间放大的实验，以确认或否认一个人自我身份认同的某些特质，而不是简单给那些青少年的冒险行为贴上合法化的标签。莱特福特指出，当青少年与他人一起进行冒险行为时，他们往往建立了关系"共同体"。青少年经常会共同冒险，既是为了从人数上增加一种安全感，也是为了激发将他们定义为"冒险群体成员"的体验，因为他们属于一个同龄群体，可以一起说"我当时在场"或者"我也做过"。用一种叙事性的方式记录和复述过去发生的事情，是一种相互了解和彼此测试的能力，就如"记得当时我们一起……"，它提供了一张路线图，通过这张图，我们可以向前追溯他们是如何成为现在的他们以及在这一过程中他们与谁在一起。这就是他们把冒险行为理解为内在的创造性的原因。"两个敢从悬崖上跳进湖里的朋友"，"一群十几岁的徒步旅行者爬上锋利的山脊线并登上山顶"，"邻居们骑自行车，在没有踩刹车的情况下冲下了镇上最陡峭的山坡"，这些冒险行为例子为青少年提供了与他人联系的故事情节。这样的故事情节成为了历史的书签，也为未来的直觉性和自发性冒险奠定了基础。

青少年经常将自己的嗜好和行为倾向传奇化，以此来证明他们的勇敢和强大。对于上面的例子更好的理解是，青少年正处于一个自我构建的、塑造社会关系的、自我认同确认的关键时期，这为他们打破世俗枷锁和发展自我人格起到了重要作用。第一次吸烟或吸食大麻、非正常性行为、酗酒、打架、离家出走、偷窃、酒驾、吸食冰毒——这些都是带有明显危险性的冒险行为。尽管如此，成年人应该认识到，对于从事这种活动的青少年来说，他们所构建的一切冒险行为的内在意义以及这些行为之间的相互关联是至关重要的。对于危险行为或违法行为，我们有时间和空间去判断对错，甚至惩罚他们。但对于我们这些在学校与青少年打交道的教育者来说，当务之急是必须让青少年自己知道这些冒险行为的意义，必须让他们认识到所发生的事情对自身生命叙事和未来整个生命过程的影响。只有这样，我们才能与青少年共同构建创造性的未来，促使他们将自己投射到人际关系和整个社会活动中。

新鲜体验

创造新的体验——这是青少年冒险行为的主要目的。年龄本身带来了体验世界的新可能性，这种体验包括生理的逐渐成熟和心智的逐渐发展，因此，循规蹈矩的做事方式对许多青少年来说会变得特别无聊。相比之下，青少年会更愿意去有创造机会的环境，在那里他们可以用有风险的创新方法体验和展示自己。教育工作者的目标就是使学校成为一个让学生能够有新体验、新创造、新兴趣的地方，或者像孩子们所说的那样（例如"上周，我至少……"），感觉很新鲜！

用教育吸引学生的理念不应与通过肤浅的娱乐使教育有趣的方法混淆。发展心理学家米哈伊·契克森特米哈伊（Mihaly Csikszentmihalyi）和雷德·拉尔森（Reed Larson）提出了一个观点：培养深入参与的学习态度并不是通过短暂的诱惑或吸引达成的，而是需要通过具有持续性和挑战性的活动来建立个人兴趣和技能。[1] 根据生理学模型，他们将这种"减少参与"的体验描述为一个人的"精神熵"（entropy），并将其定义为，当个体面对复杂的思考或挑战行为时出现的心理能量（psychic energy）的阻塞。相反的现象是心理"负精神熵"（negentropy）或心理能量的释放。从这个角度来看，教育工作者的目标是培养机会，打开建设性心理发展能量的闸门。这种开放最终会导向米哈伊和拉尔森所说的"心流体验"（flow experience）。

当被压抑的心理能量通过深度参与的活动得到释放时，人就会体验到"心流"（flow）。在心流状态（flow states）下，当一个人沉浸在富有挑战和意义的活动中时，其自我意识在很大程度上就消失了。在研究中，他们发现许多青少年在日常生活中很少经历"心流"体验，并且经常感到无聊或者几乎不参与具有挑战性和刺激性的活动。学校往往是体验这种"精神熵"的主要场所，这一研究具有明确和令人信服的结论。如果学校缺少挑战或刺激青少年的思维意识的活动，或者"心流"体验仅仅或主要表现在上述章节中所描述的那些高风险行为中，那么青少年无疑将发现自己在那些活动中迷失自我，从而导致其成为危险驾驶的司机、

---

[1] Mihaly Csikszentmihalyi and Reed Larson, *Being Adolescent: Conflict and Growth in the Teenage Years* (New York: Basic Books, 1984).

酗酒者、滥交的性伙伴,这也意味着他与学校固有的那些实践活动渐行渐远。因此,我们必须问:我们如何帮助学生追求并最终成为学者、音乐家或者仅仅是实现其自身能力的人?我们应该如何在课堂上建立"心流"?[1]

教育者应该从搭建心理"支架"开始。我们为自己的激情和兴趣搭建"支架",也通过教室、计算机实验室、音乐厅和体育馆等场景为我们的学生搭建"支架"。教育者也可以从建立相互关系开始,通过帮助来促进这些联系逐渐深入。教育者自己搭建"支架",自己创造和提升风险。为此,教育者应该努力让青少年理解这些冒险行为的真正意义,使学生有可能自发地从发展近区的边缘跳到新的学习挑战领域,因为他们已经形成了能实现这种飞跃的冒险精神和技能。学校通常以提供戏剧表演、音乐表演、体育运动、学生会组织、校刊校报、艺术课堂和当地企业实习等形式,为学生搭建一个有指导性的、有冒险意义的平台,以促进学生的这种心理飞跃。在这些场所,学生可以自由地验证自己的发展可能性,可以形成不同的人际关系,可以检验自己的表达方式,也可以听取别人的评价。教育者则可以通过角色转换、提问、辩论、研究、布置作业以及课程评估的方式来完成这项任务。同时,要想在教学中达到这种发展和教育的复杂程度,教师还要具备为学生搭建"支架"的专业能力,以便促进学生在课堂上进行有效的冒险行为,从而建立与青少年的协商或互惠关系,并与其他面临类似问题的教育者交流经验。

---

[1] Mihaly Csikszentmihalyi, *Finding Flow: The Psychology of Engagement with Everyday Life* (New York: Basic Books, 1997).

第三章　冒险行为与创造力

作为在学校中工作的教育者,当我们将自己投射到与青少年的关系中时,重要的是要有冒险精神和风险承担能力,因为这样不仅可以模拟学生们冒险行为的模型,也会帮助教育者确立、巩固师生关系并将自己置于从来没有想象过的发展可能性中。事实上,在青少年工作中承担风险的成年人比那些没有承担风险的人更有能力影响青少年的冒险行为。当学校的教育者试图鼓励学生保护自己以免受校园欺凌、跳出同龄人之间约定的着装规范、大声发表不同意见或者在课堂上勇敢地举手发言时,首先自己应该在教职工会议上尝试这些冒险行为,那么他们就能最大化地影响那些面对同样问题和困境的青少年。

举个例子,如果珍妮在狂饮一夜后冒险开车送自己和朋友回家的行为倾向,对学校里激发她创造力的挑战性活动有影响时,那么她尝试该冒险行为的可能性将会降低。当青少年积极参与学校里的建设性活动,并与理解、支持他们的教育者建立友好关系时,这一观点就更为明显。青少年指导和适应力研究的相关文献表明:即使青少年是与家庭以外的成年人建立起有意义的互动关系,也将对他们的人生理想产生巨大的影响(参见本书第五章关于这一主题的更多论述)。那些支持学生去完成具有挑战性和创造性的学习任务的教师,通常符合这个"充满爱心"的成年人的原型。当教师们陪伴学生一同参与冒险行为时,他们就可以站在学生的"阵营",帮他们冷静地思考面对的危机和挑战。正如我们将在下文看到的,丹妮尔老师(第一章中与安特文不和的那位老师)在面对珍妮时,就将自己定位为这样一名教育者。

在始于20世纪70年代的开创性研究中,社会学家理查德·杰索尔(Richard Jessor)和雪莉·杰索尔(Shirley Jessor)展示了高风险行为是如何自我复合化的。[1] 也就是说,当个体参与一种冒险行为(如吸烟)的时候,该个体参与其他冒险行为(如饮酒和吸食大麻)的可能性会随之增加。从本质上说,每一个风险行为都增加了新的风险行为随之发生的可能性。他们将这种现象称为问题行为并发症(problem behavior syndrome)。随着研究的进展,杰索尔夫妇和他们的同事发现,青少年与有爱心的成年人结成同盟关系,对于防止这种并发症迅速发展和失控至关重要。此外,越多年轻人分享和传承成年人的价值观,或者杰索尔所说的成年人传统规范,他们从事高风险行为的可能性就越小。

从杰索尔夫妇的研究结果来看,提高教育者在活动中与学生沟通的能力可以有多种用途。它们不仅建立了成功教育所必需的学习和思考技能,而且还建立了一个根植于关怀、协作和达成各种类型的高成就的价值体系。这种价值体系越清晰,建立在"成人-青少年"共同价值观上的学校"支架体系"就越牢固,教育工作者就越有可能促进青少年健康发展,减小高风险行为的规模,减少不良后果。

珍妮最终还是升入了中央高中的十年级,尽管她意外怀孕了,并且差一点没有通过九年级的升学考试。她的父母仍然希望新的学校环境能让她在进入大学之前做最后冲刺,珍惜最后几年的中学教育。珍妮进入中央高中时,不仅学习成绩不佳,还有很多不良冒险行为记录。在她以前的高中,她已经和同学们建立了深厚的友谊,在那里她觉得自己很有价

---

[1] Jessor and Jessor, *Problem Behavior and Psychosocial Development.*

值和成就感。她觉得父母无法理解她,而她以前的老师也没怎么努力去帮助和关爱她。那么,怎么才能让珍妮在新起点不再重蹈覆辙呢?

在比尔和梅琳达·盖茨基金会(Bill and Melinda Gates Foundation)发起的"大学前期教育"(Early College)计划中,像珍妮这样的学生可以在高中期间参加大学课程,为上大学做准备。该计划认为,如果能够在有能力和有爱心的教师的大力支持下,提供创新性的、具有挑战性的活动,将有可能促使那些已经放弃学习的学生在高中和大学改变观念并取得成功。在迈克尔·纳库拉和他的同事进行的一项研究中,[1]研究人员发现,一些学生在这种模式下能够茁壮成长,另一些学生则在一番挣扎后,选择重新回到一个碌碌无为、没有追求的学习状态。到底是什么造成了这种差异?

在"大学前期教育"计划中,那些茁壮成长的学生往往有他们老师的大力支持,这些老师不仅向他们介绍有趣的活动,还会一同参与他们的能力提高和冒险行为过程。在纳库拉等人的研究中,学生们清楚而深刻地区分了那些真正关心自己的老师和那些似乎只对学校工作感兴趣的老师。教师在将学生视作"人"和"学习者"的前提下做出的承诺,可能促使学生也做出承诺。这种相互承诺不仅是他们未来取得高水平成就的基石,也是建立共

---

[1] Michael J. Nakkula and Karen M. Foster, "Growth and Growing Pains: Second-Year Findings from a Longitudinal Study of Two Early College High Schools," unpublished research report, Harvard Graduate School of Education and Jobs for the Future, 2005.

享价值体系的前提,这种体系可以避免青少年只信任和认可同辈,从而降低高风险行为发生的可能性。

花样技能:从单纯的胜任到熟练地掌握

新鲜的事物是崭新的,是酷炫的,是迷人的。但是,最终吸引人们注意力的东西必须有其深刻的根源。"酷毙了"或者说一些嘻哈语言的变体,在青少年文化中出现的频率和"棒""新鲜"被提及的频率一样高。这种追求刺激和探索真谛的融合在"花样技能"(Madd Skillz)的世界里体现得淋漓尽致,这些都挑战着我们传统的理解能力,是需要被认可的新能力。"花样技能"可能最常与音乐和运动技能联系在一起,但其实它们与青少年表演的所有领域都有关联。"花样技能"的核心是青少年对自我表达的渴望,以及这种渴望所产生的对事物的无穷无尽的尝试。事实上,整个"青少年亚文化"都在被娱乐公司大力挖掘,目的就是预测和创造未来的流行趋势,因为正是青少年的创造力——青少年冒险行为的创造力——给我们提供了新的声音、服装风格、游戏、短语和时尚。然而,将这种创造力从新奇转移到熟练掌握是发展"花样技能"所必需的:拥有一般技能的人是"熟能生巧";拥有"花样技能"的青少年则展现出独一无二的、令人惊讶的驾驭能力。

这种精通能在课堂上培养和展示吗?当然,答案是肯定的。然而,实际上,许多学生厌倦了重复性学习和做题,这些练习最多只是为了促进"普通学习"或达到预先确定的能力标准。这种"标准"所暗示的普遍性对于学生个体几乎没有说服力,这就是为什么《不让一个孩子掉队法案》(No Child Left Behind, 简称NCLB)和相关的试探性教育法规都有一定的风险性, 因为这有可能将学生的创造力排除在课程之外, 并让我们失去学生的信任。

丹妮尔老师敏锐地觉察到, 在她的世界文学课上, 她与珍妮渐行渐远。尽管无论失去哪个学生她都会难过, 但看到珍妮逐渐消失在她的眼前, 丹妮尔老师感到格外伤心。珍妮在经历了令人失望的九年级后, 开始了新的学期、新的生活, 并试图寻找新的目标。起初, 无论丹妮尔老师讲授什么内容, 她都很兴奋。她和朱利安在同一个小组, 两人会为了争当"老大"(topp lit dawgg)——他们喜欢用"老大"来代替"好学生", 以免显得过于书呆子——而进行友好竞争。他们两人都特别喜欢老师对索福克勒斯、安妮·弗兰克、奇努瓦·阿切贝和艾伦·佩顿的作品的处理方式, 她将小说中对社会阶级的讨论与当前社会差异和矛盾紧密地联系起来。虽然珍妮没有朱利安那样的学习成绩, 但她可以在世界文学课中和朱利安一起学习和讨论。她享受着这段经历, 她的热情反过来激发了朱利安的竞争欲望和丹妮尔老师对教学的热爱。

不幸的是, 两种截然不同的因素汇聚在一起, 让珍妮逐渐偏离了原有轨迹, 也导致她退出了与朱利安的"老大"之争。根据十年级期末的能力水平测试显示, 珍妮的语言表达能力成绩相当糟糕。这项测试决定了学生是否能按时毕业, 并将影响该生在全州教育系统中的评测成绩。虽然在课堂上她看起来像是一位极具创造力的"作家"和具有批判性的"思想家", 但她的基本写作技能相当薄弱, 这也在一定程度上影响了她对文学作品的理解和记忆。为了确保珍妮能顺利通过即将到来的考试,丹妮尔老师只能把她分到"后进生"小组中。虽然这从表面上看是有道理的,但事实证明,这种做法适得其反。珍妮很快就厌倦了学习以及写作技巧提升,对那些自己不感兴趣的阅读理解也失去了耐心。她错过了与朱利安在文学上的较量,同样重要的是,她认为进入"后进生"小组是对她兴趣的挫败。但其实她也错过了丹妮尔老师对她天赋的激发。

导致珍妮在学校成绩下滑的第二个原因是,她养成了周末喝酒的习惯,这一习惯也影响了她在学校的学习。随着学校对她来说越来越无聊,和朋友们一起聚会狂欢对她来说变得越来越有吸引力。虽然上学是例行公事,但喝酒和聚会却能让人兴奋。大约在2月的某一天,丹妮尔老师无意中听到珍妮和朱利安谈论她的聚会习惯,珍妮试图劝说朱利安来一场喝酒的友谊赛,也许在珍妮看来,这是为了弥补他们在课堂上失去的联系和错过的竞争。丹妮尔老师意识到辅导考试的方法对珍妮不起作用,于是改变了主意,把她以前的明星学生珍妮召回到她所关心的内容上。她把珍妮拉到一边,诚恳地谈论了毕业考试的重要性,然后说服珍妮和朱利安一起完成一项"艰巨任务",就是植根于索福克勒斯和阿切贝以及他们选择的其他作家的思想,对当代社会进行批判。并且承诺,这篇评论将作为十年级世界文学班的年度贡献被收入年鉴。

珍妮假装犹豫不决,以掩饰她对新计划明显的兴奋之情,她以这种心态找到了朱利安:

第三章　冒险行为与创造力

"你听丹妮尔老师说那件事了吗？关于让你和我为年鉴做点什么。"

"是啊，兄弟，"朱利安用一种友好和亲近的方式回答道，他强调这是为了打消珍妮担心暴露自己想要补习功课的顾虑，"我们必须这么做。关于这件事，我已经有了各种各样的想法。你有什么想法呢？"

"还……还没呢，"珍妮用一种更为含蓄的语调回答，"我不知道自己是否愿意这么做，甚至不知道这是否值得。"

"你在说什么，兄弟？！这给了我们一个机会去写我们一年来一直在谈论的东西。你不会因为那个该死的水平测试就退缩了吧？你会通过考试的，兄弟……即使今年没通过，你还有明年。但我们没有明年的时间了。我们现在就得动起来！"

"好吧，兄弟，我们开始吧。告诉我你有什么想法，然后我也试着考虑一下。"

在接下来的几个月里，珍妮和朱利安勤勤恳恳地写年鉴。他们对学校周围社区的收入差距进行了出色的批判性研究，特色是既在当地的收容所与无家可归的人交谈，也与建筑公司和高档咖啡店的业主交谈。这篇文章赢得了老师和同学们的一致好评。丹妮尔帮助学生们与受访者建立联系，并在放学后留在两个学生身边，鼓励和激励他们改进这个项目。珍妮最终用满溢的热情和巨大的收获结束了这一年的"世界文学"之旅。在朱利安和老师的不懈支持下，她"冒险"为这个项目全身心投入，并且得到了回报。作为一个学生，她以前从未感到自己如此强大，如此优秀。她的思想和写作被展示给了她所重视的读者,这也让她更充分地认识了自己。

但是,像年鉴项目这样富有挑战性、创造性的成就并不是减少所有冒险的灵丹妙药。珍妮确实没有通过十年级的能力测试,而朱利安和她的另一些朋友轻松通过。不过,朱利安是对的,这个项目对珍妮来说是值得的,而且她在毕业前至少还有两次通过考试的机会。如果朱利安再次给予她支持,通过的几率会大大增加。这两个小家伙已经开始在校外见面了,并谈论起珍妮的那些周末狂欢习惯。珍妮劝朱利安放弃"学术派"的样子,但与此同时,珍妮自己也放弃了一些叛逆的形象。尽管如此,这仍然是一个漫长的夏天,还有一些大型狂欢派对正在筹备中。"有很多事情要做,"珍妮思考着,"还有很多问题需要解决……"

第四章　心流理论和可能性发展

"没有比这更好的了,伙计……那种感觉就像你不会做错事,那种感觉就像你真的很专注,没有什么可以阻挡你。当我说唱的时候,我就会有这种感觉。我觉得,天哪,这些话就这样从我嘴里'脱口而出',就像有人从后面把它们倒出来一样。它们就这么来了,就这么'源源不断'。"

——来自年轻人的谈话

"脱口而出"的这种状态,可以用契克森特米哈伊和拉尔森的研究理论解释,在其颇具影响力的著作《成为青少年》[1](*Being Adolescent*)中,他们将此种状态描述为"最佳发展"体验(optimal development)。但要达到这种顺其自然的状态,让文字、旋律或目标"源源不断",就不能简单地待在那里,等它们自动到来。如果事情真的那么简单,那么更多的青少年(以及所有年龄段的人)在日常生活中将会体验到比实际情况更频繁的"心流状

---

[1] Mihaly Csikszentmihalyi and Reed Larson, *Being Adolescent: Conflict and Growth in the Teenage Years* (New York: Basic Books, 1984).

态"。契克森特米哈伊和拉尔森对"最佳发展"体验的定义是这样的：一个人在某段时间内持续应用自己的能力极限所带来的愉悦。这种体验不同于由短暂刺激带来的快感，是由于某种沉浸，或是因为专注于某个费时又费力的难题而产生的愉悦。根据契克森特米哈伊的说法，这种"最佳发展"体验或者"心流状态"不是很常见，考虑到我们的文化习惯是更愿意展现和寻求刺激，这一发现不足为奇。我们更倾向于立即得到信息和立即得到满足，快速的刺激会导致更加短暂的兴奋，但是这种"快速"不利于建立复杂的技能，而复杂的技能需要训练我们的大脑长期关注某一项任务。

通过对教师、管理人员和心理咨询人员青少年发展教学的多年观察，我们发现心流理论具有特殊的吸引力。例如，教师希望他们的学生最终会因为热爱而学习，希望他们会沉浸在引人入胜的课程中或具有挑战性的体育活动中，并达到只有完全沉浸在学习过程中才能获得的高度成就感。老师们也知道，这种情况是一种很少能实现的理想状态，尤其是对于那些在学业上有困惑的学生，或者那些在持续性的体育锻炼中得不到乐趣的学生。但是，"心流状态"所带来的益处，导致尽管他们知道这很罕见，却认为值得为之奋斗。像老师一样，学校辅导员也被心流理论所吸引，他们更愿意建议学生找到他们的兴趣所在，支持他们实现自己的最高目标，而不是仅仅帮助他们发现阻碍成功的潜在问题。然而，像许多老师一样，学校辅导员经常抱怨，他们没有足够的时间来研究学生的能力极限或发展边际，因为他们不得不帮助学生应对挡在他们道路上的更现实、更紧迫的困难。

考虑到在我们的学生中普遍存在的问题或困惑，尤其是面对那些综合评分不高的学校里的学生，我们如何将"最佳发展"体验融入到实际的工作中？我们如何帮助学生感受到那种完成艰巨任务后的自豪感，以及如何帮助他们在学习课程和课外活动中体验那种满足感？这些就是本章试图回答的问题。

发展的可能性

"你不能做不可能的事……我的意思是，他们想让我们通过那些该死的考试，而他们甚至连那东西的一半都没教过。"十年级学生洛伦娜·查韦斯（Lorena Chavez）的这些话，反映了她对即将到来的全州等级考试的担忧和焦虑。洛伦娜的观点，无论是基于真实的事实，还是个人对学校教育的不满，都反映了许多在评分（高风险测验的分数）不高的学校上学的高中生的真实想法，包括我们在上一章"见过"的珍妮。洛伦娜和珍妮在十年级补习备考课程中有过短暂的接触，虽然她们的学习成绩差不多，表现都不是很好，但是个中理由不尽相同。因为洛伦娜在领导能力和演讲能力方面有着过人之处，所以一路顺利升学，直到上了高中，她才意识到自己在学业上遇到了麻烦。另一方面，珍妮开始在初中的后半段和高中早期，为了适应身边的人际环境和感受到认可，开始寻找"最佳体验"，所以到了九年级的时候，学习成绩的问题对她来说已经不那么重要了。但这两个女孩也有重要的相似之处。《不让一个孩子掉队法案》让洛伦娜和珍妮以及其他像她们一样的学生感到，自己已经远远地落后于所在州的能力水平测试的要求，以至于赶上进度是完全不可能的。到高中考前评估结果出来的时候，许多学生已经经历了许多年对自己失望的生活，在课堂上扰乱纪律，对考试成绩也是漠不关心。如果来自这种环境的学生能经历近似的学习"最佳体验"，那它将帮助他们顺利通过全州的标准化能力测试，将不可能（按照洛伦娜的说法）变为可能。远大的理想必须通过现实一点一点由小目标慢慢实现，这种希望是由连续不断的成功经验所"培养"出来的。

　　洛伦娜对自己能否通过全州考试的担忧，与她的老师对她的学业进步和最近的行为的担忧是一致的。她在七年级、八年级和九年级的时候，是基督教女青少年会（YWCA）篮球队的明星前锋，是一个优秀的篮板手和强悍的防守队员。在中学时，她还被老师和同学们夸赞为口才好、令人信服的演讲者，但她的写作能力却不如口头表达能力那么强。在那些年里，她之所以能及格，更多是因为她表现出了学习能力以及发展潜力，而不是因为她的考试成绩或学习成果优秀。九年级时，她开始表现出一种更叛逆的态度，每当老师要求她要认真听讲、刻苦学习或增加课后补课时，她就会顶嘴，还会干扰她参与的几乎每一个小组的实践项目。最终，洛伦娜的嘴还是给她惹了麻烦——在高二秋季学期放学后经常与同学们打架。其中一次，她在食堂与同学们发生口角，甚至还用言语威胁前来制止她的老师，结果被停课一周。不久之后，校长考虑开除她的消息传遍了学校。她的英语和体育老师担心这样做可能让洛伦娜流落街头，于是介入事件的处理。这两位老师认为，"洛伦娜所有的叛逆、反抗和消极态度都让她曾经的优点和贡献黯然失色"。他们联系了洛伦娜的父母和校长，描述了他们认为她所具有的领导潜力和运动特长。通过了解得知，她的种种恶劣行为可能与最近家里发生的事情有关系（洛伦娜的父亲刚刚失业，母亲被诊断出患有癌症）。老师们在得知情况后，都开始想办法帮助洛伦娜留在学校继续学习，他们认为，应该专注于发掘她的新天赋，这可能是最好的办法。于是，学校的辅导员玛吉被请来帮忙。

玛吉老师休假复工后的第一周，便开始在午餐时间与洛伦娜会面。玛吉老师很早就意识到，洛伦娜觉得自己在校期间几乎什么都没学到，她认为老师只知道把她叫到办公室，批评她的写作能力差，而不是帮助她提高水平。玛吉老师试图劝说她相信事实并非如此，但玛吉老师意识到，洛伦娜已经把"学校"和"受到惩罚"自觉地联系在一起了。她认为，就因为不好好学习，就因为发泄不满，学校就让她深陷困境。玛吉老师希望洛伦娜可以把某种"学校"之外的成功带入她校内的学术领域，于是她调查了一系列课外俱乐部，寻找洛伦娜可能会觉得有挑战性、能带来回报的东西。由于她的学习成绩和打架导致了停课，她没有资格继续参加篮球队，所以玛吉老师只能找一些除此之外的事情，让洛伦娜体验付出努力后的满足感和提高自己能力时的幸福感。在与她的父母、校长和老师交流后，玛吉老师与学校协商，只要她经常参加为城市女孩举办的课外划船项目，就可以让学校取消开除的决定。

当玛吉老师告诉她这个划船项目是在横穿城市的河流上开展时，洛伦娜脑海中浮现的只有她经常走过第五街大桥时看到的画面：河面波光粼粼，像是飘在空中的丝带，有钱人在夏日的晴朗下午开着他们的游艇穿梭其中,并且天黑以后那里从不让人游泳。不过,能在河里划船而不是站在岸边远远地观看,让洛伦娜很兴奋,这肯定要比在公园里打架要好得多!周六,洛伦娜在船库会见了划船项目的教练科尔比·斯坦伯格(Colby Steinberg),二人相互了解对方的情况。教练向洛伦娜介绍了划船项目,各种各样的船桨、滑椅、船舱,以及划船的技巧和力量。起初,洛伦娜心不在焉、将信将疑,因为她不相信有人会把一艘光滑的、闪闪发光的木船交给她。直到她听到自己被要求进行游泳测试和参加一系列的迎新会议,她才意识到这件事是真实的。接下来的几周里,她会穿上救生衣,坐在科尔比教练的双桨前,从码头往外划。科尔比教练在她身后一边划,一边指导她如何退桨、划桨以及其他细节与技巧。当洛伦娜在水中央看着邻居们在两岸穿行而过时,她突然发现这座城市是如此地安静和祥和。

科尔比教练对洛伦娜能如此迅速地学会划船要领和技巧印象深刻,她看起来像是一名经验成熟的老船手。他宣布了下午的目标:"我们要一起划船,一桨一桨地从第五街大桥划回船屋,看看能不能在 12 分钟内完成。""好吧。"洛伦娜不情愿地说。科尔比马上喊了起来:"出发!"在他们开始后不久,洛伦娜感觉到自己的身体已经适应了腿和手臂的有节奏的推拉,她的桨与科尔比教练的桨在水中节奏统一。即使她的股四头肌和二头肌都在"燃烧",洛伦娜还是感觉自己好像在飞翔。当他们到达船库码头时,洛伦娜已经筋疲力尽,他们完全沉浸在了划船的速度当中,以至于忘记了 12 分钟的目标。科尔比向洛伦娜介绍了如何将船抬上坡道并放回船库的货架上,然后伸出手,向洛伦娜展示了她腕戴秒表上的读数:11 分 38 秒。"看看我们做了什么!我们打破了我们的目标时间!"科尔比教练喊道。洛伦娜骄傲地咯咯笑着,抬起手,向科尔比展示了她双手上两个被船桨磨出的水泡,并笑着说:"看看我得到了什么,我的手都快要断了!"科尔比抓住洛伦娜的右手,紧握不放,称赞了她的努力。他说:"以你的技术和力量,这些水泡很快就会变成老茧。你在划船运动上很有天赋,洛伦娜。但要想真正'飞'起来,你需要付出更多的努力,提升划船的技巧。老茧就是这种承诺的标志。所以自豪地拥有这些水泡吧,姑娘!它们不会持续很长时间。"那天下午,洛伦娜骑车回家时,感觉到车把手刺痛了她手上的水泡,但当她瞥见沿途两旁的公寓楼和树林中的河水波光时,她想起了自己今天的种种经历,心里不禁思考,这条河再也不会是原来的样子了,而从根本上说,自己也不会再是从前的样子了。

从预防到发现

1993 年,迈克尔·纳库拉和他的同事们将一个由联邦政府资助的旨在防止高风险行为的学校咨询项目变成了一个强调发展优势和兴趣的研究模型。他们将这种转变称为"从预防到发现的转变",并将这一新模式的项目命名为"发现未来"(Inventing the Future, IF)。IF 项目旨在帮助初高中学生建立对未来的真实希望,这些希望植根于他们已经拥有的兴趣、特长和技能,尽管他们可能还没有完全意识到自己的这些能力。开展这个项目是因为他们观察到大多数参加最初实施预防项目的在校学生都被转介到了心理咨询和预防服务机构。这些学生之所以被送去这些机构，是因为老师、家长或者学生自己认为在学校的学习成绩落后太多，或者遇到了某种麻烦，抑或仅仅是因为家庭经济困难带来的无情的考验。

本研究的工作人员最终清楚地认识到，把大部分学生转介到心理咨询服务机构，说明问题的根源并不在学生身上，而是有更大的系统性问题。把这种担忧称为需要治疗或预防的"学生心理问题"，是对这种现象的本质的误解。更准确的判断是，学生缺乏有益的心理健康发展机会，因此，IF 项目开设了一门专门培养这种机会的课程，称为可能性发展(possibility development)。推进这门课程需要从传统的咨询和预防工作的方式开始转变。以此为出发点，我们要将课程的宗旨从分析学生的人生经历和心理问题转变为评估学生的特长，发现学生的爱好。从原理上讲，这种转变听起来似乎微不足道，但实际上却具有挑战性。

咨询师和相关的辅助人员接受培训，以帮助人们解决问题，减轻人生经历中那些因为挣扎抗争和不幸带来的痛苦。心理健康工作者通常是在自身经历了各种人生挑战后才走上工作岗位的，他们决心将自己的职业生涯奉献给那些需要同样帮助的人。但是，假如这些支持人员只从相同遭遇的角度去同情学生，就会发现很难从根本上改变他们的工作视角。所以，对他们中的许多人来说，重新去关注学生特长和发展的可能性，感觉就像从"关心、关怀"的教育方法中脱离出来。用心理咨询和治疗的语言来说，这种重新聚焦就像是"赋能"了或含蓄地强化了需要关注的问题。

其实,教师亦是如此。为了评估学生的学术能力和对课程内容的准备情况,他们在年初都会进行诊断管理培训,并学习如何正确识别学生的缺陷和不足。当教师每天要面对100多名学生,并要评估他们每个人的进步情况,然后进行分层教学,以满足每个孩子的不同需求时,标准化诊断就很有必要。毕竟,要确定学生需要什么,教师就必须找出学生缺乏什么。但是这样做也有弊端,虽然矫正学生错误和培养学生技能是教师工作的一部分,但过分关注学生的不足,可能会掩盖他们的许多优势或才能。在批改试卷的过程中,教师更多地关注学生哪里做错了,而忽视学生哪里做对了;考试之后更多地去关注学生没有学会什么,而忽视学生学会了什么。在长期的实践中,这种想法在教师的脑海中根深蒂固,因为他们面临着大班教学以及考核成绩的要求,例如学生的成绩、班级排名等。或许有些老师曾尝试将注意力转移到学生的优势和发展的可能性上,试图降低对学生学习成绩的期待,并接受他们的不足,但遗憾的是这些努力往往以失败告终。

无论是在教室还是在心理咨询办公室,从预防和干预到发现——有时也被称为促进——的转变意义重大。这意味着,尽管预防工作至关重要,而且是问题发生后解决问题的关键一步,但从根本上讲,预防工作仍然是针对学生的困难而不是发展他们的特长的教育方式。这种发现还意味着学生没有现成的未来可以直接继承或获得(或者现成的未来有可能不是他真正想要继承的未来),而是需要在他人的帮助下为自己创造一个新的未来。它揭示出:一个人想要活得更好,活得更充实,就是要与他人共同创造,去"发现"自己生命的可能性,并通过努力共同去实现这些可能性。

在"发现未来"的项目中,需要对个体的特长和兴趣进行评估,但实践证明,这一过程非常困难。那些曾经学习成绩欠佳的学生,在家里和社会中得到的支持非常有限,所以很难确定自己真正的特长所在。与此同时,这份评估通常也会面向那些渴望成为医生或律师等高技能专业人士的初高中生,征求他们的人生理想,以此进行比较研究。从评估中看出,这种雄心壮志不仅来自学习成绩是 A 和 B 的学生,那些成绩是 C 和 D 的学生也有同样的梦想。因此,理想的未来与现实的基础之间的差距有时是巨大的。未来的"出路"和此时此刻的现实可能是两个完全不同的世界。然而,人生的可能性在这两个世界都存在,像一座桥梁,一端牢牢地扎根我们的脚下,另一端通向遥远的未来。尽管"可能性"本身超越了时间和空间的界限,但"可能性发展"却是一种完全的即时现象。从梦想回归现实,从理想回归实践,从未来回归当下。

想象力和技能发展的融合

可能性发展,就像传统的发明形式一样,是一种想象力和专业技能的融合。想象力可能是创新和学习的"燃料",但技能建设也是必要的,以推动车辆往预期的方向行动。换句话说,当想象力为我们的梦想提供动力时,我们还需要必要的技能把梦想带回家。技能是我们现在所拥有的特长和天赋。技能发展始于我们所处的情境,并将我们现有的、已稳定的能力与那些处于能力极限的技能联系起来。通过这种方式,技能发展将我们的潜能变成一种有形的、个人的素质或特长。我们需要拥有技能,并熟练地掌握。发展心理学家库尔特·费舍尔(Kurt Fischer)和他的同事们一直在研究认知技能的培养,并证明了神经心理网络是如何通过智力机会的发展(intellectual opportunity development)而变得更加复杂的。[1] 由于学习的机会是通过支持性教育和相关的互动呈现的,所以神经心理网络会巩固这些获取和掌握相关信息的能力。从这个角度来看,大脑是一个相互连接的神经心理网络,它会随着学习机会的性质以及在这些机会上的基础可获得支持的性质和程度,不断地拓展和加深。从费舍尔的观点来看,技能发展是一个重要的模型,可以更广泛地拓宽"可能性发展"的研究视野。

"可能性发展"形成了一个技能建设和想象力的循环。每一项新技能的获得都会带来新梦想、新想象力的可能性。芬兰心理学家亚里·鲁米(Jari Nurmi),对"未来"在青少年时期的形成过程进行了广泛的研究。通过他们的研究,鲁米和他的同事们阐明了"时间延伸"(temporal extension)的概念,这个概念捕捉到了青少年和成年人对未来可能性的预测程度。[2] 也就是说,一些年

---

[1] Kurt W. Fischer, "A Theory of Cognitive Development: The Control and Construction of Hierarchies of Skills," *Psychological Review* 87, no. 6 (1980): 477 - 531; Kurt W. Fischer and Thomas R. Bidell, "Dynamic Development of Psychological Structures in Action and Thought," in *Handbook of Child Psychology: Theoretical Models of Human Development*, 5th ed., series eds. Richard M. Lerner and William Damon (New York: Wiley, 1998), 467 - 561.

[2] Jari E. Nurmi, "Age Difference in Adult Life Goals, Concerns and Their Temporal Extension: A Life Course Approach to Future-Oriented Motivation," *International Journal of Behavior Development* 15, no. 4 (1992): 487 - (转下页)

轻人能够积极主动地预测自己未来人生的可能性,并为实现这一目标阐述清晰而可行的计划,另一些只能将自己的视野限制在不远的将来,因为他们还没有掌握所需的技能,无法进行客观、长期的预测。根据费舍尔的认知模型,缺乏发展很可能是由于支持网络有限造成的,因为该网络没有充分建立与未来计划、神经系统及其他方面的联系。尽管学生个体代表着各种发展机会的综合,但它们自身在很大程度上是一项集体努力的结果。

技能——可能性的透视镜

正如技能可以代表我们当前的能力状态一样,它们也指向未来的可能性状态。在纳库拉和拉维奇的应用开发工作概念中,他们应用了"理解的前结构"这一解释学概念,以及它对解释青少年人生体验的重要性。[1] 这种前结构代表了一个人看待世界和存在于世界的不同方式的综合性生活历史。从解释学的角度来看,前结构不仅是过去历史的记忆库,同时也承载着前进和展望未来的可能性。也就是说,我们只能从已经奠定的特定基础上开发未来。我们所拥有的技能是最基础的砖块和水泥,用维果茨基的话说就是"支架",我们在"支架"上面建立新的学习过程。我们追求自我发展的下一种可能性,主要基于当前拥有的技能。因

(接上页) 508; Jari E. Nurmi, "Adolescent Development in an Age-Graded Context: The Role of Personal Beliefs, Goals and Strategies," *International Journal of Behavior Development* 16, no. 2(1993): 169-189.

[1] Michael J. Nakkula and Sharon M. Ravitch, *Matters of Interpretation: Reciprocal Transformation in Therapeutic and Developmental Relationships with Youth*, 1st ed. (San Francisco: Jossey-Bass, 1998).

第四章 心流理论和可能性发展

此,我们当前构建技能的领域以及方式,在后续人生可能性发展中将起着很大的作用。

例如,考虑一下美国对女孩和科学研究的关注。尽管越来越多的证据表明,在从幼儿园到 12 年级(K-12)的大多数学术课程中,女孩的表现都优于男孩,但在某些高等教育专业和职业生涯中,女性的人数往往严重不足。她们在中小学建立的学习技能使她们失去了在科学和其他很多领域继续深造和就业的机会。哈佛大学校长劳伦斯·萨默斯(Lawrence Summers)推测,科学领域缺乏女性学术领导角色,可能表明男女学习能力存在先天差异。他的言论立即引发了科学家和教育工作者的强烈反应,他们担心少数派群体在某些特定学科中的发展机会会因此减少。对萨默斯言论的反应源于这样一个现实:女学生或成年女性没有像男学生或成年男性那样"社会化"地学习数学和科学。因为女孩们被鼓励专注于阅读、写作和人文学科,年轻女生更有可能选择与这些技能和兴趣领域相关的大学专业和职业道路。这是一个具体的例子,说明早期技能发展会如何引导随后机会发展的可能性。

那么教育者应该如何回应和培养我们学生的技能范围呢?我们是否应该特别关注那些潜力更大的领域并鼓励学生在这些领域的进一步发展?还是说也关注那些可能落后于其他领域的较弱的技能,以防止学生丧失更多的发展机会?我们大多数人都会同意,其实这些问题不需要非此即彼的答案。我们必须培养高端技能,就像我们也必须帮助学生在相对薄弱的领域有所发展一样。但这种答案并没有那么容易帮助我们,还有一些实际问题有待解决。教育工作者和学生的时间和精力都是有限的,那么要如何分配这些宝贵的时间和精力呢?

聚焦可能性的透视镜

正如第二章所讨论的,青少年认同发展的一个重要部分就是需要他们对特定的方向做出承诺,包括职业方向。认同发展的暂缓或混淆阶段表明,知情的探索应先于对所承诺方向的投入(理性的选择比全情投入更重要)。但是探索的范围应该有多广呢?例如,科学领域的一些重要职业,都需要早期打下的坚实的数学和科学基础,因此对这些职业有着明确目标的女学生,就必须付出更多的努力去学习这些课程。那么这个女孩是否还可以通过努力,同时在艺术、体育和人文学科方面获得相应的技能呢? 大多数学生能够很好地兼顾不同的学科,但是对于青少年教育工作者来说,关键是要认识到,目前对技能发展的每一项投入都可能带来潜在的成本和收益。拓宽学科(通才),可以让学生具有更广博的知识,并拥有在更多领域发展的可能性。专业化的方法(专才)可以培养学生在某一领域的高水平、特殊性技能,但随之而来的,就是关闭了很多其他可发展领域的大门。

心流理论认为,专业化的方法更有可能达到"最佳发展"体验,这种体验更强调专注和聚焦。同时,这些体验也可能成为学生身份认同的核心组成部分。早期的学校学习理论认为,一个领域的技能发展会转移到其他领域;基于广泛的研究,包括上面提到的费舍尔技能理论(skill theory)的研究,这个理论在很大程度上已经被反驳。技能理论描述了一个学习过程,在这个过程中,特定领域的体验建立了由综合性"神经心理网络"支持的特定(domain-specific)技能。技能由于被应用于越来越具有挑战性的

第四章 心流理论和可能性发展

任务而变得更加复杂,但它们只会在已应用的领域变得更加复杂。换句话说,如果没有在该领域进行实践,它们的复杂性就不能很好地转移到其他领域。另一方面,个人在某一领域的技能开发经验可以提供将自己的努力应用于其他领域所需的动力和模型。也就是说,培养某种技能的经验可以建立个体的信心和满足感,而这种信念和能力,就是冒险参加新的学习活动的前提和基础。

这正是玛吉老师希望在洛伦娜身上发生的事情。事实上,随着洛伦娜手上的老茧越来越厚,她划船的力量和技巧也有显著提高,她也开始更加努力地提高自己的写作水平。放学后马上跑到船屋,这样她就没有时间再出去打架了,而且在划船项目中与大学生的接触也给了她新的可能性,她可以把自己全情投入进去。看着经验丰富的女大学生们在船库旁边整齐地练习划船的动作,看着她们一起欢笑、一起玩闹,甚至看到她们一起写作业,这些都让洛伦娜对"大学"产生了积极的联想。再加上科尔比教练,这些都促使她更加学习努力,以提高上大学的"可能性"。而她与船上的队友一起训练的经历所起的作用可能是最大的。她不再需要通过猛烈抨击或与具有威胁性的同龄人竞争来掩饰自己的不安全感,也不再依靠自己在语言上快速和敏锐的反应来摆脱(或陷入)麻烦。她现在是划船队的一员,她需要做的就是尽可能平稳和快速地与队友保持一致的划船节奏,一步一步地为这项任务做准备,每走一步自己都在变得更加强大并更加娴熟。有时候,在训练或比赛中,洛伦娜不再思考每条腿和每条胳膊该做什么,而只是去做,她忘记了时间,忘记了忧愁,完全沉浸在了这样的过程中。

可能性的内化模型

尽管技能发展可能无法实现跨领域转移,但技能构建的模型可以在个体中内化并广泛使用。教育工作者将这种现象称为"学会如何学习",并将他们的工作定义为教学生如何学习,而不是只教一个特定的主题或发展某种特殊技能。然而,有些时候,即使教会学生如何学习也不能帮助他们完全摆脱困境。现实仍然是:在青少年时期的某个时候,如果学生想要其能力在特定领域达到高水平,就必须在该领域付出更多的精力、迎接更多的挑战,并在其他的领域减少投入。这样的决定对人的一生乃至全社会都有着巨大的影响,因为这意味着在未来的社会职业中,某个特定的领域会聚集同一类型的人。这就是为什么我们与青少年共同构建他们自己选择的身份认同并赋予其意义是如此重要。通过指出青少年投入的时间和精力的得失,教育者可以帮助他们更清楚地看到他们想象的可能性,也让他们认识到可能因此得到什么,同时以后将会失去什么。

此外,如果不全面性地谈论体育运动在青少年发展中的作用,这一节的论述将是不完整的。对于许多年轻人来说,体育运动在技能建设的选择中被赋予了特殊地位。这种特殊地位背后的原因十分清晰简单:体育运动为一个人的技能发展、自我实验和展示提供了具体的途径。它们为培养社会交往和人际交往技能提供了机会(尽管根据个人的价值观,有些人际交往技能可能被认为是不健康的)。通过公开展示自己的运动风采,参与体育运动也创造出了一种可以获得大家认可和鼓励的环境,从而增强参与者的自信心和相关满足感。[1]

然而,过分强调体育领域的技能培养,可能会减少对很多其他发展形式(包括学术发展)的精力投入。参加体育运动会给青少年的发展带来诸多益处(例如,同龄人的认可和赞赏、体能素质的增强、挑战及成功后的真实体验等),这必然导致青少年对那些体育运动以外的需要长期努力和参与才能取得成果的活动或"比赛"(例如学习上的考试)失去兴趣。例如,成为一名科学家或律师的道路并不会像参加体育运动那样顺畅,也不会有那么快速、直接的回报。在学习的"赛场"上,不会有"开幕式"更不会有"啦啦队"。爱好文学的学生,比如第三章里出现的珍妮和朱利安,他们的名字最多只可能出现在学校的年鉴或报纸上,但很少出现在镇上的媒体中。要想在非体育运动上投入精力,就需要一定能力来平衡"延迟性满足"和"自我成就欣赏"之间的关系。

在这种情况下,发展高水平的运动技能对青少年是有益的还是有害的呢？当然,答案各不相同。一些人能够把在训练中的坚强毅力转化为在职场上面对挑战、争取成功所需的耐力和专注力。也有一些青少年,把自己的全部时间和精力都投入到了体育项目和相关的社会活动中,从而导致自己学业和职业上的失败。

---

[1] Susan A. Jackson and Mihaly Csikszentmihalyi, *Flow in Sports: The Keys to Optimal Experiences and Performances* (Champagne, IL: Human Kinetics, 1999); Megan A. Horst, "Organized Sports Participation in the Lives of Adolescent Hispanic Girls: A Mixed Methods Analysis" (doctoral dissertation, Harvard Graduate School of Education, 2005).

还有许多人会介于两者之间,例如他们会在体育和学术方面都取得成功,并且他们会将精力平均地分布在不同领域。[1]

这里的重点是,技能的发展需要精力,而一个人的精力是有限的。更具体地说,发展更高水平的技能需要投入更多的精力,但一般来说,我们所培养的技能会引导我们走向与该技能相近的可能的人生发展道路。这就要求广大教育工作者和成年人不断鼓励和支持青少年持续参加那些有意义和有挑战性的活动,否则,他们将被自身懒惰、同学影响、媒体舆论等因素左右自己的努力方向,直至停止追求发展那些高水平技能,因为这类发展往往需要持续性的"心理承诺"和最大化的"心理回报"。

可能性的投入:人生发展资产的运转

心流理论强调了"最佳发展"在某些特定领域的作用,也有其他的研究方法指出"最佳发展"是儿童和青少年在积极成长中所需要的基本必备条件。搜索研究所(Search Institute)是一家专注于青少年发展的非营利研究机构,它推广了"发展资产"(developmental assets)这一越来越流行的概念,他们故意选择了这样一个跟商业活动有关系的词语。该团队提出了一个观点,即青少年的健康发展需要所有关心青少年的人的共同"投资"。为

---

[1] Edward Seidman and Sara Pedersen, "Holistic Contextual Perspectives on Risk, Protection, and Competence among Low-Income Urban Adolescence," in *Risk and Vulnerability: Adaptations in the Context of Childhood Adversities*, ed. Suniya S. Luthar (Cambridge, England: Cambridge University Press, 2003), 318 – 342.

了具体说明如何进行这项投资,该研究所的研究人员创建了一个"发展资产"框架,描述了所有儿童和青少年健康成长所需的关键要素或"资产"。[1]

具体而言,"发展资产"的框架由相互对称的 20 个"外部资产"(external assets)和 20 个"内部资产"(internal assets)对照组成。"外部资产"分为四大类,代表促进一个青少年健康发展所需的基本外界环境因素。这些"外部资产"集群包括:①支持(Support)。青少年需要从家庭成员和非家庭成员的成年人——如老师和其他学校人员——那里获得情感支持。②赋权(Empowerment)。赋权不仅强调为青少年提供关系支持的重要性,还要求在环境中创造机会,鼓励青少年将自己视作社区中的一员并为他人做出贡献,这有利于促进青少年的良好发展。③限制和期望(Boundaries and Expectations)。青少年需要明确的行为标准和持续的鼓励,这有助于塑造青少年的健康行为,包括对学业的高期望以及支持这些期望所需的结构。④对时间的有效利用(Constructive Use of Time)。青少年需要通过创造性的活动去放松和学习新的技能。

同样,"内部资产"也被分为四种,代表个人内化或发展的优势或特质。这些"内部资产"集群包括:①学习承诺(Commitment to Learning)。学习承诺侧重于与成就相关的习惯的内化,并强调成就动机与终身发展之间的关系。②积极的价值观(Positive Values)。积极的价值观总结了与其他健康结果(如持久的友谊、

---

[1] Peter C. Scales and Nancy Leffert, *Developmental Assets: A Synthesis of the Scientific Research on Adolescent Development*, 2nd ed. (Minneapolis: Search Institute, 2004).

身体健康等)相关联的关键道德和品格特质,如关怀、公正、诚实和克制。③社会能力(Social Competencies)。社会能力强调青少年在人际关系、职场和其他公共环境中成长所需的技能。④积极同一性(Positive Identity)。积极同一性强调从"外部资产"和其他"内部资产"中获得的健康的自我意识。

"发展资产"模式表明,"外部资产"是建立"内部资产"的必要条件。搜索研究所的目的是通过创建一个以普通人能够理解的语言和易于记忆的结构为基础的模型,帮助发起一场广泛的运动,以促进青少年的健康发展。他们认为,青少年的心理健康需要这样一种全国性的框架,让美国,还有世界各地的社区都达成共识。除了美国的600多个社区,世界各国还有更多的社区正在根据自身需求调整"发展资产"框架。该研究所的"健康社区-健康青年"倡议支持将"发展资产"框架以符合每个社区需求和资源的方式应用到社区。搜索研究所并没有制定建立"外部资产"的规定性方法,而是通过收集和推广不同的社区模式,展示"发展资产"框架是如何在特定社区发挥作用的。

"发展资产"理论认为社会是青少年发展的第一责任人,而不是个人或其他社会机构(例如公立学校)[1]。在这个框架内,技能发展将以社区基础设施的关怀、支持和社区资源为支撑。基础设施发展得越健全,年轻人就越有可能学习到必要的技能,过上他们想要的生活。事实上,"内部资产"可以用技能的分类重新

---

[1] Richard M. Lerner and Peter L. Benson, *Developmental Assets and Asset-Building Communities: Implications for Research, Policy, and Practice* (New York: Springer, 2002).

命名——例如，移情技能（skills of empathy）、学术成就技能（skills of academic achievement）和社区建设技能（skills of community building）。从这个角度来看，成功地为青少年提供所需外部资产的学校和社区可以被称为"技能社区"，即在青少年发展特定领域具有技能培养功能的社区，社区里的全体民众需要付出努力和时间，一同促进青少年的"最佳发展"。这样的社区提供了一种类似于费舍尔的"神经心理网络"的基础设施：将社会内的人和不同机构有机地联合起来，为年轻人提供可能的发展。

一般来说，"发展资产"框架对教育者有深远的影响，特别是在培养"心流体验"和"可能性发展"等方面。虽然某些领域的高水平技能发展可能会以牺牲其他领域的技能发展为代价，但健康发展的关键还是要确保我们的年轻人能够获得全面的支持、挑战和机会。如果没有让青少年自我"赋权"，而仅仅是提供一些关心和支持，这对他们是没用的。同样，在没有关爱和支持的前提下，想要提高学习成绩和运动表现，也是不可能的。那么，学校如何在更广泛的社区"外部资产"的基础设施中发挥作用呢？教育工作者和学校管理人员应该把他们的时间和精力集中在哪里？

有一个非常好的实践案例可以回答这个问题，这个以教育为基础的"发展资产"范例来自密歇根州北部的特拉弗斯湾区（Traverse Bay Area），这个区域包括一个小镇及其周围的农村社区。特拉弗斯湾区赢得了19个地方学校负责人的支持，他们都同意将"发展资产"框架引入学校的青少年教育工作。通过采用这种模式，教育系统里的人员发现，他们可以围绕所谓的"共同语言"来组织学生教育和相关支持性工作。他们还发现，尽管"外部资产"显而易见，例如相对健康的社区在自然运行过程中所提供的一些活动和资源,但实际上还是缺乏对它们中大多数的有效运用。例如,尽管学校里的老师每天都强调,学生要在学校的走廊里行为端正、讲礼貌,但事实上很多人却并不买账。对于特拉弗斯湾区的教育者来说,关键不在于学习该模式后所能提供的新东西,而在于他们意识到:教育者并没有始终如一地按照他们认为对学生发展最佳的方式行事。类似的发现在其他社区的教育中也得到了证实。[1]

　　洛伦娜与她的世界文学老师分享了内心想法,她想要在划船以外的领域也体验那种"充满激情"的感觉,丹妮尔老师直截了当地回答说:"洛伦娜,本来你的语言表达能力就非常出色,如果你把投入在划船上的精力同样投入到文学写作之中,你也会成为一名出色的作家。把你已经拥有的态度和你建立起来的信心融入到你的文学创作工作中。勇往直前吧!向世界展示你得到了什么!我的意思是,即使你在写作中犯了什么错误,也不会比在划船时犯错更严重,甚至不会被淋湿!""我听你的,我试一试吧。"洛伦娜得意地假笑了下,心里想的却是"这是划船,而并非写作,两者可是很不一样的"。

　　洛伦娜的心理辅导员玛吉老师一直跟踪记录着她的进步,并听到了许多类似的逸事。虽然在这个过程中遇到了一些小挫折(比如洛伦娜偶尔还会因为与同学吵架被叫到教师办公室),但是当她的父母参加家长会的时候,他们发现,洛

---

[1] Michael J. Nakkula, Karen M. Foster, Marc Mannes, and Shenita Lewis, *Community Collaboration for Positive Youth Development: An Intersection of Psychology and Social Change* (New York: Springer, in press).

第四章　心流理论和可能性发展

伦娜的情况确实有了改善。洛伦娜开始定期提交作业,不再与人争吵,开始尝试提高她的学习成绩,并且仍然保持着她在同龄人中健谈并有魅力的领导者形象。她正在考虑学校辩论队教练让她明年加入辩论俱乐部的提议,而且她还把从科尔比教练那里收到的一张大学贴纸贴在了学校发的活页夹里,以此激励自己。秋季学期结束前的几个星期,为了表彰她的进步,洛伦娜的英语老师在走廊的展示墙上还对外张贴了她关于自我提高的优秀作文。虽然因为作文的标题叫"划船和流动"而引发了同学们的一些嘲笑,但是洛伦娜却泰然处之。"是啊,听起来有点老套,"她承认,"但那就是我。"

第五章　关系认同和关系发展

> 如果他们尊重我,我也会尊重他们,事情就是这么简单。但是如果他们要当着我的面,要求我必须做这个或那个,就好像我很蠢一样,那么,哼,我才不会为他们做那些事情,就是这么简单!
>
> ——安特文·萨拉丁

心流理论强调了"冒险活动"在促进青少年"最佳发展"中的作用,而关系认同和关系发展理论则为"最佳发展"提供了不同的视角。本章的主要理论结合了卡罗尔·吉利根[1](Carol Gilligan)、南希·乔多罗(Nancy Chodorow)、让·贝克·米勒(Jean Baker Miller)等关系心理学家的研究成果,详细介绍了认同发展在有意义的关系中的演变,并揭示出一个独立的"自我"发展可能会影响个体对关系性存在的理解和认知。具体而言,关系心理学家认为,传统的身份认同理论(主要是埃里克森的理论)过于

---

[1] 吉利根,美国著名心理学家、关怀伦理学的先驱。其代表作《不同的声音——心理学理论与妇女发展》在西方社会产生广泛影响,被视为当代女性主义理论的经典论著。——译者注

强调个体的独特性,而严重低估了关系互联性在青少年时期和整个生命过程中的重要性。

女性主义心理学家并不是唯一强调关系性联系在人类发展中的基础作用的人。20世纪40年代和50年代,精神病学家哈里·斯塔克·沙利文(Harry Stack Sullivan)开始构造他的精神病学人际理论(interpersonal theory of psychiatry)。[1] 他的理论不仅呼吁用人际关系的方法来治疗精神障碍,还阐明了一种新的心理发展模式,该模式建立在个体人际关系历史演变过程中的心理健康和精神疾病基础上。沙利文理论的主要意义在于,他认识到"友谊、爱情以及家庭之外的人际关系"可能会对个体终身发展和心理健康产生深远影响。虽然这一假设现在看起来似乎是共识,但在当时却是相当激进和饱受争议的,因为受到弗洛伊德理论的影响,当时人们普遍认为"母婴关系"才是在生命周期内最明显和持久的力量,并且这种力量很难通过以后的人际关系加以修正。

基于关系视角审视教育实践有着重要的意义。例如,我们的课堂和教学方式是否过于注重个人成就和竞争,而不是合作? 这个问题不仅与自我认同发展有很大关联,而且与职业发展也有很重要的联系。教育者能在多大程度上帮助学生适应工作关系? 我们对学生领导能力的理解是否过于主观化? 随着经济变得更加全球化,"人际关系"本身的概念是否格外重要? 诸如此类的问题有助于构建本章的逻辑框架,以支持学校环境中的人际关系

---

[1] Harry Stack Sullivan, *The Interpersonal Theory of Psychiatry* (New York: Norton, 1953).

发展。

学习与关系发展

我们在第四章介绍了洛伦娜的情况,其中重要的内容是成为划船团队的一员对她的重要影响。在这一过程中,她学会了如何与队友齐心协力划船,搁置分歧,并取得了凭借自己力量根本无法达到的成就。在划船项目中,洛伦娜学会了沟通和谈判,而不是"反对"和"要求"。她学会了信任她的队友和教练,因为她从中感受到自己划船技术的进步,她与其他人的关系也逐渐密切。洛伦娜甚至期待着在水上划船时,教练在旁边大喊:"使点劲!"因为她知道当所有人回到船库时,自己会被当作是一个有价值的队友,并拥有一名船员必需的技能和力量。她将自己融入了那艘船,也融入了这种人际关系。这种能与同龄人和有影响力的成年人交往的新能力,正是培养信任、成熟和冒险能力的基础,这给了洛伦娜所需要的发展机会。她把这种发展同时带回了学校里的学习环境和人际关系中,因此,学习成绩也开始逐渐提高。

在研究城市学生考试成绩的差异时,我们始终将关系因素置于思考的核心位置。学生们总是说:"我们努力学习,是'为了'喜欢的老师、值得尊敬和尊重的老师。"或者用一些学生的话来说:"为了那些把我们当'真实的人'一样对待的老师而努力。"在学校里,由于限制性的政策和惩罚性的纪律处分,学生缺乏自主权;在课堂上,学生的作业和课堂活动不是展示学习到的知识,而是更多地暴露无知,使完不成的同学被人嘲笑。这些都导致了青少年往往选择在学校里与成年人建立敌对的关系。像其他人一样,青少年也希望自己成为一个领域的思考者、受益者和有价值的成员,同时也是利益的密切相关者。如果教育者强行压制青少年对"自主"的渴望,或者让他们在人际关系中变得孤立,那么他们就会坚决地进行抵抗。这种抵抗,一旦被贴上"反抗"或"破坏"的标签,就会给学生带来更大的麻烦。这就是为什么课堂上的惩罚性措施会如此引人深思,因为某些针对学生的惩罚,会直接影响师生关系的良性发展,也会对课堂环境产生严重威胁。我们应该用一种关系性的视角审视青少年教育工作,而不是单纯地教育或引导他们,这将使我们的研究、决策和发展方式转向师生互惠、相互依存、共同塑造的全新角度。

不幸的是,由于美国联邦政府、州和地方各级教育部门会对各个学校的标准化考试成绩进行严格审查,太多的教育已经变成了一场数字游戏。这种审查虽然在媒体宣传上看起来可能是客观与合理的,但对于那些表现不佳的学校和课堂,这种结果显得过于绝对和主观。学生和老师都能感受到,学校和整个教育系统比以往任何时候都更重视考试分数。所以青少年不再是为了自己学习,而是为了他们的老师、他们的学校,甚至他们的种族/民族的整体形象而学习,整个"团队"都像是在显微镜下接受严格检查。难怪学生们哭喊着要求像对待"真实的人"一样对待他们。青少年很可能在追逐成绩、排名的沉重压力下迷失自我,甚至发生认知混淆。

学生们会把上课视为完成老师的工作是正常的。一直以来,教师的要求各不相同,导致学生们在课堂上的表现不一致,在教练面前的训练努力也不一样。但现在,老师的标准似乎都得到了统一,因为他们与学生都是"局中人"(in it),他们都需要一张"成绩单"。这张成绩单不仅会送回家供家长审阅,还会交由校长、学区主管、州教育局和全国媒体共同审阅。所以,这个"学习小组"的赌注非常高。以前大家认为,班级的排名不好是因为一小部分表现不佳的学生"拖后腿";但是现在,共同承担团队责任的人更多了。成功和失败成为了公开的展示品,随时等待外界的赞扬和斥责。

这里,我们无意对已有的教育规则和教育体系做出评价,但针对"高风险测试",需要强调的是:在某种程度上,学生的学习成绩已经成为一种团队成就了,他们作为团队的一员学习,最后的评定也以集体为单位。他们的表现是集体的,与其他团队活动一样,例如田径、音乐剧,其中会出现个别明星,也有特别吃力的学生。但是,评判一部音乐剧的好坏,主要是看它的整体表现力,而不是看个人表演的精湛程度。现在对教育的评判也类似。但教育者是否真的像一个团队一样合作?他们是否已经拥有或被鼓励拥有团队合作精神?团队是否有共同的目标?成员是否能平等地分享成果或承担责任?这些问题对于成为团队内一员的教育者和受教育者来说意味着什么?

维果茨基、沙利文和"社会文化思维"

虽然维果茨基和沙利文的理论很少在相同的语境中被提及,但我们仍然要用关联性视角审视他们对于理解人类发展研究的贡献。在第一章中,我们介绍了维果茨基对认知发展的心理学基础理论,该理论认为智力的成长是通过人与人之间的联系来实现的,让孩子和各个年龄段的人相互学习。[1] 此外,维果茨基的重要贡献还在于他将认知发展的动因从与生俱来的个人取向层面转向了更具人际性和密切互动性的层面。同样,沙利文也在情绪和心理健康发展领域引发了同样的转向。从"正常"发展到严重的精神疾病,沙利文通过临床研究表明,心理健康和精神疾病那些后天习得的或社会化的存在方式,与先天的个体遗传倾向一样多。并且,他还发展了一种人际间心理治疗的模式,以促进心理健康,治疗精神疾病。

沙利文强调,学校教育环境是心理健康发展的关键因素,对那些家庭生活困难的学生尤其如此。正如他所说,学校教育为治愈幼儿时期的"心理扭曲"(warps)提供了最佳机会。对沙利文来说,"发展"绝不是一个非此即彼的命题。一方面,我们注定会在不同的方面受到家庭成长环境的影响而导致一定程度的"心理扭曲",另一方面,我们也可以从学校里的师生和同学关系开始,通过这些家庭外的关系来超越或大幅度地改变我们的家庭成长经历。沙利文的临床案例研究从多个角度为当代有影响力的发展理论埋下了伏笔,这些理论表明了"师生关系"是在家庭以外的最重要的"儿童—成人关系",对克服青少年早期的生活困难提供了关键帮助。

在沙利文对理解人类发展研究的许多贡献中,对"亲密关系"(close friend)的描绘尤为尖锐。沙利文引用了"密友"(chumship)这个词的原始含义,展示了这种看似轻松的关系体验

---

[1] Lev Vygotsky, *Mind in Society* (Cambridge, MA: Harvard University Press, 1978).

是如何承载着重要的发展意义的。根据沙利文的观点,"亲密关系"通常出现在前青少年期,这也是儿童期和青少年期之间的桥梁。大约在孩子们11岁、12岁的时候,他们已经积累了相当丰富的人际关系经验。在进入学校前,大多数孩子只与父母以及其他家庭成员建立联系并向他们学习。但从进入学校起,他们便开始体验更为广泛的人际关系。有些孩子可以与这些新人物建立牢固且相互支持的关系,他们的行为会更加成熟,人际关系也会向更健康的方向发展。同时,同学之间也可能会形成一种不同的、令人兴奋的真正互惠的友谊。

在早期的学生时代,友谊或朋辈关系包括一起玩游戏并分享经验、在教室里一同学习,或者是因为某些体育运动而产生的冲突,等等。所有这些关系的体验在多个层面上都具有深刻的教育意义。孩子在学校不仅获得学术知识、培养学习能力,还从中了解到了父母以外的人和"与众不同"的生活方式。沙利文意识到,当时的主流心理学理论都忽视了这一点。他指出,人们认为"情绪的学习"(emotional learning)只应该发生在家庭中,因为这种学习对家庭亲密关系来说是必要的。如果事实真如此,那么那些成长在家庭关系特别扭曲(借用沙利文的说法)的环境中的儿童,该如何获得健康的心理发展呢?他们如何看待自我、看待世界、看待与外界的人际关系呢?

正是为了回答这些问题,沙利文根据自己的临床观察和自我反思,提出了密友的概念。随着对人际关系的理解变得越来越复杂,前青少年期的孩子们开始尝试培养一种更高水平的友情。这一水平的标志是拥有真正认同和同情他人经历的能力,用一种比儿童时期更深刻的方式真切地关心他人。沙利文认为,这种新的关系可以被视为第一次真正"爱"的体验。换句话说,这种关系的重要特点是"关怀",这种关怀的根源不在于我能从朋友那里得到什么(情感上或其他方面),更多地是出于关怀而产生与对方联系的愿望,并通过这种关怀使他们的生活更加愉悦。沙利文将此描述为生命中第一次有能力像照顾自己一样关心他人。

通过审视密友这种亲密关系,我们有机会从根本上重新体验和学习人际关系的深层意义,通过这个学习过程,青少年能以新的方式看待自己,看待与他人关系的可能性。从临床的角度来看,沙利文是最早认识到人们有能力用健康关系中所固有的同理心和同情心来"对待彼此"的学者。通过观察和分享彼此的世界,一个人的自我认知可能会被重组。常见的学校心理干预手段,如团体咨询(group counseling)、课堂教学合作分组、12步康复计划(addictions via 12-step programs)等,都是基于以上理论开展的。这些方法所体现的根本思想是:分享对他人经历的见解对于"理解自己的经历",并最终在必要或需要时形成自己独特的经验至关重要。

在讨论更多来自沙利文关于人际关系或心理干预的经典理论之前,似乎有必要将他在心理治疗方面的研究与维果茨基的心理发展研究关联起来。沙利文表明,自我理解和自尊心会在人际关系中得到提升。维果茨基也有类似的观点,他认为,所有的自我理解,或者说认知发展,从根本上说是人际关系或心理间关联的产物。我们的思维是一种"社会文化思维",例如,即使是在与世隔绝的环境下读书学习,其实也是用另外一种方式共享他人的经验和思维方式,也是从"外界"获得了阅读的能力。正如在第一章中所讨论的,教师(无论是正式的还是非正式的),就是为儿童或青少年提供一个学习如何阅读的"人形支架"（human scaffold）。当孩子们学会自主阅读后，阅读这个行为就会自然地把读者、作者以及故事里的人物有机地结合起来。实际上，从维果茨基的角度来看，即使是独立阅读也与人际关系高度相关。

通过对沙利文和维果茨基的关联性研究，我们可以看到，从20世纪早期到中期，这种人际关系模型逐渐清晰。它使我们能够更好地理解每个人（每个学生）对其他人更广泛的发展和教育是多么重要。这两位理论家在各自的领域都有相当多的后继研究者，并且都对心理学和教育理论产生了很大的影响。那么，为什么这么多的教育工作者仍然忽视学生之间的分享与互动，而将更多精力投入到学生个人的学习实践上呢？为什么教育者要花费过多的精力和时间，通过阻止学生之间的互动来更好地管理课堂呢？虽然没有人会反对学生个体的自主成长，但至少在某种程度上，我们低估了"由社会、情感和智力关系构成的支持性网络"对实现这一目标的作用，这种网络优化了获取他人思想和存在方式的机会。

史蒂夫·张（Steve Chang）就是这样的例子，他是哈里森（Harrison）老师第五节化学课上的一名十年级韩裔美国学生。由于他的父母都在附近的一家生物技术研究机构工作，因此史蒂夫是在一个以学术和科学成就为导向的家庭中长大的。虽然他有时会感受到父母的关注是一种压力，但他真的很享受多年来在科学和数学课上学习及发现的过程，他的学习成绩（除了九年级文学课上的B+）堪称年级的典范。然而，在社交方面，史蒂夫有时举步维艰。除了管弦乐队（他是小提琴首席）、放学后的SAT预备课和学校的高级课程外,史蒂夫几乎没有空闲时间,所以他除了在互联网的聊天室和即时通信软件上与外界交流外,很少跟朋友出去玩。同学们都因为史蒂夫学习好而希望和他组成学习小组,但因为史蒂夫很强势,总喜欢规定别人应该做什么,所以他经常与意见不合的同学争论不休,关系变得非常紧张。

哈里森老师意识到了史蒂夫这种"关系危机",所以当他看到史蒂夫与同样强势的洛伦娜在"科学博览会项目"上成为搭档以后,心里不由得非常担忧。18年来,哈里森的化学作品项目在该地区一年一度的科学博览会上获奖无数,他希望今年也不例外。哈里森老师在学生中的口碑是"虽然要求严格,但举止儒雅、性格友好,并让科研内容变得生动"。哈里森老师总是引导学生用化学的理论来研究和解释世界。然而,史蒂夫和洛伦娜终究还是遇到了麻烦。原因是洛伦娜对这次参展的项目提出了自己的想法,这个想法源于她在一次划船训练中产生的灵感,她想通过在流经城市的河流沿线设置多个污染物检测点来研究水质,但史蒂夫对此毫无兴趣。他说:"公园和环保部门已经做了这样的测试,我们应该尝试一些从来没有人研究的领域,这样才能获奖。"洛伦娜对史蒂夫的反驳和他那种对"奖励"以及"成绩"的追求感到无比恼火。她想起了划船教练的口头禅:"无法合作的船员将一起沉没。"于是她尝试了一种新的角度。"我们可以与环保部门合作,帮助他们收集数据,因为我每天都在水上训练,我想知道里面到底有什么。"她委婉地解释。

经过几分钟越发激烈的讨论后,史蒂夫形成了这样的看法：洛伦娜对科学一无所知，如果按照她的方式执行，自己也会受到牵连。另一方面，洛伦娜开始意识到，如果这个项目不完全按照史蒂夫的想法来，他将对此毫无兴趣。洛伦娜不想因为打架或说一些冒犯的话而惹上麻烦，只是抱起双臂，不再说话，无奈地盯着窗外。这时，史蒂夫举起手，请哈里森老师出面调解。哈里森在远处看到了不断升级的紧张局势后，赶紧过来缓解矛盾。"怎么了？"他问。当他们同时做出愤怒的反应时，哈里森老师举起手说："淡定淡定淡定。让我们去走廊聊一聊，好吗？"哈里森老师利用三个人出门时短暂的几秒钟计划了自己的行动。

塞尔曼的临床发展教育方法

罗伯特·塞尔曼(Robert Selman)的研究建立在传统的临床和发展心理学基础之上。[1] 曾经接受过临床心理学教育的塞尔曼通过劳伦斯·科尔伯格(Lawrence Kohlberg)的研究接触到了发展心理学。[2] 作为科尔伯格道德发展实验室(laboratory for the

---

[1] Robert L. Selman, *The Growth of Interpersonal Understanding: Developmental and Clinical Analyses* (New York: Academic Press, 1980); Robert L. Selman and Lynn H. Schultz, *Making a Friend in Youth: Developmental Theory and Pair Therapy* (Chicago: University of Chicago Press, 1990); Robert L. Selman, Caroline L. Watts, and Lynn H. Schultz, eds., *Fostering Friendship: Pair Therapy for Treatment and Prevention* (Hawthorne, NY: Aldine de Gruyter, 1997).

[2] Lawrence Kohlberg, *The Psychology of Moral Development: The Validity of Moral Stages* (San Francisco: Harper & Row, 1984).

study of moral development)的博士后研究员,塞尔曼在研究中特别关注道德的人际关系,并开始深入探究孩子们是如何从对他人没有兴趣、没有接触的意图,发展到想要了解他人的需要和意愿,并发现协调他人需要与自我能力之间的关系。

在科尔伯格的道德发展模型中,更成熟的水平意味着对越来越复杂的公平和正义的概念采取行动的能力。塞尔曼认识到这些道德观念的发展很大程度上是在家庭和友谊这样的人际关系中出现的。通过临床调查,塞尔曼分析了沙利文对心理治疗的人际取向研究,他开始探寻咨询师和治疗师如何利用同伴关系和友谊来研究现实生活中的道德发展,并通过这些关系来促进道德发展。在研究童年早期到中期这一阶段时,塞尔曼关注的是孩子们分享玩具、轮流玩耍、不用打架就能解决冲突的能力发展。针对前青少年期以及后青少年期,他借鉴了沙利文关于"密友"的概念,并更广泛地研究了基于人际关系的更高层次的道德和友谊发展。

利用皮亚杰学派对科尔伯格道德发展理论的发扬,塞尔曼首先研究了儿童和青少年"社会和道德认知"的复杂性演变。他把这种发展现象称为"人际理解"(interpersonal understanding),就像皮亚杰一样[1],他研究了从幼儿时期的感觉、物理的理解到童年中期更具体、形象的理解,再到青少年及以后的复杂、抽象理解的

---

[1] 皮亚杰的认知发展理论认为,个体出生后在适应环境的活动中对事物的认知及面对问题情境时的思维方式和能力表现会随着年龄的增长而改变。皮亚杰将儿童的认知发展分成四个阶段,每个阶段的儿童具有不一样的认知特征(见本书第三章)。需要特别指出的是,个体发展具有差异性,因此所有年龄的划分并不具有绝对性,这些阶段也不应被视为静态的发展,而应当是一个动态连续的过程。——译者注

进化过程。[1]在人际关系领域内,感觉运动阶段的特点是对他人不加思索的冲动行为。通过这些行为,孩子学会了以一种"原始"(crude)的方式与父母沟通——例如,靠近父母以寻求关心,或向兄弟姐妹扔一块积木以表达沮丧。这些互动最初是偶然的或原始的直觉,伴随着时间的推移以及从人际环境中得到的反应,就逐渐定型了。为了说明婴儿的互动行为——有时也包括儿童、青少年、部分成年人表现出发展迟缓或倒退迹象的互动行为——缺乏反思,塞尔曼把最低级别的人际理解定义为"以自我为中心"(egocentric),并将其视作0级理解,也就是没有人际视角的理解。

人际理解的第一次转变以至少能够相对清晰地采纳一个视角为标志,塞尔曼将其称为单向理解,并标为第1级(单一视角),单向理解体现在"我"和"你"的陈述中:"我喜欢丽莎是因为我喜欢自行车,而她让我骑她的自行车。""我不喜欢你,因为你总是想用我的东西。"在这两个陈述中,强调了单一视角:很少有来回或互动的迹象,而这引发了第2级的理解,即塞尔曼所谓的互惠理解。互惠理解的特点是承认有两个人,双方都有自己的愿望和需求,在这种关系中,人们切实、平等地意识到帮助满足他人需求的价值。健康的互惠理解意味着主动向朋友伸出援手,以表示关心和公平,但这种伸出援手的行为通常带有一种期望,即朋友会回报这份恩情。在这个层面上,孩子们认为没有什么付出是不图回报的。每个人都用公平的眼光去审视自己对一段关系的投资,并期望得到回报。

---

[1] Selman, *The Growth of Interpersonal Understanding*.

大多数相对健康的青少年以及成年人在大部分时间里都会按照互惠理解行事,即使他们拥有第3级的理解,即塞尔曼所说的相互理解。互惠理解意味着互惠互利,相互理解则是指对他人真正的关心和关注,包括理解他人的需求和兴趣,而这种理解并不取决于自己的人际议程。根据塞尔曼的观点,沙利文对于朋友关系的概念就是以相互理解为标志的,有一个真正的朋友会提升增强相互理解的可能性。

沙利文和塞尔曼的理论,虽然有时被教育者们错误认为过于"情绪化"(touchy-feely),但对课堂实践有着重要的启示。青少年在成长过程中逐渐将注意力从自己的需求转移到他人身上,这种注意力的变化在历史、文化、诗歌、生物学甚至学科互动等领域有着推动作用。当个体单方面的理解逐渐转向互惠理解时,人际关系就开始建立在不对等的假设之上。这就是为什么一个期望在人际关系中得到简单互惠的青少年,会因为他人的一句"我说什么你就做什么,不要管我做什么"而感到恼火。课堂上的纪律互动经常能反映出青少年最关心的并不是"真理",而是"公平",但这往往又使老师对学生们的个性化教学面临挑战。虽然青少年有时会对课堂上的一些不公平的奖惩表现出不满,但聪明的老师会利用这种表达方式的程度判断出学生的优先需求以及需求产生的原因。关于公平问题的研究,可以转化为对人际关系、需求、协调的探讨,这些探讨可促进成长。只有教师亲身参与到学生的互惠关系中,并了解他们所谓的不公平,才会找到青少年心理、智力发展的巨大动因,这些元素也会帮助提高他们的学习成绩,培养批判性精神。事实证明,那些活动家、公务员、政治家、社会工作者、牧师和教师的"正义感"都源于青少年时期对那些"不公平"事情的反抗,这种重大的心理发展过程不仅具有政治意义,而且具有教育意义。

如果青少年的人际关系发展处于最佳状态,那么互惠的需求可能会随着亲密关系的出现而减少。亲密关系的教育意义,是在对人际关系的不断试探和试验中得出的,是一次次在课堂上通过更加复杂的方式解决因果、责任、道德问题而获取的。这就是为什么那些优秀的初高中老师,有耐心地包容和解决青少年的困惑和叛逆问题。事实上,这对老师们来说是有趣的。的确,共同参与青少年关系发展过程是非常令人欣喜的,因为它为教育者提供了目睹青少年关心他人的能力不断加强的机会。

在过去的 30 多年里,塞尔曼的模型对青少年的发展和那些与青少年打交道的教育工作者产生了特殊的影响,并由此得到构建。[1] 在研究了人际关系是如何发展的之后,塞尔曼对人际思维和行动的联系变得特别感兴趣,强调了两者之间非常明显的脱节。为了研究这个等式的行动方面,塞尔曼探索了他所说的"人际协调策略"(interpersonal negotiation strategies),这是人们在亲密和疏远的关系中为满足自己的需求而采取的认知调节行动。[2] 根据塞尔曼为人际理解构建的级别系统逻辑,他将人际协调策略的 0 级策略描述为个体对社会环境的冲动反应。尽管冲动策略对于婴儿和幼儿来说是最纯粹的形式,但在某些情况下,冲动策略也出现在所有年龄段中,对大多数人来说都是如此。第 1 级策

---

[1] Robert L. Selman, *The Promotion of Social Awareness: Powerful Lessons from the Partnership of Developmental Theory and Classroom Practice* (New York: Russell Sage Foundation, 2003).

[2] Selman and Schultz, *Making a Friend in Youth*.

略的特点是单方面的要求、请求或某些恭敬的行为,表现出只从单人角度出发思考问题的能力,要么是从自我出发,要么是从想赢的一方出发。

青少年的人际协调策略建立在某些早期的行为习惯上,成为更复杂的合作交流(第2级)方法的基础。也就是说,"你帮我,我也帮你",青少年和成年人用他们最熟悉的方式,将单方面"帮助"的交换,发展为双方的互动合作。在塞尔曼的模型中,这种从"帮助"到"合作"的策略转变,反映了个体从单一的、独立的自我发展到有关联的、与他人相关的自我的过程。塞尔曼将这种转变称为"协调策略",也暗示着"更高层次的策略"并不总是健康或明智的。具体地说,如果搭档没有达到和自己一样的协调水平,就不要期待形成合作关系。正如我们将在后面的章节中看到的,不是所有的关系都促进成长,有些甚至会适得其反。有时我们感觉自己脱离了人群,有时却又全身心投入到真诚的、相互合作的关系中。然而决定何时以及如何做出这种转变是一个复杂的行为,许多青少年和成年人可能永远都无法掌握。

哈里森老师知道史蒂夫和洛伦娜之间的情况就符合这样的理论,所以他想借用他们之间的关系,来提高两个学生和谐相处的能力。洛伦娜的划船训练经历,让她一直全情投入到运动和学习中,哈里森老师想让她保持这样的热情,并在学校取得更好的成绩。但他知道,洛伦娜天性开朗、爱交朋友,这让她比史蒂夫更善于在相处中与他人讨论和谈判,然而这些优势与史蒂夫的渊博学识和家庭教育背景相比,显得相形见绌。哈里森老师希望史蒂夫能够为洛伦娜的学习能力发展提供帮助,做出表率。但史蒂夫的社交能力却与他的专业学识不相匹配,他总是想要孤立自己,并从那些需要他做出妥协的关系中退出。

当师生三人来到走廊以后,哈里森老师突然意识到了这一切,所以他积极地展开了谈话。"我认为你们两人非常适合在一起工作和学习。你们都为这个项目带来了关键性的知识和技能,我很期待看到你们未来能创造出什么。那么,你们俩之间到底发生了什么事呢?"在接下来的对话中,哈里森老师可以看出,洛伦娜非常积极地寻求合作,并努力将自己的意见和想法融入项目设计之中,但史蒂夫却对此非常反感,也不会认真考虑洛伦娜的心情和建议,除非一切都按自己的想法实施。最终,史蒂夫承认水质研究是个好主意,但在这一点上让步以后,他就拒绝在其他任何问题上做出妥协。从他们的谈话中,哈里森老师发现两人之间可能还存在种族和性别的紧张关系,所以感觉他们的矛盾不能在短期内解决,于是,他给两人分别布置了一个任务。"好吧,听起来似乎你们都可以在这上面做得更好,那么就让我们冷静地想一想,自己究竟为此做了哪些准备?为了让你们更加清晰地了解自己,我希望你们仔细回答以下三个问题,并将答案完整地写出来。"哈里森老师从他的活页夹里拿出来一张白纸,边写边说:"第一,你认为在这个项目中,成功的关键性因素是什么?第二,在这些因素中,你觉得哪一点是最难接受和妥协的?第三,哪些因素对你来说是可以协商和接受的?"他递给他们每人一份问题的副本,鼓励他们说出自己的真实想法。史蒂夫和洛伦娜接过"试卷",默默地走回教室开始认真地回答这些问题。

塞尔曼所描述的"思想—行为鸿沟"(thought-action gap),是通过他的人际关系发展理论的第三个阶段来解释的,他称之为"个人意义"(personal meaning)。[1]如果说人际关系理解捕捉的是一种社会性思维和认知,那么个人意义则反映了个体的自我理解和个人价值观。通常一个人可能知道合作策略的好处,但在某些情况下选择单方面行动,是因为他们不知道或不信任合作关系中的其他"角色"。例如,当一个学生曾经在合作中付出努力,最终却受到心理伤害,那么他将会用一种单方面的自我保护立场,作为在其他合作关系中的早期自我防御形式。正如思想和行为会在参与和融入人际关系时得到发展,个人意义也是如此。青少年会根据自己在人际交往中所经历的事情,赋予人际关系以意义和价值(或贬低其价值)。通过这种方式,人际交往能力、行为和个人意义相互关联,并彼此促进。

从"结构性发展"到更纯粹的交往方式

塞尔曼通过对新皮亚杰理论(neo-Piagetian theory)"结构发展范式"(structural-developmental paradigm)的扬弃,让科尔伯格道德发展模式转向更加明确的"关系"方向,即关注人类复杂思维的结构发展,从这个意义上说,就是强调个体能力及其相关素养的

---

[1] See chapter 4, "Risk, Relationship, and the Importance of Personal Meaning," in Selman, *The Promotion of Social Awareness*.

发展。塞尔曼模型中的个人意义，就是挖掘了这一过程中更纯粹的"自我体验"部分："我在人际关系中经历了什么，我最关心的是什么？"塞尔曼对人际关系中的自主性和亲密性协调互动的关注也融入了埃里克森的相关研究结论。因此，人际关系变成了自我发展的学习实验室，青少年在其中同时进行"以自我为中心"和"包容他人"的双重适应性实验。这种实验帮助他们认清人际关系是如何对自己产生影响的，因为在这过程中，个体需要联系他人，也需要被人了解，更需要对"自主代理"(autonomous agents)、"自我效能感"(capable of self-efficacy)、"独立行为"(independent action)进行自我理解。尤其是青少年，当他们与外界以及教育者共同构建自己的身份认同时，似乎会强烈地感受到这种影响。他们既渴望"亲密关系"中的归属感，同时又害怕在这样的关系中有可能失去"自我"，变得过于依赖对方。青少年的友谊中经常出现的关系紧张的局面，会导致他们焦虑地做出各种决定，比如在哪里吃午饭，穿什么衣服去学校，在舞会上和谁跳舞，是否抽烟，周六晚上参加什么派对，等等，往往就是这些事情，考验着青少年的人际关系发展。

和塞尔曼一样，卡罗尔·吉利根也是一位受过临床培训的发展心理学家，她也曾在科尔伯格的道德发展实验室工作过。在她开创性的著作《不同的声音：心理学理论与妇女发展》中，吉利根对科尔伯格的道德发展评估提出了另一种解释[1]，并成长为新一代的

---

[1] 吉利根主要提出三点批评：1.他们在谈论女性的心理发展中遵循了男性的标准，把女性在心理发展上与男性的不同视为她们发展上的失败，这是一种带有偏见的、不公正的看法。2.他们把发展等同于个体化、分离、权利以及自主性，排斥依恋、关系和联系以及爱在心理发展中的作用，仅仅（转下页）

发展心理学家。她更关注人际关怀和联系的经验实质,而不是为亲密关系和道德决策奠基的认知能力。吉利根对科尔伯格的数据和她自己后来的研究进行了重新分析,其中一个关键发现是,在优先考虑将关爱和正义作为道德标准方面,似乎存在性别差异。科尔伯格的模型表明,男性比女性更重视抽象的公平和正义原则,从这个意义上说,男性比女性更有原则,而吉利根的再分析表明,女性的道德决策植根于有意义的人际关系,她称之为"关怀伦理"(ethic of care)。

尽管"关怀伦理"在学术研究方面尚存争议,但吉利根的理论和后来的发现对教育工作者仍有重要启示作用,她所描述的相关现象在学校的日常生活中随处可见。[1] 我们可以看到学生们采取强烈的道德或伦理立场来捍卫他们朋友的荣誉,在他们认为的是非问题上敢于与权威人物对抗。我们还可以看到,同样是这些

(接上页)强调"公正"的发展路线,忽视了"关怀"的发展路线。3. 他们忽视了对女性的自我和道德建构的研究。在吉利根看来,按照男性标准衡量的女性在"道德发展上似乎不足"的问题并不在于女性自身,而在于现有的"男性"理论模式的局限性和对生活真理的忽视。因此,只有当人们开始研究女性并从她们的生活中得出其发展结构时,才能发现一种不同的发展路线。按照这一路线,道德问题来自相互冲突的责任而不是竞争的权利,解决道德问题需要一种联系情境以及描述性的思考方式,而不是一种形式的和抽象的思考方式。吉利根把自己建立在"不同的声音"基础之上的理论称为"关怀伦理",把科尔伯格等人为代表的道德发展理论称为"公正伦理"。——译者注

[1] See Lynn Mykel Brown and Carol Gilligan, *Meeting at the Crossroads: Women's Psychology and Girl's Development* (Cambridge, MA: Harvard University Press, 1992); Carol Gilligan, "The Centrality of Relationship in Human Development: A Puzzle, Some Evidence, and a Theory," in *Development and Vulnerability in Close Relationships*, ed. Gil G. Noam and Kurt W. Fischer (New York: Erlbaum, 1996), 237–261.

学生,对那些他们认为不是朋友或关系疏远的同学,会做出嘲笑、欺凌甚至更糟的行为。那么,这些学生是高度道德的还是高度不道德的呢?他们是否应该接受道德行为准则的教育,从而使他们能够更体贴地对待普通人?教育工作者倾向于利用原则或规则去教育学生,试图在教室和学校里建立起规矩和秩序。但是,我们又有多少教室课堂有指导学生如何建立良好人际关系的规章制度呢?学生可以自我构建、协调关于人际交往的规则是多么罕见。正如吉利根和其他关系心理学家警告的那样,如果没有"有意义的关系",这些规则将毫无意义。从这个角度来看,我们通过人际关系成为了"我们自己",开始看到并理解我们自己和他人。因此,教育工作者如果抽象地教授社会发展理论,或者期望学生遵守那些没有亲身参与制定的规则,就会忽略促进最佳人际关系成长所必需的关系"支架"。

关系连续性(relational continuity)是始终贯穿吉利根研究的核心主题,它被用来强调男性和女性在社会化方式上的差异,尤其是在他们从童年过渡到青少年的过程中。这是吉利根从南希·乔多罗的开创性工作中建立起来的,后者充实了弗洛伊德恋母情结发展阶段对性别影响的研究。[1] 根据弗洛伊德理论,在这个阶段(大约 3 至 4 岁),男孩与母亲"断绝"亲密关系是很常见的,至少在一定程度上,是为了更强烈地认同自己的父亲。这种分离和男性认同得到强化之后,男孩内心就会出现对母亲感情的激烈"竞争"。乔多罗认为,强调分离和竞争是男性身份认同

---

[1] Nancy J. Chodorow, *The Reproduction of Mothering: Psychoanalysis and the Sociology of Gender* (Berkeley: University of California Press, 1978).

发展的早期阶段的基础。她同时认为,女孩在童年早期经历了一个完全不同的身份认同阶段。她们依然与作为最初照顾者的母亲保持密切关系,同时向母亲学习如何赢得父亲的喜爱。如果这种"母女"的照顾关系不被改变,那么女孩在整个童年期间都将保持着持续性的身份认同。她们仍然认同自己的母亲,并学习如何与父亲保持关系。

尽管性别差异对儿童形成身份认同的影响程度因个体而异(部分是基于家庭和社区环境中的差异),但从社会学和发展心理学来看,有明确证据表明,美国的男孩通常被鼓励要更加"坚强和独立",而女孩则被鼓励"关怀和支持"。随着当代"性别角色"的选择变得越来越复杂,传统的社会化做法使许多年龄较大的儿童和青少年面临人际关系紧张的局面。吉利根特别强调了许多女孩在面对"关系考验"时为了捍卫自己最初的信念所做过的斗争。也就是说,她们在童年时期,受到社会化思想的影响,保持了以"母女"关系为主导的关系认识,但这种认识到了青少年时期,就很难应对家庭、老师甚至是朋友等复杂的关系。当然,这一发现并不仅适用于所有的女性群体,也适用于许多男孩。这里需要指出的是,男孩在恋母情结期(童年早期)经历的"分离"关系认同,对许多女孩来说在青少年时期才开始发挥作用。

与乔多罗和吉利根一样,韦尔斯利学院(Wellesley College)斯通中心(Stone Center)的让·贝克·米勒和她的同事们也对过度强调"满足的驱动力"(drive for gratification)和"必要性自主"(necessity of autonomy)的心理动力学(psychodynamic)和心理发展理论做出了回应。[1] 尽管从未否定这些都是人类成长的基本方面，但米勒和同事们一直强调"真实性"才是健康的人际关系和成长的关键因素。在米勒看来，发展的目标不是个性化，也不是从主要照顾关系中分离出来，而是在复杂的"成长—促进关系"中，保持自己的真实性，在别人面前做"真正的自己"。因此，人际关系既被理解为发展的手段，也被理解为发展的目的。我们交往是为了学会更好地交往。在米勒的关系发展概念中，健康的关系不仅包含相互移情，也包含相互赋能。我们对归属感和被理解的需求迫使我们与他人建立关系，但是，根据米勒的说法，如果这种关系被认为是健康的，那么每个人都必须能够以同理心回应对方。因此，促进成长的关系的特点是，每个人的需求都得到了考虑和提高，每个人的自我认知都被了解，并以他们自我理解的方式实现。对于教师、辅导员和学校心理教师来说，要在他们所服务的青少年中促进健康的关系发展，重要的是认识到若想提高学生的自足性（self-sufficiency）和自主性，就要支持他们控制自己的"资源、权利和关系"，否则有可能会限制学生的成长。就像我们每个人都需要彻底认识真实的自我一样，我们也需要练习回应和鼓励他人表达自己的想法。这不仅是健康人际关系的标志，也是

---

[1] Jean Baker Miller et al., "Some Misconceptions and Reconceptions of a Relational Approach" (paper, Stone Center Colloquium Series, Stone Center for Developmental Services and Studies, Wellesley College, 1990); Judith V. Jordan, Alexandra G. Kaplan, Jean Baker Miller, Janet L. Surrey, and Irene Pierce Stiver, *Women's Growth in Connection: Writings from the Stone Center* (New York: Guilford, 1991); Judith V. Jordan, Linda M. Hartling, and Maureen Walker, *The Complexity of Connection: Writings from the Stone Center's Jean Baker Miller Training Institute* (New York: Guilford, 2004).

健康社会和国家的标志。

事实上,青少年的关系发展、认同共建和自我实现是同时发生的,这一现象在史蒂夫和洛伦娜的科学研究项目工作中很明显。其实,面对哈里森老师留的任务,他们两个人都不想把自己能够妥协的因素写到列表里,但老师表现出的对于项目的信心和对他们潜力的认可,推动史蒂夫和洛伦娜开始考虑对方的想法。在第五节科学课前,哈里森老师来到他们的身旁,俯下身说了句"下午好!",然后布置了下一阶段的任务:"我希望你们把昨天晚上写的表格互相交换一下,用铅笔在你喜欢或赞同的想法旁边打个勾,然后圈出你担心的部分。这样可以吗?"

"如果我不同意她写的所有东西,怎么办呢?"史蒂夫问。

"史蒂夫,如果你找不到任何认可的,那么这个项目最终就会失败,因为这是需要你们一起合作完成的任务,每人都要在此过程中做出贡献。但我相信你们俩不会让这种事发生的。"哈里森老师停下来仔细观察他们的细微肢体动作,以确认他们是否准备尝试一下,然后继续说道,"所以,请你们冷静地阅读、思考和作答,然后放下铅笔,静静等待对方完成。当你们都完成后,我会将表格重新交换给对方。对照表格上的结果,请先谈谈你们观点一致和都感兴趣的方面,然后在此基础上,再谈谈你们将如何处理意见的分歧,好吗?"当史蒂夫和洛伦娜都坐直起来,手里拿着铅笔,靠向他们的表格时,哈里森老师鼓励说:"你们有一个很好的开始。继续吧。"随后他站了起来,逗留了一会儿以确保他们交换了表格并开始阅读对方的答案。然后哈里森老师默默地走开,让他们有独立的空间自己解决问题。半小时后,他看到史蒂夫和洛伦娜制订了一个项目时间表,起草了一份采样地点和所需材料的清单,查阅了他们的教科书中有关工业污染物和有毒细菌的名称,并将彼此的手机号码输入到他们的电话簿中。

教育性指导

在上述情境中,哈里森既是老师又是导师。"青少年人生指导"(youth mentoring)这一新兴领域主要关注成年人如何通过关爱关系在青少年健康的人生发展中发挥重要作用。从儿童和青少年发展的适应性研究可以看到,一种健康的非家庭关系在青少年生活中至关重要,青少年人生指导已经成为美国发展最快的青少年发展干预措施之一。尽管大多数"人生指导"项目都是指向一对一的"成人—青少年"关系,例如美国发起的"兄弟姐妹计划"(Big Brothers Big Sisters of America),但仍有一些学者强调了"自然导师"的重要性,例如老师或其他在社区中有爱心的成年人。这些研究表明,拥有一名自然导师可以为年轻人带来长期的实质性好处,例如自尊心的提高,应对能力的增强以及对未来发展的更积极的态度。[1]

与学生之间的"信任和亲密"为完成导师的工作提供了力

---

[1] Jean E. Rhodes, *Stand by Me: The Risks and Rewards of Mentoring Today's Youth* (Cambridge, MA: Harvard University Press, 1992).

量,导师们还利用这种关系来鼓励学生们往不同人生方向发展。[1] 哈里森老师关心史蒂夫和洛伦娜的人生发展,就像其他老师重视考试成绩一样,这一点,他的学生们也都清楚。尽管史蒂夫极力保持自己出色的学习成绩,充分认识到这对大学录取的影响,但他也知道哈里森老师不仅是一个能够帮助自己提高学习成绩的老师,也是一名关心自己、值得信任的导师。史蒂夫认为哈里森老师是独一无二的,因为他更倾向于把老师当作通往未来美好生活的引路人,而不仅仅是眼前的一名"教书匠"。

对于洛伦娜来说,哈里森老师也有着独特的地位。因为他冲破了来自同事们的各种反对意见与层层障碍,与洛伦娜取得了联系。哈里森老师之所以能成功,在于他善于倾听,哪怕洛伦娜什么也不说。在她的沉默中,哈里森老师仿佛听到了一种声音,它提醒他应该注意洛伦娜那些不为人知的、深埋心中的困惑。但洛伦娜也知道,即使自己不说,老师还是"听到"了,对她来说,倾听和陪伴才是最重要的。她不需要分享生活上的种种细节和困惑来获取老师的帮助和支持;她只需要知道老师一直在她身边就可以,所以她心甘情愿地"为了"哈里森老师工作。对洛伦娜来说,学校的工作就是一种关系性的工作。这是学生和老师之间的共同承诺,没有这样的承诺,这份工作就不值得。

关系性教学(relational teaching)(建立在师生关系上以促进学习的教学),可以被视为一种特殊形式的"自然指导"(natural

---

[1] David L. DuBois and Michael J. Karcher, eds., *The Handbook of Youth Mentoring* (Thousand Oaks, CA: Sage, 2005).

mentoring)[1]。老师们想要为学生树立一个良好人际关系的模型,就不仅需要教育专业知识,还要传授他们尊重、关心、合作的方法以及通往成功和个人幸福的过程中所必需的生活技能,这是最完整意义上的"人生指导"。这种指导需要教师具备更特殊的职业道德:一种通过关爱、支持学生而习得的道德。教育性指导(educational mentoring)为我们捕捉了这种模式的精髓:它教育我们要始终关心自己,关心他人,关心我们周围的世界,它通过"关心"来教育,把"关心学生"作为教育的第一要务。

---

[1] Robert C. Pianta and Daniel L. Walsh, *High-Risk Children in Schools: Constructing Sustaining Relationships* (New York: Routledge, 1996).

第六章　性别认同发展

如第五章所述,关系心理学对理解性别认同发展的本质具有重要意义。在这一章中,我们将以卡罗尔·吉利根和其他关系理论家的工作为基础,详细论述性别认同及其发展的联系。性别认同理论对教育工作者有多大帮助?为什么考虑男性和女性身份认同的异同很重要?现有的理论和研究在多大程度上确证了这种差异?这些问题的答案可以为学校以及教育工作者提供一系列促进学生发展的实践策略。事实上,学生们自己也在不断地生成基于性别发展的"民间"理论。通过将这种民间理论纳入主流教育话语体系中,并在课堂或研究中心进行讨论,我们可能会创造一种氛围,反驳吉利根和她的同事们所说的"需要转入地下"(need to go underground),以掩饰自己是一个发展中的男孩、女孩、男人或女人。[1] 简而言之,使用基于性别发展的视角促进学习和自我认同,本身就需要开启对何为"健康男人""健康女人"的探讨。如果这种探讨不能在我们的学校里开放地进行,可能会

---

[1] Lynn Mykel Brown and Carol Gilligan, *Meeting at the Crossroads: Women's Psychology and Girl's Development* (Cambridge, MA: Harvard University Press, 1992).

导致学生们在整个青少年时期都被此禁锢和影响。

性别扮演及其重要元素

就像青少年期本身是一个社会建构问题一样,性别认同的发展也是一个社会建构问题。女孩和男孩之间的生理差异当然会影响我们学习如何"扮演"性别角色,但这种差异可能只是性别扮演的一个道具,尽管是一个关键性道具。但其他的因素,可以说比生物学上的差异更有影响力,它们源于社会、社区、宗教和家庭价值观中根深蒂固的文化期望。通过这些文化构建,我们不仅赋予先天生理差异以意义,而且表征了那些长期存在于两性之间的性格鸿沟。这并不是说先天生理差异(包括睾丸激素和雌激素等的作用)对扮演性别角色行为没有影响。当代研究已经明确表明,生理因素与外界环境因素(先天或后天)不断相互作用,几乎影响着人类社会功能的每一个方面。[1]

萨彭-谢文(M. Sapon-Shevin)和古德曼(J. Goodman)令人信服地描述了青少年早期是如何学习成为"异性"的,他们描述了"社交脚本"(social scripts)如何成为"适合性别的"学习指南[2]。

---

[1] Michael Rutter, "Nature, Nurture, and Development: From Evangelism through Science Towards Policy and Practice," *Child Development* no. 73(2002): 1-21; Robert Sternberg and Elena L. Grigorenko, *The General Factor of Intelligence: How General Is It?* (Mahwah, NJ: Lawrence Erlbaum, 2002).

[2] M. Sapon-Shevin and J. Goodman, "Learning to Be Opposite Sex: Sexuality Education and Scripting in Early Adolescence," in *Sexuality and the Curriculum: The Politics and Practices of Sexuality Education*, ed. James T. Sears (New York: Teachers College Press, 1992).

事实上,很多"性别脚本"(gender scripting)都是隐性的。我们内化了男性特质和女性特质的规范,这些规范通常是在家庭生活、社区和媒体中获得的。当然,学校教育是展现和完善最初性别角色的主要阶段。初入学校时,"性别脚本"里的"演员"阵容不断扩大和复杂化,区分角色特点的压力也随之增大。一些女孩变得比其他女孩更"女性化",一些女孩却扮演着与男孩相似的角色。许多学龄儿童在这一过程中竞争着"男主角"的角色,也有一些学生成为"独行侠",将自己超脱于社会联系和竞争之外。正如萨彭-谢文和古德曼所说,到了青少年初期,"脚本"已经被如此彻底地呈现和表演,以至于青少年已经开始在特定的背景下定义男性和女性的意义。从本质上说,"演员"已经完全沉迷于这场"表演"之中了。他们的角色是如此彻底地按照"脚本"来编排,以至于需要非凡的洞察力和勇气才能修改或突破。

史蒂夫正需要一些这样的勇气。他渴望与同龄人更多的联系,不仅仅是一堂课、一次管弦乐队练习或放学后他的SAT预科课程那么短暂的时间。于是,他开始听从哈里森老师的建议,寻找机会与他人"共处",而且这样做不仅仅是为了完成学业。他不再一个人吃饭,而是大胆地走进学校食堂与大家一同进餐;积极参加课外体育活动,甚至一周有两三天在放学前去练习举重。虽然每次的新尝试,都可能让他面临同学们的嘲笑,但这总比把家庭作业当作自己的"唯一伴侣"要强得多。另外,他开始喜欢上丽莎·普雷斯科特(Lisa Prescott)了,他知道,丽莎·普雷斯科特是特别不喜欢独来独往的人。史蒂夫知道自己没有篮球运动员那样的身体素质和组织能力,也没有滑冰运动员的沉着冷静(特别是对自己身高6英尺、体重140磅、缺乏运动技能感到自卑),但是,他在练习举重时结交的新朋友,给了他从未体验过的"男子气概"。逐渐增加的哑铃重量、不断增长的肌肉和身边的那些曲棍球和足球运动员,这些都让他获得了在专业学习中从来没有过的人生体验。

举重的练习让史蒂夫不再受到嘲笑,他和其他举重爱好者开始相互认识,还一起去逛商场、看电影、参加派对。史蒂夫明白了,如果他想和这些人打交道,就必须善于取笑别人,暴露弱点,隐藏不安全感,谈论女孩,并蔑视任何"同性恋"。当他承认有一天他觉得丽莎·普雷斯科特在健身房很"辣"时,几个朋友大笑起来,直到其中一个说:"伙计,我听说她认为你是同性恋!"史蒂夫为了掩饰自己的懦弱和愤怒,只能一笑置之,但他耳边一整天都回响着这句话。在第六节世界文学课上,他终于爆发了,起因是他在刚进入教室时注意到两个男孩正指着他窃窃私语,其中一人一边咯咯地笑着,一边转向史蒂夫,问他:"你想和丽莎在一起,是吗?"史蒂夫瞟了一眼他的左边,想看看已经坐在房间里的丽莎是否听到了这句话(她没有听到),史蒂夫尴尬得沉默不语。当坐到座位上时,史蒂夫说出了他能想到的唯一一句话:"不!闭嘴,笨蛋!"凑巧的是,哈里森老师无意中只听到了史蒂夫的回应,而不知道之前的经过。因此,史蒂夫第一次被老师留校并要求做出检讨。

丽莎·普雷斯科特没有意识到刚才发生了什么,因为她正在教室的角落里与两个朋友全神贯注地谈话。其实,丽莎把全部精力都集中在和女性朋友的关系上也是一种新的习惯。如果在整个社区的中上层学校里选择一个毕业生代表，那么丽莎肯定会当选。12岁时，她口齿伶俐、积极乐观、魅力十足、言行谨慎，深受老师的喜爱和朋友的尊敬。然而，在就读于规模更大的综合性高中的第一年，丽莎便开始发生变化了。她母亲称她为"大器晚成"，丽莎注意到男孩们开始以不同的眼光、花更多时间打量她，经常对她品头论足。她甚至发现高年级学生也这样做，起初觉得很尴尬，后来她开始渴望那些目光和评论赋予她的"力量"。她观察年龄较大、学业不太成功的女孩是如何在学校里与"帅哥"约会的，因此她开始尽量减少在课堂上的积极表现，以免显得太"聪明"。

渐渐地，她的注意力从学习转移到了社交上，每天花好几个小时和朋友们通电话或发消息，谈论学校里各种朋友和团体之间的"八卦"。他们最喜欢的活动之一就是为本周的"学校傻瓜"投票，这个人肯定是最近做出了让人鄙视的事情。在参加这个活动时，丽莎有时会担心别人在背后说她坏话，但是探究秘密的刺激和对朋友忠诚的承诺压倒了她的脆弱感。为了和朋友们保持一致，她穿上了超短裙、吊带衫和露脐装，这些服装通常突破了学校服装规范的极限，但也吸引了学校里一些最受欢迎的男生的注意力。她和她的"时尚检察官"朋友们每天早上会在校车停车场里的走道上列队，仔细评价别人的时尚选择，有时还会诋毁那些衣着不够吸引人的人。但是每天必须这样表现和批评别人的压力耗尽了丽莎用于学习的精力，她的学习成绩开始下滑。此后，不知从哪里冒出来的消息说，一个朋友指责丽莎试图抢走她的男朋友，导致丽莎以前的一小群女朋友突然拒绝和她说话，保持距离。餐厅里的丽莎无法面对这种排斥，她觉得自己肯定会成为本周的"学校傻瓜"，她哭着跑到丹妮尔老师的办公室寻求帮助。

转入地下（心理隐藏）

二十多年来，卡罗尔·吉利根和她的同事为上演类似史蒂夫和丽莎的经历中出现的那种"性别扮演"提供了生动的参照。吉利根明确地将女孩的人生发展描述为：学习如何在多方面被"过度规定"的角色中行事。通过她和她的同事进行的采访，吉利根构建了女孩和妇女发展的原型。这种原型起始于一个快乐和自信的童年，有充实的早期家庭生活和最初的学校教育。根据原型，在青少年初期，不安全感和自我沉默逐渐替代强烈的自我表达。这种内心的躲藏是对多重社会信息的回应，例如，女孩子应该更多地去"关怀和支持"，"恰当"的女性行为就应该是既不大声说话也不咄咄逼人。对于习惯了各种自信表达的女孩来说，从童年到青少年的过渡可能充满了社会排斥。这种转变也在父母和老师的教育中有所体现，他们总是试图帮助这些"粗暴"的女孩摆脱身上的"孩子气"，转而培养她们一种更加精致、文雅的行为方式，简单来说，让她们学会"成为"一名淑女。

虽然这一原型显然并不适用于所有的女孩或妇女，可能在中产阶级和有中上阶层背景的白人女孩中更为常见，但这种形式已经被许多研究人员和实践者所接受，他们发现这种形式足够普遍,值得那些深入女孩和妇女发展的研究者认真考虑。吉利根从关系心理学的角度出发,将心理隐藏(psychological hiding)的过程描述为"转入地下"。为了保持重要的关系性联系,许多女孩强迫自己将内心的一部分隐藏起来,从而更容易接受当时的处境。但是,为了保持与他人的关系而转入地下,最终会导致与自我脱节。根据吉利根和其他研究者的说法,这是青少年期女性抑郁的关键原因,也是"虚伪"(inauthenticity)的根源,这会带来终生的影响。牺牲自我的一部分会让一个人在面对生活的挑战时变得不那么有"韧性",失去充分应对和处理问题的能力,在这些挑战中,当然也包括放弃对"主角"的渴望而甘当一名"配角"。

吉利根将青少年的发展直接置于父权制的现实社会制度中,所谓父权制,就是男性主导的社会秩序。她认为,在我们的父权制度下,女孩和妇女由于她们自我假定的关怀、关系和直觉的能力,而受到性别物化和社会限制。另一方面,人们认为男孩和男人较少拥有与这些内在特质有关的能力,相反,他们的力量、智力、情绪控制和领导能力则都是被提前框定的。尽管这些假设几乎没有生物学上的依据,但结果是青少年学会了按照这些"要求"来表现他们的性别认同。当然,在环境支持和性格倾向的共同作用下,每个年轻人都会有不同的反应。一些人会选择采用刻板印象中的性别差异限定自己的行为,而另一些人则会不惜一切代价,直接拒绝任何此类限制。年轻人选择的服饰、发型、妆容,以及说话、走路的方式、自己的兴趣爱好、喜欢的音乐、建立的人际关系等,所有这些都代表了青少年在面对家长的期望时会如何回应、塑造和表达他们的性别自我。

在吉利根分析了父权制规定下自我和人际关系发展的心理

代价后，其作品的发展导向就变得清晰起来。随着女孩对社会期望的认识越来越强，面对那些不同的评价标准和行为要求，她们常常陷入自我矛盾和困惑，导致无法完全融入到与他人的关系中，即使是亲密的同性同龄人。正如吉利根所描述的一般规律："女孩在青少年时期的生活中有这样一种趋势，即从本质上从'政治性抗拒'转变为'心理性抗拒'。所谓政治性抗拒就是坚持自己认可的事情，并愿意直言不讳；所谓心理性抗拒，就是不愿承认自己认可的事情，担心一旦说出来，会危及关系，威胁生存。"[1]从这个角度来看，女孩们对自我的理解、认知与应该采用的社会脚本之间的差异，会导致心理上的违和，但是为了在父权社会中生存下去，她们只能选择改变和适应。

吉利根观察到，青少年时期的女孩为了建立并保持与他人的人际关系，往往只把自己身上那些被"社会"所接受的部分带入到关系之中，而隐藏了对自己和这个世界的完整认知，但这却失去了人际关系真正的核心意义。女孩们把她们对自己的认知（她们的需求和欲望）转入地下，以此保护自己"不那么有价值的部分"，使之不受同龄人和成年人的评判和嘲笑。例如，聪明型女孩、坚强型女孩，还有运动型的女孩，可能会收到无数的外界信息。这些信息说她们没有遵守"预期的脚本"，并要求她们按照"既定路线"成长。她们可能被贴上"傲慢""恶俗"或"男性化"的标签，这样的标签所传递的信息就是，如果她们继续坚持这样不受欢迎的行为，那么就将失去朋友或者面临被排斥的风险。丽

---

[1] Carol Gilligan, "Joining the Resistance: Psychology, Politics, Girls and Women," in *Beyond Silenced Voices*, ed. Lois Weis and Michelle Fine (Albany, NY: SUNY Press, 1993).

莎·马乔安(Lisa Machoian)的研究表明,"高智商会增加青少年女孩患抑郁症和自杀的风险,因为'聪明'的女孩更有可能被同龄人拒绝"。[1] 同样,教育者可以观察到,那些曾经在学校中是明星学生、尖子生的女同学,进入高中以后,会更加强调自己的社交能力、性取向甚至是顺从的能力,因为她们逐渐学会了适应以及认同社会对自己身体、温顺的性格以及服从男性的意愿的评判标准,而不再关注自己的智力或领导力。

在这些模式在学校中的应用方面,萨德克(Sadker)等人发现了课堂上"男生作为"和"女生不作为"的区别,他们将产生这种区别的动因追溯到老师的行为,即老师总是优先强调男生的学术贡献,重视女生的社交技能。[2] 在调查了大量的研究文献之后,萨德克等人发现,女生在大学选修的数学和科学课程中所占的比例非常低,而"被叫到办公室、停课或遭受体罚的男生是女生的4倍多"。[3] 弗格森(Ferguson)和康奈尔(Connell)的研究则发现,教师和学生之间的跨性别互动受到"男性特质"与"女性特质"期望的影响。[4] 学校本身就是性别空间。当学生与老师建立关系

---

[1] Lisa Machoian, *The Disappearing Girl: Learning the Language of Teenage Depression* (New York: Dutton, 2005).

[2] Myra Sadker and David Sadker, *Failing at Fairness: How America's Schools Cheat Girls* (New York: Charles Scribner's Sons, 1994).

[3] Russell J. Skiba et al., "The Color of Discipline: Sources of Racial and Gender Disproportionality in School Punishment," *The Urban Review* 34, no. 4 (2002), 320.

[4] Ann Arnett Ferguson, *Bad Boys: Public Schools in the Making of Black Masculinity* (Ann Arbor: University of Michigan Press, 2000); R. W. Connell, "Disruptions: Improper Masculinities and Schooling," in *Beyond Silenced Voices: Class, Race, and Gender in United States Schools*, ed. Lois Weis and Michelle Fine (Albany, NY: SUNY Press, 1993).

并伴随一些惩戒性措施时,我们需要考虑到这样的一个社会背景,那就是在教育行业中,教师的女男比例为 3∶1,[1]尽管学校持续开展关于"女性未被承认和被低估"的工作。[2] 教育工作者仍然会用"男子汉""娇娇女"等带有性别针对性的词语划分青少年的身份和行为。[3]

不管人们是否同意这些理论家所勾勒出的"人生发展戏剧"的细节,但脚本的基本性质似乎很难拒绝。那就是,对女孩来说,青少年时期的阴霾,通常还给她们强加了一个调适人际关系的社会化过程。米歇尔·法恩(Michelle Fine)和南茜·赞恩(Nancie Zane)在对低收入有色人种女孩,特别是在对非裔美国女孩的研究中发现,融洽关系的主题存在差异。[4] 在对费城公立学校女生的研究中,他们发现,高中辍学的非裔美国女孩往往比留在学

[1] U. S. Dept. of Education, *Digest of Education Statistics* (Washington, DC: GPO, 2002).
[2] Wendy Luttrell, "'Good Enough' Methods for Ethnographic Research," *Harvard Educational Review* 70, no. 4(2000).
[3] Mary Pipher, *Reviving Ophelia: Saving the Selves of Adolescent Girls* (New York: Putnam, 1994); Rosalind Wiseman, *Queen Bees and Wannabes: Helping Your Daughter Survive Cliques, Gossip, Boyfriends, and Other Realities of Adolescence* (New York: Crown, 2002); Rachel Simmons, *Odd Girl Out: The Hidden Culture of Aggression in Girls* (New York: Harcourt, 2002); James Garbarino, *Lost Boys: Why Our Sons Turn Violent and How We Can Save Them* (New York: Free Press, 1999); Ferguson, *Bad Boys: Public Schools in the Making of Black Masculinity*; William Pollack, *Real Boys: Rescuing Our Sons from the Myths of Boyhood* (New York: Random House, 1998); John J. DiIulio, "The Coming of the Super-Predators," *Weekly Standard*, November 27, 1995.
[4] Michelle Fine and Nancie Zane, "Bein' Wrapped Too Tight: When Low Income Women Drop Out of High School," in *Dropouts from Schools: Issues, Dilemmas, and Solutions*, ed. Lois Weis, Eleanor Farrar, and Hugh G. Petrie (Albany, NY: SUNY Press, 1989).

校继续学习的同龄人以及她们的兄弟有着更好的适应能力。她们中的许多人辍学，正是因为拥有异于常人的性格优势和生活能力，她们能够通过就业、结婚或两手抓，来帮助养家糊口。正如研究中的一名女孩所说，"我们被裹得太紧了"，她们默默地承受着照顾他人的宿命，这是在不同时代和文化背景下许多女孩和妇女共同的命运。

然而，在洛伦娜的例子中（第四章），"裹得太紧"的阴影被她在划船项目和学校里培养的力量和技能驱散了。她为自己锻炼出的优美曲线和绷紧的双腿感到自豪，也为自己在学校里因为学习而受到表扬感到陶醉。同丽莎·普雷斯科特一样，两个女生都面对如何吸引男孩、如何与有权势的（也就是受欢迎的）同伴建立友谊的问题，虽然有一些老师认为洛伦娜有必要调节一下"好斗"的天性，但事实上，她拒绝了这么做。她依旧很享受独领风骚的感觉，在课堂里善于指出逻辑错误，善于找到解决数学问题的最优方法。她抵制那些让她对男孩唯命是从、减少理科学习的性别脚本，她用自己的坚强和聪慧支撑着信念。此外，她犹然记得，教练科尔比和辅导员玛吉都告诉过她，如果男孩们觉得她令人生畏，"那是他们的问题"。有一天，"时尚警察"注意到她背心下的身材，对洛伦娜说："你这是在健身房练的吗？"她只是用竖起的中指揉了揉眼睛，然后泰然自若地从他们身边走过。

尽管吉利根描述的"脚本"与法恩和赞恩描述的场景在细节上有所不同，但它们都是围绕关系调适来组织的。根据社会环境的异同及其需要，这些描述中的青少年女生都会相应地进行调适。在一种情况下，她们推卸领导和组织的责任，以便适应大家的评价；在另一种情况下，为了养家糊口，她们被要求承担特殊的责任。在每一种情况下，苛刻的社会秩序都规定了一种特定形式的调适，以满足他人的需求和利益。很多时候，这些需求和利益可能与女孩本身相匹配。对她们来说，这种调适也是必须经历的人生体验。虽然这并不是她们选择的，也不是她们期待的，但是只有这种自我牺牲才能维系她们的友谊和家庭关系。打破惯常的做事方式就会让别人失望。很遗憾，无论是明确的宣布和要求，还是隐隐的暗示，这就是青少年时期女生所听到的信息。

另一种形式的延缓

在第二章对埃里克森的认同发展模型的描述中，我们重点强调了一种与吉利根和她的同事们提到的"地下"非常不同的隐藏类型。埃里克森强调了青少年同一性延缓期（一个安全的空间）的作用，在对职业和亲密关系做出长期承诺之前，可以探索其他的存在方式。转入地下与这种现象正好相反。它是将自我从期望的表达和探索中移除，以保持被接受和被期望的状态。根据这个模型，刚度过青少年时期的年轻女性并没有经历埃里克森描述的那种停滞。相反，她经历了一个改进的过程，一种社会可接受的生活方式的改进。她已经学会了成为别人希望的样子，从这个意义上说，她也失去了成为她自己想象中样子的机会。

许多女性主义学者观察到，虽然因为真正的身份探索受到限制，埃里克森式的发展延缓的概念并不会总是出现在女孩子身上，但可以形成另外一个替代过程，以提供安全的空间来抵抗父权制的社会现实，并探索健康发展的各种选择。在邦妮·里德比特（Bonnie Leadbeater）与奈奥比·韦（Niobe Way）编辑的《都市女孩：抵制刻板印象，创造身份认同》（*Urban Girls: Resisting Stereotypes, Creating Identities*）一书中，他们针对这些选择方式做出了一系列令人信服的回应，其中的重要观点是，人生发展对低收入的有色人种女孩至关重要。[1] 总的来说，这本书为促进健康人生发展提供了可能的方法。尽管它着眼于城市青少年女生的人生发展，但所提出的许多见解也可以更广泛地应用于所有女生身上，实际上，在某些方面对男孩的人生发展也具有建设性意义。

詹妮弗·帕斯特（Jennifer Pastor）、詹妮弗·麦考密克（Jennifer McCormick）和米歇尔·法恩用"家"（home）这个隐喻，以及它的安全、温暖和养育的含义，建立了"家园"（homeplaces）这一概念并强调它的极端重要性。"家园"是女孩聚集的地方，就此来说，对应着城市里有色人种女孩聚集的地方。[2] 这样的家园提供给女孩们一个交流思想、讨论私密，以及表达对外部世界的愤怒和沮丧的安全之地，这个外部世界存在于家园的边界之外。正如帕斯特和她的同事所说，家应该是一个组织和获得支持的地方。它应该是一个围绕共同利益组织日常活动的地方，并且，在面对外部的反对时，家应该是一个可以获得"政治"

---

[1] Bonnie J. Ross Leadbeater and Niobe Way, *Urban Girls: Resisting Stereotypes, Creating Identities* (New York: New York University Press, 1996).

[2] Jennifer Pastor, Jennifer McCormick, and Michelle Fine, "Makin' Homes: An Urban Girl Thing," in *Urban Girls: Resisting Stereotypes, Creating Identities*, ed. Bonnie J. Ross Leadbeater and Niobe Way (New York: New York University Press, 1996).

支持以发起改变的地方。在对家园的描述中,家庭和政治有着紧密的联系。从这个角度来看,认同发展需要一个强有力的家庭支持的内部环境,让青少年在其中获得对日常生活的确认,以及在青少年面对外部挑战时提供必要政治支持。

许多教育工作者已经采用了家园这一概念,以此作为他们教学和辅导的框架。通过鼓励对社会现状进行批判性分析、邀请青少年进行情感反馈以及智力反馈、公开坦诚分享人际关系、时刻关注个体决定的政治维度等方法,教育工作者可以在许多学校环境中创造家园。想要了解青少年将哪些学校空间视为家园,只需要将老师和辅导员的办公室安排在青少年在上学前、午餐和放学后聚集的地方就可以了。青少年倾向于在这些地方徘徊,恰恰是因为他们在那里有宾至如归的感觉。在那里,他们可以充分释放自己以提升其应对日常需求的能力。

这就是为什么丽莎在感觉被排斥的时候选择逃到丹妮尔老师的班级。从开学的第一天起,丹妮尔老师就展示了她理解高中性别脚本中强制和矛盾之处的能力,当时她让全班同学列出了男性/男人/男孩和女性/女人/女孩的所有口语化或委婉的说法。学生们在黑板上写上名字和标签,这个过程引发了许多笑声、嘲笑和欢呼,然后他们开始"真实"地交谈,讨论在当前的社会和学校里,身为一个男人和一个女人意味着什么。然后,他们又基于此转向了另外相似的列表,探索作家用来创造角色和创作故事时使用的象征性比喻。她总是问:"作者想让你看到什么?"丹妮尔老师的学生们开始相互询问,甚至询问他们的父母和社交媒体。她的课堂和教学变成了一个探究的地方,在这里,自我探索与创作一篇优秀的五段短文同等重要。

丹妮尔老师教她的学生拒绝简单的答案和普遍认同的结论,她使许多学生爱上了隐喻和叙事的方式,因为这样可以揭示那些数学、科学或历史语言无法表达的复杂事实。她在十年级的世界文学课上积极地分析奇努瓦·阿切贝(Chinua Achebe)的作品《分崩离析》(*Things Fall Apart*)中性别的含义,在本堂课结束前,学生的作业是针对这段话写一篇1 200字的文章:"从《分崩离析》中选出一个角色,描述他/她面临的性别障碍,以及这些障碍是如何影响他/她的。然后把这些和你面临的性别障碍以及它们对你的影响进行比较。"丹妮尔老师发现,这种性别排斥对于丽莎的影响是深远的,因为她控诉了所有排斥她的女孩。距离午休只有十几分钟了,丹妮尔老师赶紧给学校的心理教师米奇·吉尔勒莫打电话,寻求帮助。

他们在丹妮尔老师教室外的走廊里商量,而丽莎在教室里独自抽泣。他们觉得,对丽莎来说最好的办法是让她在这一天剩下的时间里休课,给她一个机会在一个安全的地方诉说发生的事情。在陪丽莎去咨询办公室之前,米奇知道了其他女孩的名字,并要求丹妮尔老师让工作人员把她们送到学校的辅导员玛吉·朗那里。丹妮尔老师离开后,米奇老师走了进来,坐在丽莎旁边。"今天过得很辛苦,是吧?"丽莎点点头,还在哭。"好吧,今天剩下的时间我们放松一下,这样就能帮你弄清楚到底发生了什么事。""我知道是怎么回事。"丽莎低声抽泣着说。"好吧,"米奇回答说,"我想也是。所以让我们想办法解决这个问题。我们去喝杯水,然后去我的办公室。"离开教室之前,丽莎从背包里掏出她的文章,放在桌子上,说:"这应该可以解释一些乱七八糟的事情。"

"家庭式空间"的健康"抵抗"

珍妮·沃德(Janie Ward)对"都市女孩"的贡献是提出了另一种家园隐喻,认为其功能在于成为丹妮尔老师的教室和米奇老师的办公室的"替代空间"。沃德描述的"家庭式空间"(homespace),与其说是一个特定系统(无论是家庭、学校还是社区环境)中的自然场域,不如说是一个旨在促进"健康抵抗"压抑情绪的集体心理空间。对于沃德研究中的黑人青少年来说,这个空间是非裔美国人父母传给他们孩子的种族主义的批判性意识。根据沃德和其他作者的说法,如果没有这种意识,就不可能产生健康抵抗能力。事实上,如果不对非裔美国人和其他有色人种面临的种族歧视进行适当协调,这种抵抗能力和行为可能会被扭曲,并对自我和他人造成破坏性的影响。[1]

---

[1] Prudence L. Carter, *Keepin' It Real: School Success Beyond Black and White* (New York: Oxford University Press, 2005); L. Janelle Dance, *Tough Fronts: The Impact of Street Culture on Schooling*, ed. Michael Apple (New York: RoutledgeFalmer, 2002); Angela Valenzuela, *Subtractive Schooling: U. S.- Mexican Youth and the Politics of Caring* (Albany, NY: SUNY Press, 1999); Janie Ward, "Raising Resisters: The Role of Truth Telling in the Psychological Development of African American Girls," in *Urban Girls: Resisting Stereotypes, Creating Identities*, ed. Bonnie J. Ross Leadbeater and Niobe Way (New York: New York University Press, 1996).

沃德和她的同事特雷西·罗宾逊(Traci Robinson)区分了非裔美国女孩中对教育工作者有重要影响的两种抗拒形式。[1] 第一种形式：生存性抗拒（或称为生存而抗拒，resistance for survival）。侧重于应对种族歧视的"速战速决"，可采取回避或危险性攻击等短期策略。这样的防御可以起到立竿见影的自我保护作用，但往往不会对能力建构产生长期影响。一名学生拒绝做自己不喜欢的老师布置的作业，或者在走廊里与不尊重自己的同学打架，都属于这种短期生存抗拒，青少年通过这种形式缓解当天的抵触情绪。然而，与此同时，如果这种行为持续下去，可能会增加自己遇到长期困难的风险。

第二种形式：自由性抗拒（或称为自由而抗拒，resistance for liberation）。根据罗宾逊和沃德的说法，这种抗拒表现为对"种族主义"或者其他压迫形式产生集体的、深思熟虑的反应，并因此超越了生存性抗拒。从定义上讲，这些反应是积极的，因为它们在某种程度上增强了女性的能力和自尊。这些反应的形成伴随着长期的"自由"目标，包括希望在学校、职业生涯、人际关系和社会生活中取得成功。自由性抗拒需要其他"对压迫有批判性意识"的人的支持，无论是家庭支持、学校支持，还是来自社会上的其他人的支持。学生对感知到的某些不公正待遇表现出集体的、深思熟虑的反应，或者勇敢地站出来反对同龄人自杀的行

---

[1] Tracie Robinson and Janie V. Ward, "'A Belief in Self Far Greater Than Anyone's Disbelief': Cultivating Resistance in African-American Female Adolescents," in *Women, Girls and Psychotherapy: Reframing Resistance*, ed. Carol Gilligan, Annie Rogers, and Deborah Tolman (New York: Harrington Park Press, 1991), 87–103.

为，往往表现了"为争取自由"而产生的抗拒。作为教育工作者，我们在教育体系中工作，有时还没有准备好应对这些抗拒行为，我们不仅要促进学生的这种成长和行为，有时候可能还要给他们"让路"。

虽然在埃里克森的青少年发展理论中，实验是一个关键因素，但就如同我们描述的那样，抗拒在青少年人生发展中也占有一席之地。在这种情况下，抗拒提供了一种保护，使青少年不会迁就或容忍令人压抑的现状。它是防止种族歧视、性别歧视、阶级歧视和同性恋恐惧症风险的保护性措施。如上所述，从青少年女孩发展中收集的经验教训对所有青少年的成长都有启示意义。例如，抗拒是如何影响男孩的成长的？它在男孩成为男人的过程中扮演了什么角色？

关系理论与男孩的发展

不幸的是，许多男孩的家庭都是滋生"同性恋恐惧症"（homophobia）的地方。这些空间将男孩形象社会化为强硬和独立的男性刻板印象，从而抑制敏感和亲密的关怀。关怀就是女性化，而女性化就是同性恋。在我们学校的走廊里，可能没有比"同性恋"更常见的蔑称了！在美国的许多初中和高中，学生几乎在每一次课间都能听到这种声音。在许多时候，如果一个青少年被这种话语污蔑，不仅会导致他的精神受到攻击，甚至还会威胁到他的人身安全。

让·贝克·米勒有力地证明了传统认同理论固有的对"自主和独立"的过度重视，这种理论强化了许多男孩和男人的孤立感,从而减少了他们互利成长的机会。以特定的方式融入同性友谊来摆脱对自主性的认知,往往被看作没有"男性气质"。然而,在许多方面,这种认知发展过程中的"正常疏远",使男性青少年失去了相互学习和共同成长的机会。根据米勒和她的同事们的说法,男性关系往往缺乏女性之间更为常见的亲密联系,[1]因此两性之间在"关系成熟度和情感理解"方面存在明显的差异。

社会学家迈克尔·基梅尔[2](Michael Kimmel)展示了男性脚本在美国社会各个阶层中是多么普遍的存在。[3] 正如基梅尔所描述的那样,与这种男性的"超级脚本"决裂,需要强烈的自我抗拒。如果男孩想要从关爱他人中获益,特别是对其他男孩和男人的关爱,就需要自我抗拒的教育。他们必须学会抵制那些在电视广告上、在音乐中或在家庭和社会中为他们树立的男子气概的形象。但调适这种占据主导地位的男性脚本,就会导致与外界的距离感。同时,抗拒脚本也可能会带来严格的社会审查,甚至会遭到暴力报复。基梅尔考察了父权制及与其相关的同性恋恐惧症的影响,提出了对男孩性别认同发展的见解。他指出,"男性气质可以定义为强权、强势、强壮的男人",我们在青少年男性中看

---

[1] Jean Baker Miller et al. "Some Misconceptions and Reconceptions of a Relational Approach" (paper, Stone Center Colloquium series, Stone Center for Developmental Services and Studies, Wellesley College, 1990).
[2] 迈克尔·基梅尔,美国男性研究学术期刊《男性与男子气概》(*Men and Masculinities*)主编,纽约州立大学社会学教授。——译者注
[3] Michael S. Kimmel, *The Gendered Society* (New York: Oxford University Press, 2000); Michael S. Kimmel, "Masculinity as Homophobia: Fear, Shame, and Silence in the Construction of Gender Identity," in *Theorizing Masculinities*, ed. Harry Brod and Michael Kaufman (Thousand Oaks, CA: Sage, 1994).

到的很多行为都可以追溯到这个定义。尽管有明显的种族主义和性别主义倾向,但基梅尔断言,"无论种族、阶级、年龄、民族或性取向有什么不同,做一个男人就意味着'不像女人'……因此,男子气概更多的是一个人'应该'做什么,而不是他'能'做什么"。持续不断地需要证明自己是个男人,会使男孩和男人产生一种"长期的个人不适感"(chronic sense of personal inadequacy)。[1]

基梅尔认为,青春期的男孩把同龄人视为一种"性别警察"。根据基梅尔的说法,走进男孩聚会的任何地方,只要问一句:"谁是娘娘腔?"(或类似的"侮辱性"词语)就很可能引发一场"社会性排序"的争论。因为这关乎哪个男孩是"优秀"的,哪个男孩是"垫底"的。基梅尔引用了一项调查,女性和男性被同时问及他们最害怕什么,结果"女性回答说,她们最害怕被强奸和谋杀。男性则回应说,他们最害怕被嘲笑"。但不可避免的是,随着这种无处不在的恐惧感和对始终被监管的警觉,暴力成为"唯一最明显的男子气概标志",特别是在男孩进入青少年时期并开始形成男性身份认同的时候。[2] 由此产生的性别认同,加上为避免潜在的嘲笑,让男孩们觉得只有采取更加强势的姿态,才能向他人证明,自己坚持着"理想"的男性形象。

基梅尔的研究展现了男孩和男人是如何通过"排斥和逃避"来应对这种恐惧、怀疑和羞耻的,他将其称之为"种族主义、性别歧视和恐同症的男性气质"。对于男孩和男人来说,恐同症就是

---

[1] Kimmel, "Masculinity as Homophobia," 126, 130.
[2] Kimmel, "Masculinity as Homophobia," 133, 132.

害怕其他男孩和男人会揭下他们的"面具",向世界展示他们"不是真正的男人",并且担心别人会看到他们的这种恐惧。因为真正的男人应该是无所畏惧的,所以这种恐惧的经历往往伴随着羞愧。例如,如果青少年男孩意识到了自己的恐惧,却没有人和他讨论它,也没有机会用有效的方式来抵制它,那么这种恐惧就会形成一种内在的证据,证明他不像他假装的那样有"男性气质"。基梅尔指出,正是这种"不正常的羞辱"导致了男孩们的暴力或沉默,而这反过来又让其他人相信,这些男孩实际上认同美国文化对女性、少数族裔和男女同性恋者所做的事情。

如果美国的学校没有足够的安全空间来处理这些问题,男孩的"男性气质"中的那些暴力和沉默情绪就将畅通无阻,这不仅会在社会领域造成严重破坏,而且也将给教育带来恶劣影响。学习(全身心投入的学习)有时需要一些"软弱"。因为"软弱"可以让男孩们学会接受批评,并愿意寻求帮助和提供支持。但遗憾的是,这种"软弱"不是"男性气质",这就是为什么很多人认为"学校学习"被视为女孩的教育领域,男孩的学习则是在"真实世界"进行的。

在描述黑人母亲教育女儿抵制种族主义的压迫时,沃德引用了贝尔·胡克斯(bell hooks)在她关于奥德尔·罗德[1](Audre Lorde)的文章中提到的"火舌"形象。沃德认为,毫无保留地"实

---

[1] 罗德致力于挑战美国白人女权运动中的种族主义问题和黑人运动中的性别歧视问题,她的"差异理论"(theory of difference)和"交叉性理论"(intersectionality)已成为当代女权主义的重要思想。在1984年发表的《年龄,种族,阶级和性别:重新定义"差异"的妇女》(*Age, Race, Class and Sex: Women Redefining Difference*)这篇文章中,罗德从美国女性群体内部、黑人群体内部和黑人女性群体内部这三个方面阐述了她的思想。——译者注

话实说"，对于黑人社区的许多人来说，是生存的必要条件。虽然这样做会打破心底对"安全"的幻觉，但赤裸裸地说真话（truth-telling）以及由此造成的伤害，提供了一种保护，以抵御那些不可避免的更深层次的"种族主义"创伤。尽管黑人母亲也渴望得到保护，但她们还有明显的、重要的"战斗"需要面对，这些战斗关系到她们的家庭和孩子的生存。但是谁又会支持那些青少年男孩，特别是那些白人男孩呢？他们又如何去反抗父权制的特权？在大多数情况下，答案是没有人。

原因显而易见，占主导地位的男性脚本强调的坚韧和自主，从始至终都被认为是有益处的。因为，坚韧导致强势，强势导致控制，控制导致权威，权威导致特权。特权就是允许行使自主权，或根据自己的意愿自由行动的权利。但为什么会有人愿意放弃他们在性别脚本中的"合法"角色呢？答案并不明显，可这正是教育对解决这个问题起到至关重要的作用的原因。

由于性别的复杂性，所以要经过深入的研究才能理解性别。讽刺的是，尽管性别认同发展是青少年时期的核心，但只有一些关于青少年末期（如果有的话）的研究，而且这些研究只存在于少数几个大学的学者关于女权主义理论的论述之中。然而事实上，初中和高中的语文、数学、科学和历史课，都充斥着性别题材和内容，可以让人们对这个话题进行批判性的讨论。但谁又会进行这样的讨论呢？他们又会把它延伸到什么程度呢？

走出"地下"

个体往往会冒着失去真实自我的危险，转入地下寻求心理上的自我保护，这与现实中的同性恋青少年发展有着明显的相似之处。我们在第九章中会更广泛地讨论性取向，但在本章主要介绍它与性别认同发展的关系。例如，绝大多数同性恋男孩明确地认同自己是个男孩，并渴望自己的身份得到认可，那就是他们和其他异性恋者一样，都是男性。但是，男同性恋者的性别脚本往往非常复杂，使得这种认知难以发生。性取向和性别认同的融合给男同性恋者带来了独特的挑战，因为他们总是试图宣扬和表达自己所认为的"男性气质"。在一个通常把"男性气质"与"暴力"联系在一起的社会中，表达其他形式的"男性气质"可能是危险的，甚至是威胁生命的。

因此，男同性恋者或者那些想象自己可能是男同性恋的人躲在"柜子"（in the closet）里也就不足为奇了。在柜子里，他们至少有一些空间可以让自己成为真正的"我"，即使孤独一人，但在理论上，至少还能自我保护。但是封闭（不出柜）的生活是没有确证的生活，至少没有一个是可信的、完整的确证。部分公开只能导致自我的割裂，要维持割裂的自我需要一种微妙的平衡，尤其是当隐藏部分逐渐增加时。青少年在日常生活中所储备的精力，难以维系割裂的自我。看似普通的事情，比如跳舞，看足球比赛，或者去朋友家，都可能成为特别的问题，因为你需要时刻控制自己的言行举止。还有什么其他选择呢？让别人看到真实的自己太冒险了，因为青少年会担心，别人如果知道了自己的性取向，就会导致对他整个人的苛评。所以在他们看来，最好的做法是只将部分自我公之于众，如果某些部分被攻击或破坏了，至少还剩下一些隐藏的部分。

显然，这不是一个有利于最佳发展的方案，因为个体在隐藏部分自我的过程中也是会浪费精力的。正如第四章所描述的,这种精力并不能用于追求心流体验,相反会导致人们在创造性努力的深层体验中迷失自我。尽管与生存斗争相关的痛苦可以转化为创造力的表达,但我们大多数人都会选择绕过这样的创造性之路。同样,每一次从痛苦转变到创造,青少年都面临着转变为毁灭的可能风险。

作为教育工作者,我们的工作就是通过一系列"安全和丰富"的体验促进学生学习进步、发挥创造力。最佳的学习需要学生的完全展现、完全在场。如果我们学生的某些部分被封闭和隐藏,我们就都输了。总的来说就是,我们的教室和学校变成了"局部"的学习环境,学生们的集体能量由于多重障碍而"短路",从而无法充分发挥。从这个意义上说,我们学校的性别认同工作就是争取"自由"的工作。这是一场为了"自由的真实表达"而进行的斗争——为了所有学生能充分展示自我和提高自我认知而进行的斗争。

然而,如果学校没有教育工作者的有效指导,所有这些都是空洞的言辞。沃德谈到的对种族的尊重和理解,也适用于性别认同和性取向的领域。我们的学校必须成为能够传递和倾听这些声音的包罗万象的家园,必须成为能让那些曾经隐藏起来的孩子重新找回自我的空间,同性恋青少年可以在其中安全地、放心地说出他们的秘密。但这些例子只触及了冰山一角。青少年性别认同的繁重脚本迫使大多数年轻人隐藏自己的关键部分,这样做剥夺了他们获得最佳发展的重要机会。

杰瑞·卡拉汉(Jerry Callahan)是一所白人工人阶层公立

学校 18 岁的毕业班学生。他即将在三个月后毕业，但非常期待"永远结束学校生涯"。正如他所说的，他虽然是个大块头，但却不是"肌肉男"："我的意思是我很强壮，主要是因为我的身材……或者是因为我有时脾气不好。但其实，我在生活中是那种善于'搞笑'的人，是派对的主角。"杰瑞不仅在派对上表现得异常活跃，还参加并发起了很多聚会。他酗酒，就像他的大多数朋友一样，但可能比大多数人都要喝得多一点，因为他"太胖了"。他说，当他喝酒的时候，"我不会因为喝多而发狂，像一些人那样出去打架，我只会变得更'有趣'。但也有不可避免的时候……有些时候，当所有人都喝醉了，就会有人推我出去打架，试图证明他们可以对付'大个子杰瑞'，那时我就不得不跟他们打一场"。杰瑞没有明显的自豪感，更多带着一种无可奈何的感觉。对于像他这样的人来说，这是脚本的一部分，尽管他有着善良的幽默感，但却被其他人通过外表定义为有"男性气质"。

总的来说，杰瑞似乎与自己保持着牢固的"联系"，大部分时候都对自己的身份感到舒服。他声称对学业上的不佳表现并不后悔。"我基本上是一名 C/D 等的学生，我知道我至少可以拿到 B/C。但那真的不是我。从长远来看，这可能会伤害我，因为我的关注点根本不在学校。"然而，他确实承认了两个与学校有关的遗憾："其实，大多数人觉得我真的很有趣，我自己也这样认为。但当我现在回首往事时，我真希望我参加了学校话剧表演的选拔，因为我觉得我适合成为一名演员。看到那些同学在剧中的表演，我知道我可以做得比他们更好。但我们（杰瑞和他的男性朋友）都把这些当成了同性恋的事情,好像戏剧社团里的所有人都是同性恋,但其实他们不是,或者说谁在乎他们是不是呢?这取决于他们自己,与他人无关。但由于我们当时的想法,我们没有再深入地参与其中,这是我最大的遗憾,让同性恋的事情妨碍了我在学校戏剧中的表现。"

另一件事是音乐。"我要是能加入学校乐队就好了。但那里也有一些同性恋或娘娘腔。你知道,他们是不热爱运动的家伙。我的朋友们也不是很喜欢运动,但他们中没有一个人想过加入学校乐队。这有点好笑,因为我们虽然都喜欢音乐,但只能在别人的车库里放音乐,只能自己组建乐队。所以,我还是希望当初能加入学校乐队,因为可以有更多的交流学习机会,也许可以学会演奏一种我热爱的乐器,比如萨克斯管。"

杰瑞既不是同性恋,也不是面对种族主义问题的有色人种学生。尽管他出身于工人阶层,但他没有明确表达对阶层的偏见。尽管有人可能会争辩说,在他的故事背后,社会阶层障碍是突出的因素,但杰瑞并没有因为上述情况而自我封闭,也没有转入地下寻求保护。相反,他隐藏了自己的一部分,以适应他与其他男性同龄人在更大的社会范围内共同建构的男性性别脚本。如果杰瑞能够把更完整的自我带到学校,也许他会像他后悔没做的那样,在戏剧和乐队活动中取得成功,这些成功可能会深刻地改变他对教育的理解和认同。如果是这样,也许杰瑞也不会如此兴奋地期待"永远结束学校生涯"。

第七章　种族认同发展

尽管我们尽了最大努力,但别人看待我们的方式仍然深刻地影响着我们的自我认同。因此,鉴于我们移民和种族的多样性历史,作为"外部"身份标志的"种族"和"民族"在美国社会中具有特别突出的地位。伴随这一现实而来的是种族主义和民族歧视的影响,它们深刻地塑造了许多美国有色人种青少年的成长经历。在接下来的两章中,我们将借鉴第二章中介绍的埃里克森关于身份认同危机的经典论述,探讨种族等级制度的影响、种族和民族压迫的遗留问题,以及在"一些人享有特权而另一些人受到压迫"的情况下,怎样持续构建一种既具有凝聚力又多元的身份认同。在这一过程中,我们综述了相关的理论研究,以表明关注种族和民族问题的重要性,因为它们直接影响到青少年发展和学校专业人员的实践。

正是在这些章节中,教学和咨询的架构作为一项政治保证得到了最有力的强调(尽管它在关于性别、阶级和性取向的章节中也得到了延续)。这些章节超越了阶段性理论,认识到从社会政治角度审视世界的发展意义,解读青少年如何置身其中,并将认同定位为一种"演"出来的身份,以及我们为了在不同情境中来回转换而戴上的"面具"。所以,我们应该审视种族自豪感和多元文化素养的发展,要特别关注种族和民族身份认同的伦理必要性,同时重点聚焦学校的专业人员如何在日常实践中有效解决公平性的问题。

在种族和民族问题上,有必要与来自主流群体和边缘群体的青少年进行反思性(批判性的自我反思)和互惠性的工作,以便逐步消除学校和社区中长期存在的种族主义和民族歧视的话语和假设,促进青少年健康发展。除了研究对有色人种的刻板印象带来的影响外,我们还研究了白人肤色(Whiteness)对发展的影响,进而提出了一些方法,要求学校的专业人员负责开展必要的工作,有效地陪伴青少年构建他们的身份认同,以应对可能出现的种族歧视问题。

为什么研究种族认同发展?

当学生进入学校、教室或办公室时,随之而来的还有他身上叠加的历史和文化经历,这些经历塑造了他的身份认同。他呈现给你的"我"是他生活经历内化后的最新"迭代",是他在当下情境中的偶然性表征。正是由于基于这种"情境"的角色和假设,导致他向老师呈现的身份可能与呈现给其他同龄人、家人或学校里其他成年人的身份大相径庭。一个学生在某些课上有突出的问题,但在其他课上却表现很好,这种情况正常吗?很有可能,因为这些问题出现的环境不同(例如,不同的老师,不同的科目,不同的同学)。当学生的行为在不同的环境中发生变化时,所展现出来的是自我认同的差异,这在一定程度上表明,环境有时可以促进人的最佳发展,有时也可以威胁到自我身份认同。

成人也是如此。校长、辅导员和老师都会考虑到自身所处环境的要求,向其中的人展示他们认为最适合当前情况的身份。和学生一样,当我们从一个环境转移到另一个环境时,我们的身份会发生变化,行为和决定也会随之改变。当扮演配偶或生活伴侣的角色时,我们承担的身份与扮演教师或校长的角色不同。这是必然的,因为每种环境都有其独特的要求。在一种环境中遇到问题可能与在另一种环境中取得成功同时发生,表明在这些环境中存在着不同的威胁和机会,同时也表明我们的身份认同会随着环境的变化而变化。

从这个角度来看,身份认同可以被理解为一种"表演",通过战略性地建构自我认同来提供在当前环境下"安全"的发展机会,并时刻关注不同受众的反馈。"表演"出来的身份认同,在不同的环境中所表现出的并不是持久不变、单一、有凝聚力的自我认同状态,相反,至少在一定程度上,它是我们在某个时刻、某个环境中"短期、复合、偶发的"自我表达。因此,以这种方式理解身份认同,能够使我们看到影响自我理解和自我表达的关键因素来源于成人和青少年每一次的身份构建互动过程。

那么如何让教育者切身参与到青少年人生发展的"每一次环境"当中呢?这就需要关注那些影响他们塑造身份认同的主要因素。对许多青少年来说,种族正是这样一种因素。霍华德·维南特(Howard Winant)对"种族影响"这个更大的问题阐述如下:

> 在美国社会,种族是一种基本的组织原则,是认识和解释世界的基本方式。当我们观看罗德尼·金(Rodney King)

被洛杉矶警察殴打的录像带[1]时,比较不同大都会区的房地产价格时,开车上班途中选择一个电台频道欣赏时,对潜在的客户、顾客、邻居或老师进行估量时,或进行其他千百种正常的工作时,我们不得不采取"种族思维",使用我们已被社会化的种族类别和意义系统。[2]

无论我们自己或我们所服务的孩子的种族认同如何,我们对青少年的工作都是在充满种族意义的社会背景下进行的。学生和老师都经常被要求在填写表格和参加标准化测试时选择一个特定的种族身份,如果你曾经在现场参加过这样的测试,就会不可避免地产生许多疑惑,而这些疑惑很少得到应有的关注。"我的妈妈是波多黎各人,我的爸爸是黑人,我该选哪一栏?""我是德国人,也是立陶宛人,为什么我只能选择白人?""'其他'是什么意思?"在各种环境下的课堂上,教师始终面临着种族化的语言("n"字母开头的词、"棕色骄傲""亲亲我,因为我是爱尔兰人")、经媒体推动和青少年再现形成的刻板印象、学生(和教职员工)之间愈发冲突化的种族分歧、走廊和教室里的种族主义言

---

[1] 罗德尼·金事件,1991年3月3日,在美国第二大城市洛杉矶,4名白人警察殴打黑人青少年罗德尼·金的过程被人偶然摄入镜头,4名警察遂因刑事罪遭到加州地方法院起诉。一年后,以白人为主的陪审团判决"被告无罪"。判决一出,当地黑人群情激愤,聚众闹事,烧杀抢劫,引发了一场震惊世界的大暴乱。短短几十小时内,54人死亡,2 328人受伤,1 000多栋建筑物被焚毁。——译者注
[2] Howard Winant, "Dictatorship, Democracy, and Difference: The Historical Construction of Racial Identity," in *The Bubbling Cauldron: Race, Ethnicity, and the Urban Crisis*, ed. M. P. Smith and J. R. Feagin (Minneapolis: University of Minnesota Press, 1995), 31.

论。社会管理者必须平衡各种社区团体之间的利益冲突,这些团体往往因种族区分而分裂,这给学校改革工作带来了巨大的挑战。然而,这些事情只是我们学校中种族认同如何产生、再现、受到挑战和抵制的表面。因此,令人惊讶的是很少有学校鼓励成人和青少年质疑种族的实质及其对学习和发展的影响。根据"发展性需要"制定这样的讨论框架,将会为这些讨论提供更多机会、视角和自由的空间。

从发展的角度去思考和工作,就意味着要尽可能多地了解这个人身上可能正在发生的事情。但在美国,要想不考虑种族的影响,几乎是不可能做到的。在无数的研究报告、地区和州的研究以及主流媒体的文章中,种族认同被认为是我们学校成人和青少年人生经历中的一个重要问题,也是理解学校改革、教师表现和学生成功的关键因素。因此,随着它的功能性发展,研究种族认同问题是当务之急。例如,考虑诸如"成绩差距"这样备受关注的、高度种族化的学校问题,与"城市教育"等相关的种族差异危险和可能性,以及美国教师队伍(主要是白人、中产阶级和女性)与教师所服务的学生(主要是有色人种学生)的人口分布问题。基于这些问题来谈论种族认同的影响,是至关重要的。

由种族问题导致的结果可能是痛苦和沉重的,所以运用种族认同发展理论并将其转化为实践,可能会让我们在青少年工作中面临一些令人困惑和焦虑的情况。"他这么说是因为我是白人吗?""他这么做是因为我是黑人吗?""我如何看待自己的种族?""我怎么理解他人的种族?"积极关注这些问题可以帮助我们在社会等级制度面前相互理解。因此我们认为,当涉及对青少年的工作时,种族认同的发展不应被视为经典青少年人生发展理论的

"附属品"（归入认知和关系解释的经典范畴内的一个附录章节），也不应将对种族认同的发展研究视为"政治认同"。相反，在许多情况下，种族认同的发展与其他关键因素研究一样，是青少年共同构建的核心。考虑到我们学校和社区受种族影响的程度，忽视种族或声称以一种"色盲"的方式进行教育就是极度错误的行为。简而言之，种族认同的发展不仅针对有色人种，也针对我们所有人——白人、黑人、拉丁裔、日裔、华裔、土著美国人、海地美国人、老挝人，等等。这些人在我们的社会中都被"种族化"（根据我们感知到的种族背景对其进行识别和评估）了，认同形成的过程永远与这种经历联系在一起。如果我们做的是青少年工作，并希望在他们所在的地方与他们见面，我们就必须"去到那里"，去他们种族居住的地方，即使去那里会超出我们教育者的"舒适圈"。

试论"种族"的社会建构

从科学上讲，没有"种族"这回事。已故的斯蒂芬·杰伊·古尔德（Stephen Jay Gould）教授及许多生物学家和遗传学家都指出，[1]任何种族中存在的基因多样性，与整个人类群体中的基因多样性别无二异。将种族视为人类物种下不同的"亚群"，在生物学上没有明确的理由，这就是为什么奥米（Omi）和温南特（Winant）称种族类别是"人类变异的明显弱化"。根据人类祖先分布的不同起源地，人类形成了独特的身体特征（肤色、头发质

---

[1] Stephen Jay Gould, *The Mismeasure of Man* (New York: Norton, 1981).

地、眼睛等),但这些除了能证明我们人类物种在数十万年来适应环境的过程中不断改变以外,没有任何对种族理论的支持。[1]

那么,种族的概念从何而来呢?简而言之,种族是现代社会创造的一个概念,是对不同人种进行区分的一种方式,使一些民族的发展以牺牲其他民族的利益为代价。17—19世纪的"奴隶制"与种族学说的创立密不可分,为了使剥削和屠杀千百万人的行为合法化,人们将某些种族指定为"亚种人",以便在不违反启蒙运动对自由概念的定义的前提下,将某些种族视作"奴隶"来对待。后来,专心于优生学的科学家在20世纪扩大了这一术语的使用范围,产生了"尼格罗人""蒙古人"和"高加索人"等偏执的种族划分类别,并最终为纳粹政权提供了建立雅利安人"种族至上"的理由。在当代美国的语境中,长期以来,通过将白人的规范与其他有色人种进行区分,种族始终被用来将社会主流价值观导向欧美白人文化模式。目前使用的"有色人种"一词本身就是这种区分的产物,它表明一个人要么是白人,要么是非白人。

科学和历史分析揭露了种族这一概念在生物学上的真相,并详细阐述了由此产生的持久性社会后果。我们在此简要地审视这类"成果"的目的不是贬低它的重要性,而是指出一个简单的事实:种族是一种社会结构。它的产生主要是为了分裂人类,剥夺一些人的权力,又赋予另外一些人权力。像所有的社会现象一样,它的变化和发展取决于当时情境下的"社会需要"。例如,在美国历史上,联邦、州和地方政府都采用了各种种族策略对人进

---

[1] Michael Omi and Howard Winant, "On the Theoretical Status of the Concept of Race," in *Race, Identity, and Representation in Education*, ed. Cameron McCarthy and Warren Crichlow (New York: Routledge, 1993), 6.

行分类。最初，政府官员只使用"白人""黑人"和"印第安人"的分类。有一段时间，爱尔兰人被认为是"黑人"，因此受到剥削和压迫。后来分类中又增加了"拉丁裔"和"亚洲人"，进而衍生出了"墨西哥裔""西班牙裔""华裔""东方人""亚裔"和"亚太裔美国人"（Asian Pacific American）等。正如金奇洛（Kincheloe）和斯坦伯格（Steinberg）所指出的那样："对这种分类的分析表明，仅仅通过肤色、发质和眼睛的相似性来强行划分种族的做法，粗暴且可笑。"[1]尽管缺乏科学事实依据，但"种族"几乎在世界上所有的社会中都起着区分权力的作用。

在与青少年一起工作时，我们一定要认识到，尽管种族在科学上并不成立，但它确实存在于社会之中。通过坚持这一认识，我们可以以青少年作为发展盟友开展对种族的分析，与我们的学生一起积极构建种族认同体验，通过评价及相关行动，削弱种族主义在教育和其他方面的影响。

发展联盟

如果要与年轻人共同构建健康的身份认同，并陪伴他们一同抵制不良环境的压迫，教育者就必须学会认识并面对有害的种族分类方式，并了解这种分类在他们生活中发挥的作用。由于在美国没有人是在无种族歧视的成长环境中成长起来的，也没有人在

---

[1] Joe L. Kincheloe and Shirley R. Steinberg, "Constructing a Pedagogy of Whiteness for Angry White Students," in *Dismantling White Privilege: Pedagogy, Politics, and Whiteness*, ed. Nelson M. Rodriguez and Leila E. Villafuerte (New York: Peter Lang, 2000), 183.

第七章 种族认同发展

没有种族问题的学校工作,所以我们无法指望从一个中立的角度来看待青少年成长。简单地说,教育者和学生一样,受到同样的种族主义社会力量的影响。在我们的青少年工作中,否认种族的重要性,实际上可能助长学校中种族主义、排外主义的形成。事实上,研究表明,认可"色盲"的种族态度,与更深的种族偏见以及认为社会是公正和公平的这种错误信念在本质上是相同的。[1] 考虑到这一点,为青少年提供最佳发展体验需要我们审视种族是如何影响我们自身成长的。我们使用"发展联盟"(developmental alliance)的概念,就是为了描述教育者围绕青少年身上诸如种族压迫等具有政治色彩的发展问题所开展的工作。这一概念意味着利用个人和政治双重合作方法解决复杂的发展障碍。它也暗示虽然青少年是自身发展过程中的主体,但成年盟友在帮助主体培养应对环境压迫的能力方面也起着关键作用。[2]

我们借鉴发展理论,不是为了评估青少年时期学生成长经历的相关"阶段",而是为和他们一起寻找有效的指导方法,因为他们与我们共享这些经历,并在这个过程中相互成长。加入发展联盟意味着期待这种转变是互惠的——我们希望学生在此关系中发展,就像我们希望在其中促进自我成长一样。有时,这样的工作关系会带来不适、恐惧、悲伤或愤怒。事实上,关于种族的对话

---

[1] Helen A. Neville et al. "Construction and Initial Validation of the Color-Blind Racial Attitudes Scale (Cobras)," *Journal of Counseling Psychology* 47, no. 1 (2000): 59–70.
[2] 有关这一概念的更多讨论,可以参见纳库拉和拉维奇所著的《解读问题》(*Matters of Interpretation*)。

(特别是与我们对话的是青少年,对他们来说这类问题是相当生硬的),可能会在不同的人身上产生截然不同的反应。米歇尔·法恩和她的同事们在与一个不同种族的学生群体讨论种族问题时,描述了这种认识,他们问道:

> 有没有可能,让白人学生在不谈论种族和民族问题的情况下也能进入"最佳"学习状态,让有色人种学生在种族和民族问题被摆上桌面的情况下也能自如地学习?似乎只要不谈论"种族",有色人种学生就不会被"放过",但是一谈论"种族",白人学生又被"束缚"了。[1]

教育者应该直面学校环境中种族主义的负面后果(即使这意味着我们不得不面对"别人愤怒的注视"[2]),以促进我们自我成长,就像它能促进我们的学生成长一样。重要的是,我们也要认识到,种族主义不仅是道德上令人反感的个人反常行为,也是制度上受认可的社会政策,更是人们相互了解和联系的重要方式。基于这样的认识,发展联盟框架为教育者提供了一个理论依据和实践立足点,以此建立教育者与学生之间的跨越种族的合作关系,为共同对抗种族主义、培养积极的种族认同发展做出贡献。

---

[1] Michelle Fine et al., "Before the Bleach Gets Us All," in *Construction Sites: Excavating Race, Class, and Gender among Urban Youth*, ed. Lois Weis and Michelle Fine (New York: Teachers College Press, 2000).

[2] Lisa D. Delpit, *Other People's Children: Cultural Conflict in the Classroom* (New York: New Press, 1995), 46.

检视刻板印象与偏见

要想改善种族主义对青少年的影响,就要关注青少年如何从种族角度理解自己和他人,以及这种理解如何随着时间的推移而发展。丽莎·德尔皮(Lisa Delpit)指出,"我们不是通过眼睛看,也不是通过耳朵听,而是通过我们的信念去感知"。[1] 我们大多时候是通过个人和集体信念体系中的刻板印象去理解(和误解)他人的。我们每天都受到感官信息的轰炸:视觉、听觉、味觉、嗅觉、触觉、感觉。我们的大脑通过将输入的信息归纳为简单的概念或容器,即皮亚杰所说的图式,来管理这些信息(见第三章)。从这个角度来看,刻板印象是认知发展的一种自然形式,是理解感觉信息的一种方式。如果它太过僵化,就会变得特别危险,但作为认知模式,如果它足够灵活,则可以被新的经验所改变,以此为起点发展更复杂的理解。因此,在学校、家庭和社区提供一个有意义的学习体验环境,从而改变刻板印象,就显得尤为重要。与刻板印象一样,偏见一般被理解为对一个人或群体的贬义评价。然而,在持有某种偏见、努力摆脱某种偏见、假装没有偏见之间存在着重要的区别。每个人都会因为我们生活的这个世界中的一些根深蒂固的习惯而产生偏见,根据过去的经验对熟悉的人、地方和事物产生偏见。虽然我们不可能完全克服自己的偏见,但可以通过实践来认识它们,并学会修正以及做出建设性的回应。当人们冒着风险把某种"偏见"公之于众的时候,他们

---

[1] Delpit, *Other People's Children*, 46.

就要做好别人也会这么做的思想准备。我们如果采取"事实就是这样！"的立场，就几乎没有机会好好交流各种观点，接下来的任何对话都会变成一场无谓的博弈与斗争。另一方面，像"我这样看是出于我自己的立场"这样的表达，则会创造机会。接下来的对话就会围绕着个人经验和观点展开。其实，多种真理可以共存，并可以解释由此激发的各种行为。用假设和观点对话，使我们能够自由、清晰地看到彼此的利害关系，而不是简单错误地确定谁是纯洁无辜的，谁是被自己的偏见所误导了。

因为我们以为真实的世界就是我们看到的样子，所以发现和检查那些影响我们日常生活的批判性偏见至关重要。其中，种族偏见是关键领域之一，因为我们往往在社会化的过程中形成了关于种族的根深蒂固的偏见，而且通常没有对理解种族和种族认同进行过多干预与教育，所以，种族认同发展理论可以帮助我们和我们的学生重新融入社会，变得更有种族意识。它也为我们解释世界提供了具体指导，为检视自我提供了方向。

种族认同发展理论

当教育工作者与青少年达成联盟，共同应对刻板印象的影响和人生发展时，可能会问自己以下几个问题：

- 正在与教育者合作的年轻人如何理解种族差异？教育者自己如何理解这些差异？
- 当青少年逐渐认识到，基于种族差异，某些环境会边缘化一些人，又让另一些人享有特权时，他们如何定位自己的种族身份？

- 学生的身份认同(以及教育者的身份认同)可能会受到种族等级制度的何种影响？教育者注意到了什么，根据这些信息做出了什么决定？
- 什么是"最佳种族认同发展"？最终目标是什么？
- 青少年(和成年人)是如何让有害的种族观念再生的？青少年(和成年人)如何抵制或超越它们？
- 哪些干预措施可能激发更深层次、更融合、更灵活的种族认同？
- 如果一个人更充分地探索了自己的种族身份，这是否有助于提高学术成就？对自己的"黑人""白人"或"波多黎各人"身份有复杂理解的学生更有可能拥有更高的学术潜力吗？

想要解决这些复杂问题，找到可以一起讨论想法、困惑和潜在策略的同事是至关重要的。借鉴种族认同发展理论可以加强这类有关种族的讨论，但很遗憾，大多数教育工作者在整个培训和职业发展过程中几乎没有接触过这些理论文献。

这些理论研究通常把"种族认同"定义为种族群体成员身份的一种心理取向，"一种心理模板，类似'世界观'，发挥着种族信息过滤作用"。[1] 因此，种族同品格形成和认同发展过程有很大关系，因为在一定程度上个体是通过种族区别来了解自己和他人的。如图 7.1 所示，种族认同发展理论展示了个体如何接受这些差异，并走向积极的自我评估和群体成员身份认同。

---

[1] Robert T. Carter, "Is White a Race? Expressions of White Racial Identity," in *Off White*, ed. Michelle Fine et al. (New York: Routledge, 1997), 199.

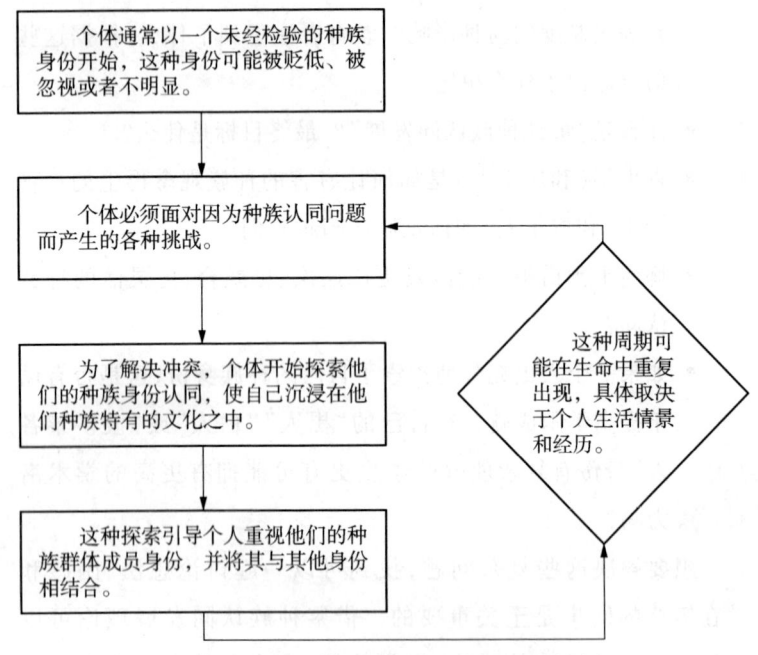

```
┌─────────────────────────┐
│ 个体通常以一个未经检验的种族 │
│ 身份开始,这种身份可能被贬低、被 │
│ 忽视或者不明显。         │
└───────────┬─────────────┘
            ↓
┌─────────────────────────┐         
│ 个体必须面对因为种族认同问题 │←──────┐
│ 而产生的各种挑战。        │       │
└───────────┬─────────────┘       │
            ↓                      │
┌─────────────────────────┐    ◇─────────◇
│ 为了解决冲突,个体开始探索他 │    │这种周期可│
│ 们的种族身份认同,使自己沉浸在他│    │能在生命中重复│
│ 们种族特有的文化之中。    │    │出现,具体取决│
└───────────┬─────────────┘    │于个人生活情景│
            ↓                   │和经历。  │
┌─────────────────────────┐    ◇─────────◇
│ 这种探索引导个人重视他们的种 │         ↑
│ 族群体成员身份,并将其与其他身份│─────────┘
│ 相结合。               │
└─────────────────────────┘
```

图 7.1 种族认同发展理论的典型趋势[1]

身份角色的分化

弗洛伊德的人格分化理论是理解图 7.1 中种族认同发展趋势的良好起点。弗洛伊德理论开始于这样一个简单的观察:孩子出生时并没有意识到他们在心理上与他们的母亲和/或父亲有所不同,然而随着年龄的增长和自我意识的发展,他们逐渐认识到自己与父母是"分开的"和"独立的"。在这个过程中的某个时

---

[1] Adapted from D. E. S. Frable, "Gender, Racial, Ethnic, Sexual, and Class Identities," *Annual Review of Psychology* 48(1997): 147.

刻,孩子会意识到他们不仅不同于他们的父母或其他更普遍的人,还会意识到自己是某个特定种族的成员。他们学会了加入"自己的群体",并将自己与"其他群体"区分开来,就像他们也会学着加入特定性别和社会阶层等其他社会群体并做出区分一样。自我每一次与特定人群、群体和角色拉开距离,都带来了特定的发展动力。就种族分化(racial differentiations)而言,年轻人环境中的排斥、包容、压迫和特权导致了个体基于"种族信息"的一种身份转变,从而有效地满足了弗洛伊德的本我(内在驱动和冲动)和超我(内化的社会期望)的需求。儿童和青少年在应对环境中的这些动态因素时,形成了与其日常生活中所面临的种族类别既一致又分化的身份认同。同时,这一过程对青少年的心理素质提出了高要求,因为他们既要学会如何遵守这种"种族特性",也要学会如何抵制。

随着儿童成长为青少年,青少年成长为成年人,他们将与不同的种族群体、刻板印象和社会期望相互作用,在这个过程中,处理种族信息的能力使他们的身份认同变得更加复杂和灵活。尤其是青少年,因为他们追求创新的认知能力,所以经常寻找各种方式来尝试不同的身份,以便将自己与家人、朋友和可能限制他们的种族类别区分开来。然而,正如塞尔曼在第五章中所讨论的那样,[1]青少年社会认知发展的标志就是逐渐形成理解他

---

[1] Robert L. Selman, *The Growth of Interpersonal Understanding: Developmental and Clinical Analyses* (New York: Academic Press, 1980); Robert L. Selman, M. Levitt, and Lynn Hickey Schultz, "The Friendship Framework," in *Fostering Friendship: Pair Therapy for Treatment and Prevention*, ed. Robert L. Selman, Caroline L. Watts, and Lynn Hickey Schultz (New York: Aldine de Gruyter, 1997).

人想法的能力,并以日益熟练和复杂的方式将自己的观点与他人的观点统合起来。这意味着,分化更多是一种人际关系的互动,即"我与你的关系",而不是孤立身份的固化,即"我不是你"。斯宾塞(Spencer)和多恩布施(Dornbusch)强调,青少年的"镜子中的自我",即想象他人对自己行为和个性的反应,"以深远的方式"影响着青少年的身份认同发展。他们认为,"对少数族裔的年轻人来说,种族偏见的污名往往因贫穷而加剧,有可能扭曲他们在镜子里的形象"[1]。分化理论的这种细微差别,使我们认识到身份认同发展本质中的共情,同时也突出了一种潜在可能性:青少年将自己的观点与别人对他和他人的种族化评价相结合。

青少年对社会群体的高度忠诚(尽管他们在想方设法表达自己的个性,抵制这些群体所代表的束缚),可以被视为这种人际关系分化过程的证据。例如,一个拉丁裔男孩可能对"棕色"的含义有强烈、积极和正向的家族关联,这是从一个紧密联系的家族和社会关系中学到的。在幼年时期,区分种族认同的心理需求可能很低,导致他们比较容易接受和理解身边成年人的价值观。然而,随着他们的成长,面对规模庞大、文化多元化的社会中那些种族主义语言和态度时,这种身份认同就会受到挑战,甚至受到攻击,迫使他与家人或朋友产生分化,或者故意否认此前他接受的"有害"身份。无论哪种方式,这个年轻人都被迫面对一系列复

---

[1] Margaret Beale Spencer and Sanford M. Dornbusch, "Challenges in Studying Minority Youth," in *At the Threshold: The Developing Adolescent*, ed. S. Shirley Feldman and Glen R. Elliott (Cambridge, MA: Harvard University Press, 1990), 131.

杂的、相互竞争的种族主义身份要求。

发展性理解种族化演绎

如果一名学生开始贬低或忽视他的家庭关系，或者选择在他的笔记本和背包上装饰"棕色骄傲"（Brown Pride）之类的标志，以表明自己的不同，那么那些与他结成"发展联盟"的人理应弄清楚他们是如何理解这一切的。"棕色骄傲"这个词对他来说意味着什么？从他与家人、朋友、老师等的关系来看，他是如何理解这一点的？他是如何表达出来的？他如何理解这是自己的标签，而不是别人的？斯宾塞和多恩布施认为，青少年时期思维的发展往往会给这些问题带来复杂的答案：

> 青少年有能力解释文化知识，反思过去，推测未来。随着认知的成熟，少数族裔的青少年敏锐地意识到主流文化对他们这个群体的评价。因此，年轻的非裔美国人可能在孩提时代知道黑人是美丽的，但在青少年时代却认为白人是强大的。[1]

青少年对"棕色骄傲"或"黑色力量"（Black Power）等符号明显表现出种族认同，这种认同有时会被学校的成年人解读为威胁、与"帮派有关"的绰号，甚至被认为是"逆向种族主义"（reverse racism）的证据。这样划分往往导致青少年失去人生健康发展的机会。如果我们要进行发展性思考或在发展联盟中采

---

[1] Spencer and Dornbusch, "Challenges in Studying Minority Youth," 131.

取行动,就要把青少年的种族认同表现解读为探索性的演绎,例如,可以把"这就是我认为的自我,你觉得呢?"这样的问题视作希望他人参与对话的邀请函。如果让青少年孤立地发展这些符号和身份,而没有带动他们所呼唤的社会互动,青少年可能因此构建一个过于僵化的自我定义,从而无法适应在这个框架之外自己或他人的一些全新的、相互冲突的表现。这种僵化既可能在种族主义的受害者身上发展,也可能在加害者身上发展。例如,主要受到种族主义意识形态和表现影响的白人青少年,往往拒绝吸收与种族优越主义世界观相冲突的种族信息。

在这些过程中,教育工作者可以发挥重要作用,开展关于种族认同或某一种族群体内可能存在的多样性的对话。教育者与年轻人就他们如何理解自己和他人的种族问题进行对话,成为了建立联系和拓展思维的契机,而试图避免这种接触则可能会加剧学校内部的分裂和偏见。

"黑—白"二元对立:一个历史起点

正如上面所讨论的,种族的概念本质上是对个体或群体复杂性的整体规约。利用种族差异来解释青少年和成年人如何发展他们的身份认同,可以说就是一种"类别化"的具体表现。与此同时,忽视年轻人生活中的种族"现实性",就是忽视了他们生活经历的一个重要组成部分。因此,在本章余下的部分,我们试图展示种族类别化是如何发展起来的,以便学校从业人员能够从身份认同危机层面融入青少年。我们首先探讨美国历史上两个最主要的种族类别:黑人和白人。对这两个范畴的考察引发了我们对种族认同发展理论的探讨,并不是说其他"种族"不重要或特点不明显,事实上,所有这些群体都有复杂的历史、文化和种族特征,我们可以将这些特征与下面概述的黑人和白人的发展理论进行比较和区分。在表 7.1 中,我们试图通过调查描述这种多样性,以说明这些理论是如何建立并超越"黑人"和"白人"种族的。在第九章中,我们也将探讨一个发展性的现实,族群的分类促使"种族"更加复杂化,这一事实也直接挑战了将种族认同发展简单地归为黑白二元论的观念。

表 7.1　种族/民族认同发展模型[1]

模型及提出者	模型的阶段及状态
一般认同模型	
马西亚(1980)	同一性混淆(Diffusion)　同一性闭合(Foreclosed)　同一性延缓(Moratorium)　同一性达成(Achieved)
广义的"少数族裔"认同模型	
阿特金森(Atkinson)、莫藤(Morten)、苏(Sue)等(1989)	从众(Conformity)　失调(Dissonance)　阻力(Resistance)　内省(Introspection)　协同(Synergetic Articulation)
菲尼(Phinney)、洛克纳(Lochner)、墨菲(Murphy)等(1990)	混淆/闭合(Diffusion/Foreclosure)　探索/延缓(Search/Moratorium)　达成(Achievement)
庞特罗托(Ponterotto)、彼得森(Pedersen)等(1993)	认同白人主流(Identification w/the White Majority)　意识/接触/探索(Awareness/ Encounter/Search)　识别/沉浸(Identification/Immersion)　整合/内化(Integration, Internalization)

---

[1] Adapted from J. G. Ponterotto and P. Pedersen, *Preventing Prejudice: A Guide for Counselors and Educators* (Newbury Park, CA: Sage, 1993).

续 表

模型及提出者		模型的阶段及状态
卡特(Carter)(2000)		从众(Conformity) 失调(Dissonance) 沉浸/再现(Immersion/Emersion) 整合觉醒(Integrative Awareness)
特定的民族或种族认同模型		
墨西哥裔美国人	阿尔塞(Arce)(1981)	强制认同(Forced Identification) 内在追求(Internal Quest) 接纳(Acceptance) 内化(Internalized)
	鲁伊斯(Ruiz)(1990)	缘起(Causal) 认知(Cognitive) 推论(Consequence) 消解(Working Through) 达成(Successful Resolution)
亚裔美国人	金姆(Kim)(1981)	民族意识(Ethnic Awareness) 白人认同(White Identification) 觉醒(Awakening) 重塑(Redirection) 整合(Incorporation)
白人	赫尔姆斯(Helms)(1990)	接触(Contact) 分解(Disintegration) 重新整合(Reintegration) 伪独立(Pseudo-Independence) 融入/再现(Immersion/Emersion) 自主(Autonomy)
黑人	克罗斯(Cross)(1991)	前期接触(Pre-Encounter) 正式接触(Encounter) 沉浸/再现(Immersion/Emersion) 内化(Internalization) 达成承诺(Internalization/Commitment)
美国原住民	威尔逊(Wilson)(1996)	"美洲原住民的世界观强调个体生活各方面的相互联系,挑战了发展阶段模型的结构划分。"

非裔美国人种族认同发展理论

一些理论学家认识到埃里克森和马西亚的模型对解释种族在身份认同发展的影响方面的贡献及局限性,从而将研究领域扩展到包括"危机"和"承诺"在内的具体围绕着个人在其生活中应对种族化经历的方式。让我们回到第一章和第二章中安特文的案例,回想一下他和丹妮尔老师的关系是如何因为错失沟通机会和带有种族色彩的误解而恶化的。

在安特文的学生时代,他越来越害怕失败,然而却不得不直面学业准备中的漏洞,努力寻找"合适的"朋友,有时对老师的能力和态度也感到失望,对于应该如何理解自己的黑人身份,他面临着几种不同的期望。在学校"黑人历史月"[1](Black History Month)的社会研究课上,有一节课强调了非裔美国人贡献的独特性,这向安特文灌输了一种对黑人成就的自豪感。当天晚些时候的世界文学课上,安特文在讨论《分崩离析》时谈及非洲人遭受的压迫,以及非洲的殖民遗产与目前北美不同群体间的关系。与之前的刻画不同,这一描述激发了安特文的愤怒情绪,并渴望抵制与那些代表压迫者的人的关系。在回家的路上,安特文听着一个有政治意识形态的说唱团体的音乐,这让他更加意识到现实的虚伪、歧视,以及一些人刻意压制有色人种的行径或推动他们站起来反抗的努力。这些不同经历累积起来导致安特文愤怒、骄傲、绝望和希望的复杂情绪交织在一起。在回家的路上,安特文在公园里遇到了一位白人朋友,这位朋友提出了一种更加人文主义的立场,强调所有人之间的平等关系,而不分种

---

[1] "黑人历史月"是一个为期一个月的庆祝非裔美国人的贡献和成就的活动。该活动在每年二月举行,重点介绍非裔美国人在科学、艺术、文学、娱乐、政治等领域的贡献。——译者注

族。这次讨论以及与这位白人朋友的联系促使安特文暂时摒弃了将种族分类作为解释人与人之间差异的唯一方式,并认同"我们的内心都是一样的"。但当回到家后打开电视,他看到里面的情景喜剧、真人秀等节目以一种默许的"种族同化主义立场",描绘非裔美国人和主流/占主导地位的美国社会之间的联系,同时围绕种族间的误解讲了很多幽默的段子。这首先让安特文思考如何融入社会,如何拒绝那些试图抵制种族歧视的人,但在后来与母亲谈论这件事时,同样的主题强化了他的信念,即我们的社会确实存在着无法避免的种族差异。

关于安特文应该是谁,以及他应该如何从种族角度理解自己,每一次境遇都传递出截然不同的信息。在回应这些信息时形成的同一性状态和这些信息一样,充斥着混杂、矛盾以及强烈的变化。事实上,青少年面对的问题及困惑远大于此,研究表明,青少年还必须处理好公众对自己种族的看法(别人对一个种族群体的判断)和更私人的评价(对他人和自己作为一个种族群体成员的感觉)之间的紧张关系。[1] 不难想象,拉丁裔美国人、亚裔美国人、印第安人和多种族青少年正在面对类似的状况,这些状况促使他们对自我认知提出一些棘手的问题:有了这些要求,我将采纳/构建什么样的身份认同?谁会接受它,谁又会拒绝它?哪些关系会因为我的身份认同而得到加强,哪些关系会受到威胁?什么身份认同最能保证我的安全和满足感?与其他人相比,构建

---

[1] See Ann R. Fischer and Bonnie Moradi, "Racial and Ethnic Identity: Recent Developments and Needed Directions," in *Handbook of Multicultural Counseling*, ed. Joseph G. Ponterotto (Thousand Oaks, CA: Sage, 2001).

这个身份认同的社会利益和责任是什么？媒体如何描述这种可能的身份？我的家人想要我做什么，这和我的朋友们想要的又有什么冲突呢？随着青少年开始认识到他们的人际关系和身份认同会受到种族类别化的影响，自然会导致诸多问题，以上这些只是其中的一部分，这些问题也是在学校的专业人员与有着不同种族背景的青少年和同事一起工作时要经常面对的问题。

我们通过这些问题可以展望一个共性的发展研究策略，其中，"种族认同发展理论"（racial identity development theory）可以提供巨大的帮助。威廉·克罗斯（William Cross）的"黑人种族认同发展模型"（model of Black racial identity development）有助于描述非裔美国青少年如何通过与白人截然不同的方式面对身份认同问题，并阐明这些差异是如何影响师生关系和学生关系的。克罗斯的模型将黑人种族认同的发展分为五个阶段，在这个过程中，一个非裔美国人的自我定义和与他人的联系贯穿了各个阶段，其主要特征是个体对种族类别和相互作用的不同理解及反应。[1] 费舍尔和莫拉迪总结到，作为一个整体，这五个阶段追踪了"从亲白人、反黑人立场到对黑人和白人不同文化的态度更具灵活性的进步过程"。[2] 然而，像其他基于身份认同的模型一样，[3] 克罗斯的模型允许个体在有新的遭遇时返回到更早期的阶段。表7.2说明了每个阶段的主要特点和发展过程。

---

[1] William E. Cross, *Shades of Black: Diversity in African-American Identity* (Philadelphia: Temple University Press, 1991).
[2] Fischer and Moradi, "Racial and Ethnic Identity," 347.
[3] 虽然个体的身份认同发展不是线性的，克罗斯还是用"阶段"（stages）来阐述自己的理论，就像马西亚所说的"状态"（statues）。

表 7.2　非裔美国人种族认同发展[1]

状态	信仰与价值观	行为和关联影响
前期接触	• 接受了占主导地位的白人文化中的许多信仰和价值观； • 认为黑人在日常生活中扮演着微不足道的角色是一个"单纯的事实"； • 没有太多考虑种族问题； • 认为种族问题是一种麻烦、负担，最好不要讨论； • 以欧洲为中心的文化视角； • 对美国精英政治的普遍信仰。	• 寻求融入主流白人文化，并与其他黑人保持距离； • 在种族讨论中显得茫然和天真； • 认为个人进步是由自由意志、主动性、顽强的个人主义和成就动机所决定的； • 当面对基于种族的分析时，主张抽象的人文主义立场； • 如果对种族问题敏感，可能会因为某些事情或人"太黑"而变得焦虑，从而无法塑造最佳的种族形象。
正式接触	• 个体的种族关联在自身身份认同和世界观的对抗中表现出"措手不及"； • 这种接触可能是积极的，也可能是消极的，但通常迫使人们对"种族同化主义立场"的有效性产生怀疑； • 开始承认自己是种族歧视目标群体中的一员。	• 接触可能会引起困惑、惊慌或沮丧，通常会导致对那些被认为是"造成"困境的人（即白人）表达愤怒； • "内心的沮丧，对白人的愤怒，以及对渴望成为'正确类型'的黑人的焦虑，结合在一起形成了一种精神能量，将人推入疯狂、决绝、强迫和冲动的寻找状态之中。"
融入/再现	• 在过渡时期，个人摒弃旧的视角，同时试图构建自我认同的新参照系； • 已经决定承诺自我的改变； • 相对于被接受的新身份，个体更熟悉被摧毁的旧身份； • 让自己沉浸在黑人的世界中，这通常被认为是从白人	• 用自己种族身份的符号包围自己，并尽量避免白人的印记； • 可能会取非洲人的传统名字，对非洲或非裔美国人的历史产生强烈的兴趣，并热切地从黑人文化中寻找灵感； • 通过获得某种群体成员身份、

---

[1] Adapted from W. E. Cross, *Shades of Black: Diversity in African-American Identity* (Philadelphia: Temple University Press, 1991), 189–223.

续 表

状态	信仰与价值观	行为和关联影响
	的世界中解放出来； ● 当一个人担心自己表现得是否过于"黑人"时，感到一些焦虑； ● 最终从黑白二分法和过度简化的意识形态的沉浸体验中摆脱出来，并发现"一个人对黑人的第一印象是空想和抽象的，而不是实质性的、有质感的和复杂的"。	遵守一类群体的规则来证明自己的黑人种族属性； ● 明确表达面对压迫时的心理诉求； ● 表达"对黑人的无限热爱和依恋"，导致"对黑人群体的无私、奉献和承诺"。
内化	● 对"我是不是过于'黑人'了？"的焦虑转变为对自己内心有关"黑人"的标准的自信； ● 重建对自己身份的持久而稳定的理解； ● 可能参照一种二元文化或多元文化取向，即一个人对黑人的担忧与通过非黑人联系获得的文化特征同时存在。	● 对白人的愤怒转变为对压迫制度和种族主义制度的愤怒； 反对白人社会的迫切心情转变为维系长期承诺的自由使命感； ● 对简单化的思维方式和简单的解决方案的不满； ● 更弱的防御性； ● 愿意与表现出种族批判意识的白人建立有意义的关系； ● 愿意与其他受压迫群体建立联盟。
达成承诺	● 找到"将个人的黑人认同转化为一种行动计划或一种普遍承诺"的方法，并随着时间的推移而持续下去。	● 能够感知并超越"种族是一个人生活和世界观中的组织原则"； ● "黑人"被理解为一种"由特定的社会历史经验形成、表达和编纂"后的呈现。

根据克罗斯的模型,非裔美国人会经历起伏不定的各种阶段,标志着个体与白人建立信任关系的能力水平,以及对自己的黑人身份感到安全的程度。在不考虑这些认同动态的情况下我们设计满足非裔美国青少年需求的教学和干预措施,不仅会错失

青少年关于自我社会性的丰富讨论,甚至还可能导致更严重的师生冲突。例如,期望那些处于"沉浸/再现"(Immersion/Emersion)阶段的黑人青少年可以与白人(包括老师和其他学生)一起合作,可能会被黑人青少年视为一种强迫或敌意。这并不是说应该避免这样的分组,也不是说白人教师和黑人学生配对必然存在问题,相反,在进行这些工作时应充分认识到,冲突可能是由于积极的身份认同而导致的自然结果,而不是一方或另一方采取行动的人为结果。我们甚至应该尝试让不同种族的学生和教师相互合作,但我们也需要意识到这些关系是如何受到种族认同发展的影响的,时刻准备好在必要时以更加知情和理性的方式做出回应。

  自从安特文因涂鸦事件(第二章)被停课后,他与丹妮尔老师的关系变得越来越敌对。虽然他喜欢小说《分崩离析》,尤其喜欢把种族问题融入班级的讨论和活动,但他觉得丹妮尔老师似乎没有"明白"自己的行为有多么具有种族主义色彩。一天放学后,安特文向他的一个"伙伴"表达了这种沮丧,他说:"好像她期待我不及格,认定我会失败,所以她会寻找我犯的每一个错误,在课堂上对我指手画脚,直到激怒我。我是说,她对待丽莎·普雷斯科特与对待我的态度不同,只因为我是黑人而找我麻烦。"在安特文对丹妮尔老师表示不满以及将这种情况称为种族歧视之前的几个月里,他越来越明显地表现出对种族问题的敏感。他会穿印有图派克·夏库尔[1]

---

[1] 图派克·夏库尔,美国说唱歌手、演员,拥有超过 7500 万的全球唱片销量纪录,这使他成为有史以来最受欢迎的嘻哈音乐艺术家。其歌曲内容会涉及暴力和苦难的内陆城市、种族主义和其他社会问题。在职业生涯(转下页)

第七章 种族认同发展

(Tupac Shakur)、马尔科姆·艾克斯[1](Malcolm X)的 T 恤，留着长发，把头发做成脏辫，或者当周围的同龄人都剪短发的时候，他却将自己的头发变成了一个夸张的"爆炸式"，他还限制了和有色人种朋友的亲密关系，在课堂上听（经常戴着 CD 播放器上的耳机）Public Enemy[2]，KRS-One 和 X-Clan，甚至公开表示他只想接触黑人、拒绝白人。安特文在走廊里走路的姿态也发生了变化，他的步伐逐渐变慢，并摆出一副居高临下的样子，在去上课的时候，他会昂首阔步地抢在其他学生前面。带着这个街头的"酷姿势"从走廊走进教室，安特文准备好与任何可能出现的种族歧视现象做斗争。[3]

丹妮尔老师曾多次试图提醒安特文，让他的行为转变为"更有成效、更合作"的模式，但对他在课堂上不专心听课并分散同学注意力的行为，丹妮尔老师采取了"零容忍"政策，尽管安特文的言行有时颇具洞察力，而且表现出对种族问题的批判意识。丹妮尔老师告诉他，自己很重视他在课

（接上页）后期他卷入东西海岸嘻哈对抗事件。1996 年 9 月 7 日，图派克在拉斯维加斯于车中被人枪击四次，不治身亡。——译者注

[1] 马尔科姆·艾克斯，美国北部黑人领袖。号召美国黑人信奉伊斯兰教，遵照先知的圣训求得解放；为争取黑人的民主权利而斗争，与南部的马丁·路德·金并称为 20 世纪中期美国历史上最著名的两位黑人领导人。与金的非暴力斗争策略形成鲜明的对照，艾克斯主张通过暴力革命的方式获取黑人的权利。——译者注

[2] Public Enemy 是一支来自美国纽约长岛的嘻哈乐队。Public Enemy 以其充满政治色彩的歌词和批判而闻名，同时在美国黑人社区中受到广泛关注。——译者注

[3] Richard Majors and Janet Mancini Billson, *Cool Pose: The Dilemmas of Black Manhood in America* (New York: Simon & Schuster, 1993).

堂上的参与和最近完成的作业,但不允许他分散其他学生的注意力,也不允许他破坏课堂讨论,聊一些"无关紧要"的话题。丹妮尔老师知道安特文可能会将此理解为对他的贡献的否定(事实上,安特文确实是这样感觉的,尤其是因为他们正在讨论一部充满了多种族影响的小说),但还是敦促他"从整体上为班级考虑",并努力克制他"在每次课堂讨论中插入种族问题的冲动欲望"。丹妮尔老师告诉自己的一位同事,"当我只是敦促他尽力而为的时候,安特文就会把我做的每件事都视为种族歧视"。她知道安特文将自己的行为视作种族歧视,她真心希望走进安特文的内心世界。然而,正如同事提醒她的那样,"我们必须教育我们所有的孩子——而不仅仅是一个,如果其中一个令人头疼,我们必须让他离开那里"。

当丹妮尔老师打开第四节课的教室门,等着安特文慢慢走进教室的时候,同事的建议与她心中对安特文声称的种族歧视的担忧发生了冲突。黑板上写着前半节课学生的活动计划,安特文和他的小组成员坐在一起,丽莎·普雷斯科特就是其中之一。在进行了十分钟的交流和督促各小组开始学习后,丹妮尔老师注意到,安特文的小组似乎更像是在社交,而不是学习。当丽莎向小组询问进展情况时,她试图让每个人都开始学习,安特文却说丽莎一直在控制局面,告诉他该怎么做。

丹妮尔老师问安特文:"你到目前为止都做了些什么?"

由于丹妮尔老师显然站在丽莎一边,安特文愤怒地说:"伙计,你只问我,就是因为我是黑人!"安特文把椅子往后一推,起身用铅笔指着他的组员,问道:"你为什么不问问他们都做了些什么?"丹妮尔老师意识到她自己和当下的这种情况已经被当作"种族歧视",而安特文在她说话时正从她身边走开,于是问道:"你能回来坐下吗?"安特文回答道:"我要削铅笔!"为了不让事态恶化,丹妮尔老师一边等着安特文回来,一边忙着看丽莎的论文。当他再次坐下时,丹妮尔老师为自己辩护说:"我在尽力帮助你的团队,这意味着必须监督你的进展。我问你在做什么,我一会儿也会问其他人的,安特文。"她说这些话的时候,安特文扫视了一下教室里的非黑人学生,并说道:"那些白人家伙也'什么都没做',但你为什么没有对他们大喊大叫。"

丹妮尔老师意识到无法证明自己没有种族歧视(并暗自怀疑自己是否真的故意找安特文的麻烦),于是对他说:"我们下课后再谈这个,安特文。到时候来见我,但现在我只要求你和你的小组利用课堂时间做课题,而不是社交。"

在课后讨论中,丹妮尔老师问安特文是否真的认为她是一个"种族主义者"。

"有时候。"他一边说一边看着走廊寻找朋友。

老师问道:"我要怎么做才能让你信服呢?"

"别再挑我的毛病了。"他很快地回答道。

"好吧,如果你的意思是指,让你对自己的行为负责,让你做到最好,当你打扰别人时把你赶出房间,那么,对不起,我不能停止做这些事,安特文。"当他站在那里等待被放过时,丹妮尔老师想起安特文和朱利安是好朋友,于是她又说:"朱利安没有说我是种族主义者,也没有说我因为他是黑人而找他的麻烦。这你怎么解释呢?"

安特文平静地、有分寸地回答道:"老师,朱利安不是黑人。他是海地人。你欺负我是因为我是黑人,你不欺负他是因为他不是黑人,这是种族歧视。我现在可以去上下一节课了吗?"丹妮尔老师不知道该说什么,也不知道如何理解安特文的解释,她能做的只有放行,让安特文去楼上坎贝尔(Campbell)老师的世界历史课。

考虑到这些情况,以及克罗斯所提及的每个阶段明显不同的发展问题,很容易看出在教室、自助餐厅、公交车站、集会和走廊等场地发生的种族间冲突很可能是因为青少年处理种族身份认同的方式不同。尽管有色人种年轻人经常抵制、拒绝或反抗种族歧视的经历或言论,但如果因为他们阐明这些观点而指责他们,在种族认同发展上可能会适得其反。相反,在这样的时刻,重要的是我们要记住,是主流文化助长了这些身份认同危机,还可能导致了在那些等级制度中被差别对待或被贬低的年轻人之间的冲突。我们要向所有青少年展示他们的语言和行动的影响力,并让青少年为此负责。在学校工作的专业人士要重视通过审视青少年的语言来判断他们种族认同的定位。理想的干预就是融入他们的话语体系和行为方式,并找到他们理解和体验自身的语言和行动方式。

克罗斯的发展模型表明,在一些阶段,情绪和态度的转变取决于个体对种族差异的认识和对抗,在另一些阶段,期待的冲突是完全合理的。假设黑人青少年在经历这些身份认同发展阶段时,没有经历与白人同伴、白人教师或其他白人职工的关系冲突,那就错过了这种模式提供的发展洞察力。不熟悉种族认同发展理论细节的成年人往往意识不到，每个阶段不同行为的产生，实际上可能是心理健康和发展所导致的，即使在白人看来那些行为意味着轻蔑或威胁。这种意识的缺乏往往会导致给那些处于"沉浸/再现阶段"、挣扎于身份问题的黑人青少年贴上"粗鲁""不尊重他人""反复无常""逆向种族主义者"，或者单纯的"危险"这样的标签。因此，那些从边缘化的立场感知到不公正和不公平，并通过言语和行动反抗的年轻人，往往会被判定为"愤怒的黑人男性"或"愤怒的黑人女性"的原型。这种标签可能会让青少年觉得被贬低或被嘲笑，尤其是成人只是把对青少年的批评视为"总要经历的"。

对于青少年来说，一个人的种族认同不是某种"阶段性经历"，而是对"自我"的经历。重要的是，被边缘化和被歧视的经历冲击了最深层次的身份认同，并从根本上塑造了自己与他人以及世界的关系。种族认同发展理论为我们提供了中断这种贴标签行为的工具，并有助于防止学生因此而被误解。

考虑到这些见解，安特文那些"对种族敏感的倾向、对相当直截了当的要求往往会做出愤怒的反应、因抵制课堂作业而陷入麻烦"等行为，对于坎贝尔老师来说就不足为奇了。坎贝尔老师记得他在高中的时候也做过同样的事情，但现在，他是一名已经有了三年的课堂教师经验的非裔美国男性。虽然他所接受的中产阶级教育有时会令他对安特文行为的理解变得有些复杂，但相比于其他大多数老师，坎贝尔确实能够更好地与安特文打交道。坎贝尔老师很少"要求"

142

安特文做事，更多的是"建议"他做什么，他敦促安特文抵制他观察到的周围的种族歧视，但要认真考虑这种抵抗对他未来成功前景的影响。

"听着，"周五午餐期间，当他们在他的教室里吃比萨时，他对安特文说，"通过发怒和直言不讳来对抗种族主义是件对的事情，但让愤怒压倒你，让他们有理由把你赶出学校，就是让他们赢了。你想抵制种族主义吗？拿A，上大学，获得你需要的力量，保护自己不受它的影响。你需要做的就是诚实地去做自己，并承诺帮助像你这样的人。"

意识到他的这番话可能被理解为默许丹妮尔老师是所谓的种族主义者，坎贝尔重申了他对她的支持。"丹妮尔老师是一位优秀的老师。还有谁教阿切贝和安提戈涅能教得这么好，还有谁能这么真切地谈论种族问题，还有谁能和你们一起努力通过州级考试？她关心你，她希望你成功，她可能会一直挑你的毛病，直到你达到了她的目标。"

安特文似乎感觉到了坎贝尔老师是在保护他的同事，却忽略了种族问题对他们之间关系的影响，于是他说："那么她应该如此对待所有的学生，而不仅仅是针对黑人学生。她想做的就是证明给我看，她并不是我所认为的种族主义者。"

"我明白了，安特文，"坎贝尔回答说，"你比任何人都更了解你是什么样的人，你们两人最重要的就是把这些事情谈清楚。但请记住，她不像你那样看问题，在这种情况下，她有更大的权力。你必须找到一种方法，既要忠实于你所知道的，又不会给你自己制造麻烦。我能帮上什么忙吗？"

安特文想了一会儿，然后问道："你能和她谈谈这件事吗？"

"当然可以。但你必须保证，在我这么做之前，你会让事情缓和几天。如果你不去上课，或者告诉所有人我在调查丹妮尔老师的事情，就会让我在她面前很为难。你明白我的意思吗？"

安特文站起来准备去上下一节课，他喃喃道："好的，坎贝尔老师，我明白了。"

白人种族认同发展理论

种族认同发展理论主要应用于有色人种，似乎是在暗示欧洲裔美国人没有"种族"。近年来，通过对白人种族认同发展的大量研究，这一事实得到了纠正。[1]然而，这一领域的研究人员指出，即使讨论白人种族认同发展，"这也是基于'白人'的政治观点或他们如何看待其他种族的人"[2]，而不是白人如何认识到自己是白人。这并不奇怪，因为在美国，"白"一直是种族文化的标准。因此，有色人种往往被迫构建身份认同，以回

---

[1] Ruth Frankenberg, *White Women, Race Matters: The Social Construction of Whiteness* (Minneapolis: University of Minnesota Press, 1993); Gary R. Howard, *We Can't Teach What We Don't Know: White Teachers, Multiracial Schools* (New York: Teachers College Press, 1999); Tina Q. Richardson and Timothy J. Silvestri, "White Identity Formation: A Developmental Process," in *Racial and Ethnic Identity in School Practices*, ed. R. H. Sheets and E. R. Hollins (Mahwah, NJ: Lawrence Erlbaum, 1999); Wayne Rowe, Sandra K. Bennett, and Donald R. Atkinson, "White Racial Identity Models: A Critique and Alternative Proposal," *Counseling Psychologist* 22, no. 1(1994): 129–146; Joseph G. Ponterotto, "White Racial Identity and the Counseling Professional," *Counseling Psychologist* 21, no. 2(1993): 213–217.
[2] Carter, "Is White a Race?" 199 (italics added).

应与白人最为密切相关的主导文化,而在这种文化中,白人往往意识不到自己被"种族化",除非被迫回应"其他"非白人。

这种主流文化取向的差异解释了为什么当黑人和白人认同相互影响时,焦虑和冲突经常会出现,尤其是在青少年上课的教室里,这种情况时有发生。我们通过种族认同发展理论认识到,黑人和白人青少年(以及成年人)经常在一个不平等的社会舞台上,通过与他人(非白人身份与非黑人身份)的对比来定义自己。尽管美国在公共教育中始终鼓吹公平教育而非精英教育,但学校一直并将继续在白人享有特权、黑人被边缘化的种族等级制度方面发挥重要作用。[1] 因此,如果不对这些权力差异进行追问,就无法理解黑人白人的身份认同境遇。从这个角度看,任何进行中的发展实践,都无法完全被置于一个无种族或无肤色之分的环境之中,那样不仅违背直觉,也忽视了发展的意义。

从发展的角度思考白人青少年是如何获得和构建种族认同的,需要我们考虑他们赋予白人身份以意义的过程,还要特别考虑他们如何看待和回应有色人种。根据珍妮特·赫尔姆斯(Janet Helms)的说法,白人种族认同的发展必然包括拒绝种族歧视和接受反白人种族主义认同(antiracist White identity)。为了实现后者,赫尔姆斯认为,白人"必须接受自己的白人身份,即白人的文

---

[1] Erin McNamara Horvat and Carla O'Connor, eds., *Beyond Acting White: Reframing the Debate on Black Student Achievement* (Lanham, MD: Rowan & Littlefield, 2006); Pedro Noguera, "The Role of Research in Challenging Racial Inequality in Education," unpublished paper presented in Technical Report S-520, "Qualitative Research Methods" (Harvard Graduate School of Education, 2001), 24.

化内涵,并将自己定义为不依赖种族优越感而存在的民族"。[1]赫尔姆斯的模型有六种状态,前三种状态指的是向放纵种族主义认同(the abandonment of a racist identity)方向发展的过程,后三种状态反映了一种向无种族主义白人认同(a nonracist White identity)转变的运动过程(见表7.3)。

表7.3 白人种族认同发展[2]

阶段	状态	信仰和价值观	行为和关联影响
阶段一:放纵种族主义认同	接触 Contact	● 对身边朋友、家人或媒体中的有色人种具有天真的好奇心或者胆怯和恐惧; ● 限定性地寻求种族融合或与有色人种交往,除非这种交往是由"看起来像白人"的有色人种发起的。	● 不太在意自己的种族身份; ● 从制度和文化种族主义中获益但不一定意识到它; ● 可能乐于成为种族主义者,因为没有遇到由此而产生的道德困境; ● 可能会说诸如"你的行为不像黑人"或"我没有意识到种族"之类的话。
	分裂 Disintegration	● 有意识而又矛盾地承认自己的白人身份; ● 当个人为无法纠正那些建立在种族主义压迫和不公平上的"道德、自由、民主、同情、尊严、尊重"而感到难过时,可能会觉得内疚、沮丧、无助和焦虑。	● 首次承认白人的身份; ● 为了减少不和谐,可能会避免进一步与有色人种接触,试图说服其他人认同有色人种,从白人和/或有色人种那里寻求信息,告诉他们种族歧视不是白人的错,或者不存在种族歧视; ● 可能只与那些支持新信仰的人交往。

---

[1] As quoted in Beverly Daniel Tatum, "Talking About Race, Learning About Racism: The Application of Racial Identity Development Theory in the Classroom," *Harvard Educational Review* 62, no.1(1992): 13.

[2] Adapted from Janet E. Helms, *Black and White Racial Identity: Theory, Research, and Practice* (Westport, CT: Greenwood Press, 1990), 49 - 66.

续　表

阶段	状态	信仰和价值观	行为和关联影响
阶段一：放纵种族主义认同	重组 Reintegration	• 为了被自己的种族所接受，个人接受白人种族优越感和有色人种劣等的信仰； • 认为白人特权和物质条件是争取来的，与种族有关的负面社会现实都是由人们的肤色、道德和低智商造成的。	• 理想化白人； • 诋毁有色人种； • 有选择地关注和/或重新解释信息，以符合社会对有色人种的刻板印象； • 最小化或否认跨种族的相似性；残余的负罪感或焦虑感都会转化为对有色人种的恐惧和愤怒。
阶段二：无种族主义白人认同	伪独立 Pseudo-Independent	• 开始质疑他人以前对白人的定义以及任何形式的种族主义的正当性； • 开始承认白人对种族主义的责任，但文化或种族差异可能仍然用白人的生活经历作为标准来解释； • 不再对种族主义认同感到舒服； • 开始寻找更好的白人定义。	• 理智地接受自己和他人的不同种族身份； • 沉浸于前几个阶段激起的对白人的激昂情绪中； • 可能会同情有色人种，并对白人同龄人中的种族问题，如嘲笑、诽谤等感到不安； • 通常对白人和有色人种感到同样不舒服。
	融入/再现 Immersion/Emersion	• 诚实地评价种族主义和白人至上的意义； • 试图积极地重新定义白人身份； • 面对矛盾时进行情感宣泄，并重新审视之前被否认或扭曲的情感； • 可能会感到一种类似于宗教重生的欣快感。	• 用准确的定义和信息取代种族神话故事和刻板印象； • 可能会问自己"我到底是什么人种？"或者"我想成为什么人种？"； • 经常沉浸在其他白人的故事中，因为他们经历了相似的身份认同之旅； • 可能会参加促进白人意识提升的相关团体； • 改变有色人种不再是焦点，取而代之的是为改变白人做出努力。

续 表

阶段	状态	信仰和价值观	行为和关联影响
阶段二：无种族主义白人认同	自主发展 Autonomy	• 获得种族认同的自我实现； • 不再意愿或需要以种族成员身份为基础来压迫、理想化或诋毁他人； • 有可能抛弃个人种族主义，抵制现世的文化和制度形式； • 提高对其他与种族主义有关的压迫（性别歧视、分类主义、同性恋恐惧症等）的认识。	• 内化以无种族主义白人认同为核心的多元文化认同； • 在结束压迫和建立正义的基础上，内化、培养和应用白人身份认同的新定义； • 积极寻找向其他群体学习的机会； • 对新信息和对种族主义互动的新思考方式持开放态度。

赫尔姆斯模型的理论表明，在分析和处理学校青少年行为时，发展性思维是多么重要。通过研判青少年的话语和行为，观察其围绕着种族建构组织自己身份认同的方式，教育者可以了解并有效地教育他们。例如，丽莎·普雷斯科特在与安特文合作时遇到的困难，以及她在小组工作中对安特文颐指气使的倾向，可能源于她对其能力的不信任，以及她缺乏与有色人种学生建立朋友关系的经验。丽莎从郊区、以白人为主的中学搬到了市中心的大型综合高中，她对安特文这样的学生的性格和学业能力有着未经证实的假设。因此，她可能被迫接受这些假设，并需要更多的机会来体验因此而带来的影响。当像丽莎这样的白人青少年表现出一种接触、重新融合，甚至是一种伪独立的状态时，他们很有可能在与有色人种的同伴或老师合作时遇到困难，尤其是当这些同伴或老师处于沉浸/再现的过渡阶段时。像这样的不匹配发展有可能导致误解、歧

视甚至升级为冲突。罗伯特·卡特对这些不匹配发展进行了分析,并将其分为四种不同的类型。[1] 他的分类如表 7.4 所示,帮助我们了解不同的社会地位和发展水平是如何影响人们理解及融入跨种族关系的。

表 7.4 社会交往中的种族认同发展

关系类型	拥有更多特权人的发展水平	拥有更少特权人的发展水平	关系特征
平行型关系	处在同一水平		两人对自己和对方的种族都表达了相同的态度。这种关系是经过自我验证和社会确认的,平静但停滞不前。特权较小的人不会获得有关如何处理引发种族问题的因素的新信息。任何一方都没有机会挑战自己的种族身份状态。
退化型关系	更低级	更高级	从拥有更多权力/特权的人的角度来看,这种关系会导致焦虑、抵触和愤怒。任何一方的成长都没有对彼此之间的关系起到促进作用,尽管权力较大/特权较多的人可能向权力较小/特权较少的人学习。通常,拥有更多权力/特权的人会声称被误解,并试图澄清自己的真实意图。
交叉型关系	更低级	更高级	拥有较少权力/特权的人在互动中会感到被忽视、贬低和误解。可能存在冲突和压制,且往往围绕着双方对对立立场的表达,在这些立场中,权力较小/特权较少的人的经历和感受往往被否认。在此过程中,权力较小/特权较少的人可能会试图理解更有权力/特权的人的言论或行为,但不太会关心这种表达背后的真实意图。

[1] Robert T. Carter, "Reimagining Race in Education: A New Paradigm from Psychology," *Teachers College Record* 102, no. 5(2000): 864–897.

关系类型	拥有更多特权人的发展水平	拥有更少特权人的发展水平	关系特征
进步型关系	更高级	更低级	权力较大/特权较多的人能够帮助权力较小的参与者加深对种族和种族认同问题的理解。根据这种关系的沟通程度，权力较小/特权较少的人可能将自己的种族身份地位复杂化，同时愿意倾听并融入这种状态。

当我们将这样的理论融入青少年工作中时，重要的是要认识到，像赫尔姆斯和卡特这样的发展分析方式并不是要为种族主义行为开脱，不是为了消除责任，也不是为了捍卫伤害他人的沟通方式。相反，这样的理论让我们可以考虑白人青少年在构建自己的身份认同时可能会发生什么，以及我们如何帮助他们走向反种族主义的理解自我和他人的模式。这样做是为了打开这样一种可能性，即白人青少年可以更包容地看待自己和他人，并学会弥合将所有人的发展置于危险境地的种族主义鸿沟。

事发后的下一个周一，在丹妮尔老师备课期间，坎贝尔老师朝她的房间偷看了一眼，问道："有空吗？"

"当然，"她说，"我能为你做些什么，坎贝尔？"

他坐了下来，问了丹妮尔老师最近怎么样，然后讲述了他与安特文的谈话。"前几天安特文来找我谈话，他对很多事情都很生气。"

"是的，我注意到了。他上周在课堂上说我是种族主义者，这让我很紧张。我不知道该采取什么措施来解决他的担忧。你觉得这是怎么回事?"

"嗯,我和他谈了他在学校和社会中注意到的事情,他似乎对不公正变得敏感起来,特别是在种族问题上,他已经注意到学校里发生的一些事情是种族歧视。"

"他有没有告诉你我们的互动?"丹妮尔老师问道。

"他说了。但我也跟他说得很清楚,我对你这位才华横溢、尽职尽责的老师非常有信心,你非常关心他的学业和个人发展。我还重申了你是如何负责教授整个班级的同学,而不只是他,他明白了这一点。但他真的觉得自己有时被你低估了,被你误解了,只因为他是黑人。所以他让我和你谈谈这件事,我说我会的,只要他同意必须同时也承担一些解决问题的责任。你怎么看?"

丹妮尔想了一会儿,回答说:"嗯,我想可能有两件事情需要说清楚。首先,安特文的内心最近刚刚点燃一把火,他需要一个地方或一些人来帮他处理这件事。听起来他找到你了,我觉得很完美。第二,我认为安特文有时会用他的'因为我是黑人'来让我后退甚至妥协,直至降低我对他的期望。这很棘手,因为它确实让我退缩和顾虑了。由于害怕被视为种族主义者,我有时会不得已地降低对学生的要求。但事实是,他需要更加努力,如果他不这样做,可能无法通过州测试,所以我也感到非常苦恼和无助。我想听听他的担忧,看看我是否确实有一些种族盲点,但我也不想让他把这种说法当作要挟我的筹码,从而肆意妄为。你懂吗?"

坎贝尔向后靠在椅子上,考虑着她的话,然后说道:"哇,我很高兴他有你这样的文学老师。显然,你也在为此事发愁,我觉得这很棒。如果你愿意的话,我有一个建议,你可以找个时间和他谈谈这件事。"

"我洗耳恭听,坎贝尔。"

"好的。所以事情是这样的,如果有人误解我们,我们首先要做的就是增加对彼此的了解。对你们两人来说,最好的办法是关注安特文对这件事情及其影响的看法与你的意图之间的区别到底在哪里。"

"有道理,坎贝尔。我会试一试的。"

"这里有个诀窍。你得让他先开始,让他从头到尾解释他看到了什么,以及这会对他产生怎样的影响。让他谈一谈对你们关系的理解,但要确保他告诉你的是内心真实的感受。除非是要求进一步澄清,否则不要打断他。然后,把你所听到和理解的信息重复给他听,并确认这是真的。问他是否觉得他已经被理解了,如果他回答是,那么你再开始你的陈述。你可以考虑强调你对降低要求标准、州级考试的担忧,以及你的看法,类似他有时会以'因为我是黑人'而不去学习的事情,确保他能听进去并理解你在努力维护他的成功。这样可以吗?"

"是的,这很有帮助,坎贝尔。你是怎么想出来的?"

"我的一个朋友是企业的'多元化培训师',他一直在使用这种方法。当人们从不同的角度面对种族问题时,这种方法似乎很管用。"

坎贝尔和丹妮尔在分开前就安特文的笔记继续交流了一段时间,以便之后给论文打分。在与坎贝尔会面之前,丹妮尔曾担心自己与安特文的关系每况愈下,但现在,她期待听到安特文的想法。她很好奇他是否会敞开心扉和她谈论课堂上的冲突。她也想知道，如果安特文继续抵抗，她该如何回应。她的朋友坎贝尔把这一切都说得很清楚，而且似乎对重塑她和安特文之间的关系非常有信心。有这么有洞察力和真诚的同事是多么难得。"我希望我能重新获得他对我的信任。"丹妮尔老师盯着成堆的文件，大声地对自己说。

第八章　民族认同发展

比"黑—白"二元对立更为复杂的民族认同情况

种族(racial)和民族(ethnic)认同的发展是一个复杂且相互关联的过程,远远超出了第七章中提出的"黑—白"二元对立这一出发点。对于从海地移民到美国的15岁男孩来说,他从小就在美国上学,因此不认为自己是黑人,我们如何理解他的身份认同?这个男孩的堂兄出生在美国且父母也是海地移民,却呈现出与堂弟截然不同的身份认同,具有与其他黑人一样的"铁杆"态度,我们又如何理解这个堂兄的身份认同?一个拉美裔女居民,即将迎来18岁的成人礼,虽然她在家人和一个奇卡诺人朋友面前表现出对成人礼的兴奋,但在学校却对这个问题保持沉默,之后事情会如何发展呢?一个越南学生,不喜欢在自己的大学申请中填"亚洲人"。我们又如何看待这一行为?作为教育工作者,如果我们希望运用科学方法解决这些复杂问题,就必须仔细研究种族和民族的共性与差异,以及这些交叉的身份认同选择。

介绍种族和民族时,我们首先强调了在"黑人学生和白人教师"动态关系中能见到的紧张局面,并从历史考察的角度对美国种族矛盾进行系统论述。第七章中提出的"黑—白"二元对立分析框架,可以作为一个起点,帮助我们探索工作实践中存在的种族与民族间的具体问题。为了研究因为种族和民族被边缘化的青少年,在聚焦于"黑—白"二元对立的种族分析留下的学术空白地带,研究者们提出了民族认同(ethnic identity)这一独特的发展概念。[1]尽管美国的许多少数民族群体和有非洲血统的后裔在文化历史、政治背景和地理位置上截然不同,但他们都身处于白人占主导优势的社会,有着相同的被边缘化的经历,可以互相交流分享。许多非黑人的有色人种成员,其认同发展理论都与克罗斯(Cross)所概述的相似。例如,塔图姆(Tatum)指出,尽管亚洲人、拉丁美洲人和美洲原住民的身份认同发展不包括在克罗斯的理论构想中,"但有证据表明,这些受同样压迫的群体的认同发展过程与非裔美国人类似。在这些情况中,个体对自己作为群体中的一员所持有的积极态度十分重要,能有效促进心理健康发展"。[2]

因为种族和民族认同发展的各个方面有惊人的相似之处,所以两个概念时常被混为一谈。种族确实是民族的一部分,反之亦然,但二者并非一回事。珍妮特·赫尔姆斯等研究人员在研究和实践中极力主张将种族和民族区分开。根据她的论点,表8.1比较了民族和种族的特征,显示了二者内涵及特征的差异。然而,

---

[1] Michael J. Nakkula and Claudia Pineda, "Students at Risk," in *Encyclopedia of Human Development and Education*, ed. Stephan J. Farenga and Daniel Ness (Armonk, NY: ME Sharpe Publishers, 2005).

[2] Beverly Daniel Tatum, "Talking About Race, Learning About Racism: The Application of Racial Identity Development Theory in the Classroom," *Harvard Education Review* 62, no. 1(1992): 9 – 10.

莱斯蒂纳（Leistyna）主张将其合并为一个术语"种民族"（racenicity），以强调在进行任何对种族或民族的分析时，都必须考虑到这两个术语之间必要的相互作用。[1] 根据这一观点，只解决问题的一部分就是不全面的。不管是站在赫尔姆斯一边还是站在莱斯蒂纳一边，关键是要认识到种族和民族这两个类别是综合性和层次化的。尽管研究人员和理论家仍然在民族的确切定义及其与种族和文化的差异方面存在分歧，但这场辩论本身证明了这一主题的丰富性及其与青少年教育的相关性。

表 8.1 区分种族和民族的特征概述[2]

种族	民族
界定群体成员在社会等级制度中的地位	在社会等级制度中并没有明确的位置
对大多数人来说是不可变的	对所有人来说都是可变的
不定义单一的文化	定义单一的文化
隐含对种族歧视和本族的种族刻板印象的了解	隐含着对本民族文化的了解
由法律和习俗决定	由群体内的欲望决定
对大多数人来说，种族认同会持续几代	对大多数人来说，三代之后民族认同几乎就消失了
一般能被群体外的成员认可	很少能被群体外的成员承认

[1] Pepi Leistyna, "Racenicity: Understanding Racialized Ethnic Identities," in *Multi/Intercultural Conversations*, ed. Shirely R. Steinberg (New York: Peter Lang, 2001).

[2] Adapted from Janet E. Helms, "Toward a Methodology for Measuring and Assessing Racial as Distinguished from Ethnic Identity," in *Multicultural Assessment in Counseling and Clinical Psychology*, ed. G. R. Sodowsky and J. C. Impara (Lincoln, NE: Buros Institute of Mental Measurements, 1996), 143–192.

续 表

种族	民族
不要求一个人做任何事来成为该群体的一员	需要对群体的文化有一定的了解
不需要移民入境或探访祖国来坚持自己的种族认同	需要持续的移民入境或逗留在祖国来坚持自己的民族认同

在深入研究种族、民族等概念之前,我们必须将前提性假设置于促使它们形成的动态过程之中。无数研究表明,种族主义和民族中心主义的课程、学科实践、行为期望、政策、评估和教育方法在美国学校已经根深蒂固。[1] 虽然一些教育者花费了大量精力推进学校里的"公平教育",但很多证据证明事实恰恰相反,所谓的人人平等只不过是掩人耳目的说辞,在一定程度上不仅掩盖了美国学校里不断重现和日益强化的社会分层现实,更阻碍了对抗这些分层所必要的建设性联盟的发展。

除了政治意义之外,民族认同的发展对个体心理健康发展也至关重要。研究表明,民族认同与自尊心、自信心和生活目标有着积极联系。根据马丁内斯(Martinez)和杜克斯(Dukes)的研究,"强大的民族认同,可以减少负面刻板印象和社会诋毁对个人的影响,为自我提供一个更广泛的参照框架和多元的身份

---

[1] See, for example, Lisa Delpit, *The Skin That We Speak* (New York: New Press, 2002); Margaret A. Gibson and John U. Ogbu, *Minority Status and Schooling: A Comparative Study of Immigrant and Involuntary Minorities* (New York: Garland, 1991); Jonathan Kozol, *Savage Inequalities: Children in America's Schools* (New York: Crown, 1991); Cameron McCarthy and Warren Crichlow, *Race, Identity, and Representation in Education* (New York: Routledge, 1993).

认同"。[1] 多年来,民族认同的研究对发展论认识和教育实践有着明确的启示,因此本章其余部分旨在从当前理论和研究中提取关于种族身份认同发展的新问题,并利用这些知识为教育工作者创造"支架",以支持他们学生的发展,并对那些欺骗大家人人平等的言辞和做法进行反驳。具体而言,要想更好地理解民族认同发展的过程,就应该为教育工作者提供必要的见解,以创造更健康的学校氛围,设计更具文化相关性的课程体系和教育活动,提供更加多样化、有针对性的支持服务。

转换定义,固定意义

关于青少年民族认同发展的研究文献,它虽然建立在埃里克森的心理认同理论基础上,但实际上却偏离了这一理论,有时还会与这一理论互斥。事实上,每一个用来定义民族的术语都引发了激烈争议,因为民族本身是一个有争议的范畴,其产生的原因往往带有政治色彩。我们的目标是调查了解民族的方法,这些方法可以帮助教育者广泛地思考当他们的学生在面对民族问题时可能面临的威胁。与文献一致,我们在很大程度上保留了埃里克森有关身份危机的概念,以便探讨特定的民族群体如何处理他们"对自己身份的自豪感"与"可能被主流群体贬低的方式"之间的差异。在这样做的时候,我们借鉴了更灵活的描

---

[1] Robén O. Martinez and Richard L. Dukes, "The Effects of Ethnic Identity, Ethnicity, and Gender on Adolescent Well-Being," *Journal of Youth and Adolescence* 26, no. 5(1997): 514.

述,例如身份、标识、表演,甚至是面具。青春期的首要任务是"学会运用对个人有意义和社会可接受的方式表达自己身份的多样性"[1],发展性思考青少年面临的一部分民族问题,这意味着当青少年一天天发生变化时,我们要做好感知他们身份认同复杂性的准备。

为了不以牺牲心理间性(interpsychic)为代价来限制我们对心理内性(intrapsychic)的介绍,我们要认识到种族既是一种心理现象,也是一种社会现象。正如维果茨基所说,人类是"内化的文化"(internalized culture)。遗留下的刻板印象、种族冲突、群体间的误解以及制度性的决定对我们成为"内化的文化"产生了深远的影响。正如我们通过与主要照料者和其他人的亲密关系来了解自己在心理上的身份一样,我们也通过与自己一生联系最紧密的文化背景这一民族视角来了解自己。从这个意义上说,文化调节心理(culture mediates psychology);我们的心理自我(psychological selves)是文化中介性的,这种中介的结果就是民族认同。这正符合埃里克森"对身份的声明贯穿整个生命周期"这一精神:"我就是我自己,属于自己的文化归属,同时也可能反对他人的文化归属。"

民族的概念很难确定,部分原因正如赫尔南德斯(Rosa Hernandez Sheets)所指出的:民族在两个层面——个人和团体上,同时也在两个领域——自给自足和其他归因(self-given and other-

---

[1] John Raible and Sonia Nieto, "Beyond Categories: The Complex Identities of Adolescents," in *Adolescents at School*, ed. Michael Sadowski (Cambridge, MA: Harvard Education Press, 2003), 146.

ascribed)中运作。[1]为了研究这些层次和领域是如何相互作用的,我们必须判断哪些主题和影响会被忽略,哪些会被强调。费舍尔(Ann Fischer)和莫拉迪(Moradi)以及菲尼确定了民族认同理论和研究的三种传统,这些传统塑造了被揭示和隐藏的事物。[2]一种传统产生于社会认同理论,它通常处理个人的归属感或"群体",而这反过来被认为是有助于保持一个人积极的自我概念的。其他一些研究者和理论家来自"统合形成"[3](identity-formation)传统,根据菲舍尔和莫拉迪的说法,该传统通常假定"随着人们探索和决定民族在他们生活中的作用,一个类似于自我身份形成的过程会随着时间的推移而发生"。第三个传统包括那些在"文化适应框架内工作的人,其重点是民族参与,或个人获得、保留和维持的文化特征"。[4]

对于教育工作者来说,重要的是要考虑这些传统中的每一种,反思归属感、自尊、身份形成的作用,以及学生向其核心族群展现出的文化投入程度。当研究人员收集数据并将其分解以阐明他们的发现时,缩小研究范围可能是必要的,但对于那些在学

---

[1] Rosa Hernandez Sheets, "Human Development and Ethnic Identity," in *Racial and Ethnic Identity in School Practices: Aspects of Human Development*, ed. Rosa Hernandez Sheets and Etta R. Hollins (Mahwah, NJ: Lawrence Erlbaum, 1999), 94.

[2] Ann R. Fischer and Bonnie Moradi, "Racial and Ethnic Identity: Recent Developments and Needed Directions," in *Handbook of Multicultural Counseling*, ed. Joseph G. Ponterotto (Thousand Oaks, CA: Sage, 2001); J. S. Phinney, "Ethnic Identity in Adolescents and Adults: Review of Research," *Psychological Bulletin* 108(1990): 499–514.

[3] 埃里克森心理社会期发展论中的术语。——译者注

[4] Fischer and Moradi, "Racial and Ethnic Identity," 342.

校里与青少年打交道的人来说,这种方法需要更加广泛而全面。这也让事情变得复杂,但在这里挑选重点解说没有实际意义。

为了充分理解民族认同的发展,并将其应用于工作中,我们必须综合已发现的民族认同的共同组成部分和民族认同的特征。区分各民族的要素通常有民族血统、语言、宗教、饮食、衣着风格、交流方式和其他文化标志。这使民族看起来几乎是文化的同义词,但正如赫尔南德斯指出的,"民族(ethnic)概念比文化(culture)概念更狭隘,尽管它们是相关的,但它们不是一对一的关系。民族认同的形成和发展,是由一个民族的成员身份所决定的,这个民族被认为是生活在共同文化影响下的一个独特的社会群体"。[1] 鉴于这一观察,用社会学和人类学的观点来充实我们的发展分析是有意义的。

社会学和人类学中的见解

在美国,民族认同的发展是通过个人体验主流文化规范而不是根据从家人和朋友那里得来的信息逐步进行的。两种"文化适应"理论解释了这个过程:线性模型和二维模型。线性模型将民族与文化适应之间的关系归结为一种反比关系(即人们文化适应得越好,他们保留的民族性就越少,文化适应得越差,保留的民族性就越多),因此线性模型理论"假设个人要么保持与本国文化的紧密联系,要么发展出与主流文化的紧密联系"。二维模型理

---

[1] Hernandez Sheets, "Human Development and Ethnic Identity," 108.

论"假设一个人与其本地文化的关系不同于其与主导文化的关系"。[1] 因为这一理论假设人们可以是两种民族文化结合的，可以强化或弱化自己的民族，甚至还可以根据环境的要求来表达多种真实的身份认同，所以有助于我们更灵活地理解青少年如何发展其民族认同。虽然线性模型理论在识别人们有时被迫以非此即彼的方式（即"要么你是美国人，要么你不是"）被同化的程度方面可能具有优势，但该模型将我们的理解限制在"是与不是"这样一个二元结构上，导致我们忽视了青少年为处理自我与社会之间的紧张关系而做出的一系列决定。

社会学家和人类学家运用文化适应理论，将民族概念划分为两大阵营。有一些原生主义者[2]（primordialists）"坚持认为民族群体本质上是文化群体——他们有着共同的传统和历史，他们因出生在相同的地方而联系在一起，在这个群体中文化的丧失标志着民族的丧失"。从原生主义者的角度来看，民族是"一种对文化遗产的情感依恋"。[3] 然而，和原生主义者观点正相反，工具主义者（instrumentalists）认为，民族群体是利益群体，当政治或社会利益使得民族认同有利时，成员就会依赖这一群体。虽然工具

---

[1] Hernandez Sheets, "Human Development and Ethnic Identity," 108.
[2] 一些学者主张"原生模式"。根据这一模式，族群归属感是族群认同的根基。这种归属感往往来自亲属关系、邻里、共同的语言或某种共同的信仰等原生的文化因素和情感纽带。共同血缘、语言概念以及宗教感情是族群认同的基本要素。原生模式主张族群认同应高于国家认同，国家认同没有资格同化或凌驾于族群认同之上；诉求国家认同必须以尊重族群认同为前提。以上解释来自：庞金友，《族群身份与国家认同：多元文化主义与自由主义的当代论争》，参见网页 http://www.aisixiang.com/data/775272.html。——译者注
[3] Hernandez Sheets, "Human Development and Ethnic Identity," 109.

主义者不把文化等同于民族,但他们经常指出文化被战略性地用来标记民族群体的边界。工具主义者强调,特定民族群体的文化习俗会随着时间的推移和背景的改变根据群体的需要而变化,并强调许多人在选择是否承认自己是某一民族群体成员时具有主观能动性。

例如,美国的许多白人选择在假期、节日或与运动队、特色美食、邻里有关的交往活动中强调自己象征性的民族性,强调自己的爱尔兰、意大利、苏格兰、芬兰、立陶宛、荷兰、法国或法裔加拿大血统。对于那些在外表、语言和文化特征方面已经被标记为主流的人来说,"只要有需要,任何事情都可以诉诸民族认同这一选择"。[1]虽然对一些白人来说确实如此,但另一些人会因为不加批判地吸收由主流种族主义价值观和做法构建的文化标准,导致无法从历史角度定位自己。正如马丁内斯和杜克斯所说:"他们的民族认同是如此安全和理所当然,以至于他们意识不到这一点。"[2]因此,采取象征性的民族认同是大多数白人的一种选择:那些声称拥有非主流民族认同的人,通常能够作为占统治地位的多数群体的"非民族"成员进入社会,并受益于其明显缺乏的民族身份所赋予的特权。但是,对于其他人来说,这样的选择可能不是自由的。赫尔南德斯指出:"关于选择的假设否认了一个事实,即种族往往是强加于人的。"[3]即人们往往以一种自己无法控制的方式被他人分类。这种分类与权力关系是分不开的,权力关系往往是由被占主导地位的大多数人贬低的种族、语言和

---

[1] Nakkula and Pineda, "Students at Risk."
[2] Martinez and Dukes, "The Effects of Ethnic Identity," 513.
[3] Hernandez Sheets, "Human Development and Ethnic Identity," 109.

文化特征所调节的。

例如,洛伦娜·查韦斯,一个肤色较深、口音明显的奇卡诺女生,我们之前在第六章中提到过她,她没有选择权,当她进入美国主流社会时,她会成为"民族主义者"是不言而喻的。有时,这些类别本身就具有某种不可选择性,例如泛民族标签将不同的民族聚拢成一个共同体。巴西文化、哥伦比亚文化、萨尔瓦多文化、尼加拉瓜文化、哥斯达黎加文化、洪都拉斯文化、危地马拉文化和墨西哥文化之间的差异,使得"拉丁裔美国人"一词对许多人而言基本上毫无意义。"亚裔美国人"一词则掩盖了菲律宾、越南、柬埔寨、日本、中国、蒙古国、缅甸、尼泊尔、孟加拉国和巴厘岛移民(仅举几例)之间重要的历史、文化、宗教和语言差异。尽管史蒂夫·张(在第五章和第六章中提到过)经常被他的老师称为"亚洲人",但他会视情况而定,有时候说自己是韩国人,有时候又说是韩裔美国人。海地学生、多米尼加学生、波多黎各学生、古巴学生、特立尼达和多巴哥学生、巴拿马学生和牙买加学生之间的差异也使得"加勒比裔美国人"这个词变得毫无根据。然而,有时泛民族术语对某些学生是有效的。朱利安·托马斯(Julian Thomas)就是这样(在第二章和第三章提到过),因为他更喜欢别人把他当作加勒比裔美国人或海地人,而不是黑人,因为他被教导并认识了"黑人下层阶级"(Black underclass)的社会含义。这些名称带有种族化的含义,这在白人给他们贴泛民族标签的方式中也很明显。正如科尔内尔·韦斯特[1](Cornel West)观察到的,

---

[1] 美国哲学家、政治活动家、社会评论家、作家。哈佛大学学士、普林斯顿大学硕士和博士。他是第一个从普林斯顿大学毕业并获得博士学位的非裔美国人,曾在哈佛大学、纽约市联合学院和巴黎大学等大学任教。在耶(转下页)

"欧洲移民来到美国,他们自以为是'爱尔兰人''西西里人''立陶宛人'等。他们必须通过采用美国正面评价白人、负面评价黑人的话语来了解自己是'白人'"。[1]

最后,对于教育者来说重要的是要记住:接受或拒绝用于标记民族群体的类别与命名者及其命名目的有关。通常,分类仅仅是为了方便而被强加的,就像上文提到的原生主义者和工具主义者的立场一样,分类很少能够捕捉到社会和学校中多样性的民族化表达和经历。尽量不去辩解可能有助于理解大趋势,但它们是以牺牲最初赋予它们生命的多样性为代价的。因此,即使类别和类型可用于定义,我们也要小心。为了满足学生的需求,至关重要的是教育者从学生中找出他们用来形容自己的术语,然后通过寻求理论来了解他们的生活背景并在实际工作中换位思考理解学生。

洛伦娜·查韦斯从小到大一直在面对民族标签,她试图找出其中哪些标签是最有意义的。她记得三年级时老师问她:"你从哪里来?"作为回应,她说出了离学校几个街区远的街道地址,结果遭到全班同学的嘲笑。现在,当她被问到这

(接上页)鲁大学任教的时候进入了"美国研究"这个领域,研究美国历史、社会和文化等跨领域项目。任教的时候,韦斯特也参与了大学的一个抗议活动,反对当时的种族隔离行为。可是他却因为参与了这个活动而被捕入狱。不过他没有停止种族研究。而后,韦斯特成为了普林斯顿大学的一名教授,同时也是非裔美国人研究计划的主任。——译者注

[1] Cornel West, "The New Cultural Politics of Difference," in *Beyond a Dream Deferred: Multicultural Education and the Politics of Excellence*, ed. B. Thompson and S. Tyagi (Minneapolis: University of Minnesota Press, 1993), 31.

个问题时，她只是简单地回答"这里"，如果问到她的"国籍"，她会单手叉腰，皱着眉头说："我是美国公民。"但是这些问题和她对这些问题的回答掩盖了洛伦娜内心深处正在进行的斗争，即她身上既有奇卡诺民族的部分，又有更符合主流文化的部分。也许到目前为止，她一生中最自豪的一天就是她大一的成人礼，在典礼上父亲给她穿上高跟鞋，母亲给她戴上皇冠，她在充满家人和朋友的舞厅里庆祝，这是她第一次被视作年轻女人。也就是从那一天起，她越来越清楚地意识到，随着她在充满种族和民族色彩的情况下与人交谈次数的增多，她对自己身份的要求越来越高。在某些情况下，她是洛伦娜；在其他情况下，她是奇卡诺人，是"说话大声的拉丁人"，是"女性主义者"，是"划船运动员"或仅仅是一名中央高中的学生，每个场所都需要她表现出不同的方面，而那些在该场合不需要的方面就得隐藏起来。在第五大道和华盛顿大街之间的一个民族飞地社区，居住着许多墨西哥裔美国人，他们知道外人会轻蔑地称他们为"小蒂华纳"。洛伦娜在紧密联系的大家庭中成长，她小时候主要讲西班牙语，并保持着与墨西哥人相关的所有文化特征，因此，她小时候的民族认同倾向于墨西哥人，而不是美国人。

然而，当她升入初中和高中时，她直言不讳的性格以及拒绝任何被察觉到的"不尊重"，使她陷入了争斗，特别是当这种不尊重与她的民族有关时。为了成为一名划船运动员，她将部分精力转移到了体育运动上，而她在该方面的发展促使她在学业上有所作为，并乐于结交朋友（与她不是一个民族的）。她学会了享受划船，享受做运动员，享受在学校里的聪明表现。但这样的经历往往暴露出洛伦娜身份认同的分歧,似乎她的"奇卡诺"部分只能与"格林加"(gringa)方面竞争。她向参加划船项目的一位黑人朋友承认,她最喜欢说西班牙语。她解释道:"就像我更喜欢说西班牙语,因为我觉得它长在我的身体里,你懂那种感受吗?我可以放松下来,就好像在自己家里一样。而英语就像别人说的话,你知道吗?我的体育老师就喜欢和我说西班牙语,这太有趣了。我居然有个会说西班牙语的老师,尽管他的西班牙语听起来很有趣,因为他是在西班牙上大学时候学的。但我知道我有口音,在工作场所中有些人对此并不喜欢。"

洛伦娜越来越频繁地在谈话中暗示高中和大学以后的工作世界是被歧视意识所包围的。划船的经历让她认识到了这些可能性,虽然它们使她远离家庭和民族成长,但也为她提供了关于未来可能的激动人心的愿景。洛伦娜日后的职业生涯规划是成为一名教练或者运动医学博士,这使她必须审视自己的民族身份,并面对这样一个事实,即作为奇卡诺人,她在社区外从未感受到在社区内那样的重视。当她的父母因"她可能会是家里第一个大学生"而兴奋时,其他的家庭成员却没有那么热情。洛伦娜向她的教练承认了一些外人对她的刻板印象:"人们只是希望我生孩子,做玉米粉蒸肉。而且,我想祖母也会喜欢我那样吧,但我并不想这么做,我不想一辈子活在第五街道和华盛顿之间的民族飞地社区,好吗?我只是担心,我一旦离开了就再也回不来了。"

第八章 民族认同发展

民族认同的一般发展见解

正如洛伦娜的例子所表明的那样,民族认同问题已成为青少年理解自己的核心。与民族性和自己相似的人相比,我是谁?在回应主流文化时,我又是谁?我必须怎样去改变代表自己的方式?这不但取决于我与谁同行,还取决于我在哪里。我的学校经历如何影响我对自己民族的理解?诸如此类的青少年问题表明,如果教育者要理解青少年组织自我概念的过程,并理解青少年形成的对自己民族和主流文化的态度,那么掌握和提高教育方法就必不可少。研究表明,青少年在民族群体中的自我认同、获得归属感和自豪感的过程似乎是存在的,与他们声称自己来自哪个民族无关。

就像第二章探讨的"身份发展模型"一样,"危机"和"承诺"是一个人民族自我概念的重要标志。危机发生在青少年(或儿童、成人)收到有关自己民族认同的不同信息时,即民族同龄人、导师以及那些来自主流文化的人对该民族认同的看法不一致。承诺是基于感知的安全水平和充分表达自我的机会而形成的。萨约(Isajiw)将承诺的过程定义为"一种方式,人们在这种方式中解释自己的民族出身,并在心理上定位自己与一个或多个社会制度的关系,而且还认为他人也以这种方式定位自己"。[1] 个人要有坚定的群体认同感,才能保持幸福感;简单地成为一个群体的一员,就能为个人提供一种归属感,有助于形成积极的自我

---

[1] As quoted in Hernandez Sheets, "Human Development and Ethnic Identity," 97.

概念。

然而，一个人形成积极的自我概念还取决于他可以把这种身份带到他所属民族群体之外的社会，并体验到它的价值。如果一个社会中的主流群体对某个民族群体的特征不甚重视，那么该民族群体的成员就有可能面临消极的社会认同。这就是危机：如何在一个人的认同中调和被边缘化的外在体验和内在安全需要。如果一种民族认同被忽视或被迫转入地下，就可能导致巨大的压力和严重的情绪动荡。这对发展和学术的影响是显而易见的。

图 8.1 描绘了民族认同的解决方式因人们认同多数群体和

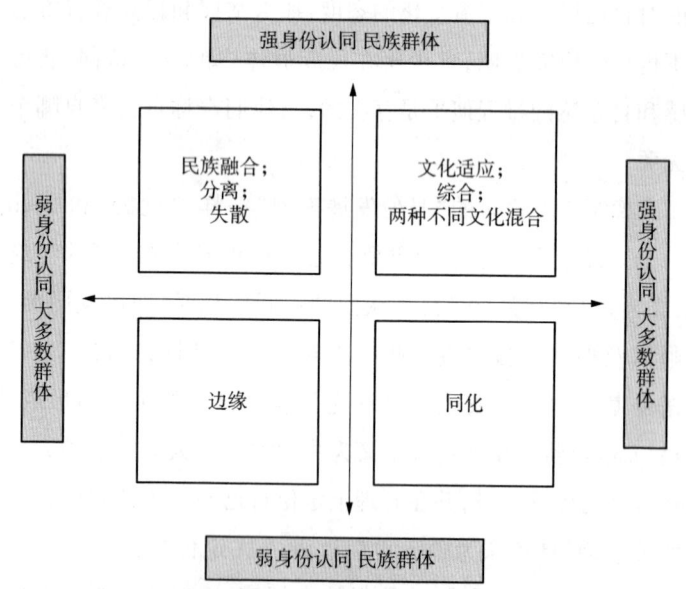

	强身份认同 民族群体	
弱身份认同 大多数群体	民族融合；分离；失散	文化适应；综合；两种不同文化混合	强身份认同 大多数群体
	边缘	同化	
	弱身份认同 民族群体	

图 8.1　大多数群体和民族群体的不同身份认同影响[1]

---

〔1〕 Adapted from J. Phinney, "Stages of Ethnic Identity Development in Minority Group Adolescents," *Journal of Early Adolescence* 9, no. 1－2(1989): 34－49.

民族群体的方式而异。这四个解决方案中的任何一个在心理上和社会上对个人来说都可能是健康的，抑或相反，四个解决方案的效果都取决于个人所处的环境。此图表明，特定青少年对民族特征的感知度并不代表他们对民族认同的承诺程度。每个人都必须解决民族认同与主流认同之间的危机，并且没有唯一的"健康"或"正确"方式来做到这一点。

与图 8.1 类似，图 8.2 描绘了人们对其民族认同的取向，两条坐标轴分别表示他们在同化和民族方面的心理投入。这表明要解决一个人的民族认同问题取决于他们做出的决定（或被迫做出的决定）和为此付出的精力。强调本群体的独特性可能导致坚持本土文化的传统主义倾向，也可能导致接受其他文化的多元主义倾向，具体效果还取决于在同化方面投入的水平。相反，在自己的民族中投入较少还会导致孤立主义或整合主义倾向，这取决于个人对同化的承诺程度。同样，对于教育者来说重要的是要认识到所有这些倾向既有可能是健康的，也有可能是不健康的。对于一个没有动机去成为"美国人"且不关心自己民族差异的青少年而言，成为孤立主义者可能很有意义。这样的人可能会在某种身份暂停状态下观察一段时间（见第二章），并决定保持某种程度的孤立，以便在不承受太多风险的情况下继续探索自己的身份。同样，一个青少年如果有更多元化的认同取向，也许就有能力通过既符合其民族文化又符合主流文化的方式来表达自己的身份。尽管如此，他在寻求与同龄人和家人保持联系时，也可能会面对其他有不同认同取向的人，而且不得不面对他们所提出的要求，做出他自己的选择。他的认同取向可能是健康的，但这并不意味着他能轻易拥有这种认同，也不意味着他一定会受到其他

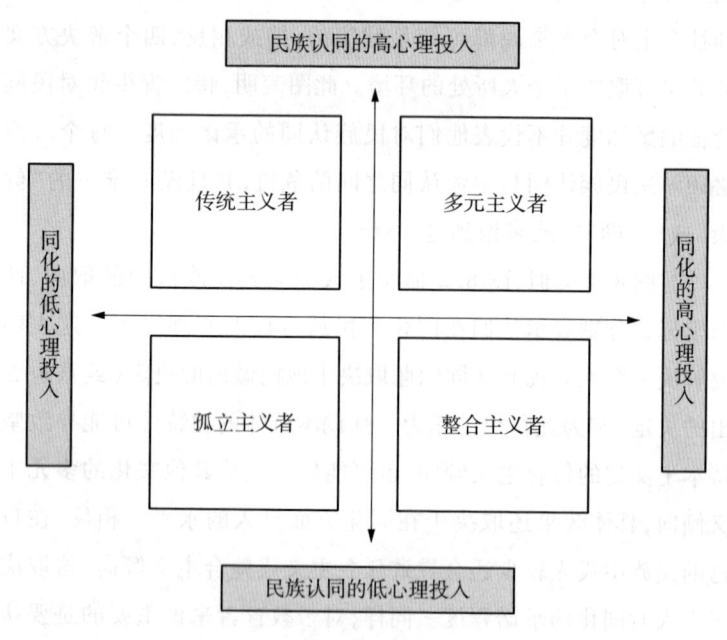

```
                    民族认同的高心理投入
                            ↑
        ┌─────────────────┬─────────────────┐
  同     │                 │                 │   同
  化     │   传统主义者    │   多元主义者    │   化
  的     │                 │                 │   的
  低     │                 │                 │   高
  心  ←──┼─────────────────┼─────────────────┼──→ 心
  理     │                 │                 │   理
  投     │   孤立主义者    │   整合主义者    │   投
  入     │                 │                 │   入
        └─────────────────┴─────────────────┘
                            ↓
                    民族认同的低心理投入
```

图 8.2　民族认同取向[1]

人的欢迎。因此,作为教育工作者,更重要的是要认识到解释模型所提出的一般趋势,而并非单纯将其看作用来给人贴标签的判断工具。尽管从洛伦娜这样的学生身上可以看出,从植根于民族的传统主义倾向转变为双文化和多元主义倾向,对她可能会有帮助,但这是需要条件的,除非生活中的成年人与当事人洛伦娜谈论她要如何体会自己的梦想以及这些梦想如何与她的民

---

[1] Adapted from A. L. Goodwin, "Growing Up Asian in America: A Search for Self," in *Asian American Identities, Families, and Schooling*, ed. C. C. Park, A. L. Goodwin, and S. J. Lee (Greenwich, CT: Information Age, 2003), 19–20.

族文化遗产相碰撞,否则以上那些所谓的有帮助也仅仅是猜测而已。我们需要确定青少年要面对的环境,以便了解他们如何定位自己以及学校如何为他们提供最好的服务。

从青少年民族认同发展的阶段来看,菲尼的模型也许是最有用的。在分析了大量的研究之后,她提出了一个"三阶段"的发展理论,大致概括了几种根据具体的民族群体经历而各有不同的模型(示例见表8.2)。在第一阶段,个人拥有一种"未经检验的民族认同"(unexamined ethnic dentity)。其特点是偏爱主流文化,对民族因素普遍不感兴趣,或者抱有从父母或其他重要成人那里吸收的未经检验的积极民族态度。菲尼在区分"分散的(diffuse)未经检验的民族认同"和"封闭的(foreclosed)未经检验的民族认同"时指出,"年轻人可能对民族根本不感兴趣,可能对此几乎不加考虑(他们的种族认同是分散的)。抑或是他们可能从父母或其他成年人那里吸收了积极的民族态度,所以不会表现出对主流群体的偏爱。因为他们并没有亲自考虑过这个问题,也就是所谓的封闭的民族认同"。[1] 对于以上青少年来说,民族基本上在"他们是谁"这一问题中属于虽未被考虑但很基础的一个组成部分。这样既没有对身份认同的承诺,也没有导致他们质疑自己身份认同的危机。他们的民族认同正是以一种未经检验的方式决定了"他们是谁"这一核心。对于具有分散的民族认同的青少年来说,民族观点来源于他人,并以不容置疑的方式被他们所接受。

---

[1] Phinney, "Ethnic Identity," 502.

表 8.2　民族认同发展三阶段的代表性用语[1]

未经检验的

分散

"我的过去已经过去了,我没有理由担心它。我现在是美国人了。"(墨西哥裔美国男性)

"为什么我要知道谁是第一个做这个或那个的黑人女性？我只是不太感兴趣。"(黑人女性)

"我父母告诉我……他们以前住的地方,但我为什么要在乎？我从没住过那里。"(墨西哥裔美国男性)

封闭

"我不追求自己的文化。我只是按照父母的言行去做,他们告诉我去做什么,就和他们一样。"(墨西哥裔美国男性)

"如果我能选择的话,我会选择成为美国白人,因为这里是美国,这样我就是生活在祖国大地上的了。"(亚裔美国男性)

"我会选择成为白人。他们有更多的工作机会,也更容易被接受。"(墨西哥裔美国男性)

延缓

"我想知道我们做的什么事和其他人不一样,我们的文化哪里和其他文化不一样。参加节日和文化活动有助于我了解自己的文化和自我。"(墨西哥裔美国女性)

"我认为人们应该知道为了达到现在的状态黑人都经历了什么。"(黑人女性)

"我周围有很多非日本人,这让我在试图搞清楚自己是谁时变得很困惑。"(亚裔美国男性)

达成

"人们因为我是墨西哥人而贬低我,但我不在乎。我可以接受更多自己。"(墨西哥裔美国女性)

---

[1] Adapted from J. Phinney, "Stages of Ethnic Identity Development in Minority Group Adolescents," *Journal of Early Adolescence* 9, no. 1-2(1989): 44.

续 表

达成
"我出生于菲律宾,生来是菲律宾人……我在美国,有许多来自不同文化的人也在这里。因此,我认为自己不仅是菲律宾人,也是美国人。"(亚裔美国男性) "我曾经想成为白人,因为我想要长发飘逸。我以前想拥有真正的白皮肤。我曾经以为白皮肤漂亮,但现在我认为黑皮肤的女孩和浅肤色的女孩都很漂亮,我现在不想成为白人。我很高兴我是黑人。"(黑人女性)

在第二阶段,青少年开始寻求一种真实的民族认同,以解决在面对民族群体和主流群体的期望时所体会到的冲突。与玛西亚描述的暂停状态和克罗斯描述的碰撞阶段类似,民族认同探索(ethnic identity search)可能会伴随着个人对那些迫使他承认自己民族行动或事件的回应而发生。这个阶段的青少年经常通过阅读文本、多讲母语、参加文化活动或参观民族博物馆来使自己沉浸在自己的民族文化中。在这个阶段,许多青少年可能会拒绝主流文化的价值观和不公平要求,以此来维持文化界限,并保持其对生活中与民族相关的明显不稳定但却日益增长的认识。这可能会使这些青少年对在学校里经常见到的无法容忍的问题或多样性言论敏感,也可能导致正在探索的青少年对这种信息背后的规范性假设持批评态度。在学校中,不了解民族认同发展的教师、辅导员和管理者可能会错误地将学生因民族问题而起的争执视为好斗或破坏性等叛逆行为,并错过了让学生参与到当前发展核心阶段的机会。

根据菲尼的说法,当民族认同探索过程至少暂时进入了批判性反思的平衡状态时,人们才会对自己的民族有更深入的了解和欣赏。当青少年(或成年人)进入菲尼所说的第三阶段时，他们就被视为进入了"已达成的民族认同"(achieved ethnic identity)状态。在该阶段，个人"面对少数民族群体的两个基本问题：一、他们自己的族群和占主导地位的群体之间的文化差异，二、他们的族群在社会中的地位较低或处于分裂状态"。[1] 具有"已达成的民族认同"的青少年不一定会表现出很高的民族参与度，因为他们很有可能对自己的民族充满信心，但又不想保持其语言、穿着、饮食、宗教等文化特征。与前一阶段的模型一样，许多理论家认为民族认同的发展过程不会以获得民族认同为结束，因为随着年龄的增长，人们可能会进一步探索自己的身份，沉浸在新的环境中，或重新考虑以前的解决方案，并根据新的关系对其进行修改。因此，这三个阶段可能同时暗示着一个周期性的过程和一个线性的过程。然而，研究中越来越清楚的一点是，那些将自己的民族认同作为生活中的一个重要特征并加以审视和重视的青少年，比那些拥有"分散的"或"封闭的"民族认同的青少年更有可能表现出亲社会行为和学术成就。

然而，如今，史蒂夫·张感觉到已达成的民族认同带来的好处很少。史蒂夫在整个童年时期或多或少拥有未经检验的民族认同，他主要与中产阶级社区的白人朋友交往。尽管他念中央高中时的一些"亚洲"同伴(实际上是柬埔寨人和越南人)成长环境远不如他那么优越，但史蒂夫的中上

---

[1] Phinney, "Ethnic Identity," 503.

层家庭允许他与他们一起进行课外活动,父母则有足够的社会资本来支持史蒂夫的教育,晚上还会辅导他做作业。得益于学校里的"模范少数民族"神话,他的老师都期望他在学业上取得好成绩,并在他取得好成绩时给予表扬。然而,潜藏在这些平静的水面下的是一种越来越强烈的感觉,即人们对他的看法与史蒂夫内心对自己的理解并不相符。这一点在他六年级的时候就感觉很明显了,一个星期六的晚上,他邀请了一个白人邻居朋友在他家过夜。一切都很顺利,直到该坐下吃饭了。他的朋友拒绝吃辛辣的红辣椒、大蒜、姜和芥末酱,并要求回家。史蒂夫因此而感到心烦意乱,他突然意识到了自己与众不同。从他的饮食习惯到他经常在家里说的语言,再到他周日与家人一起参加的同民族的福音教会,史蒂夫不得不面对他不是主流、不是白人的事实。中学时这种痛苦的认识导致他逐渐退隐到学习和小提琴活动中,通过这些活动,他的努力和成就会受到每个人的赞扬,也就是说,他最渴望得到同龄人的表扬。

怀着一丝顾虑,他观望、倾听社会上的线索,审视所在高中的民族、种族风气,他慢慢开始制定原则以让自己能够适应这种风气。他通过举重和仇视同性恋来探索自己性别认同发展的机会,这使他在学校里能够接触到以前只专注管弦乐和学习时无法接触到的白人朋友,但这些关系很麻烦,一方面是因为这些男孩经常把史蒂夫当作他们的笑柄(就像取笑他暗恋丽莎·普雷斯科特那样),另一方面是因为他们经常把史蒂夫标记为"其他人",即使他已经尽了最大努力去同化自己。他们在做数学或科学作业时,会要求或者请求他的帮助,他们认为他是"中国人",所以擅长这类学科问题,好像这就是他所做的或能做的一切。尽管史蒂夫并不介意帮助他们,因为他觉得这样可以确保友谊,但他们错误的民族标签使他不胜其烦。如果他为了纠正他们粗心的无知,自称是韩国人,就一定会有人问:"你来自韩国吗?"对此,他不得不再次纠正他们说:"不,我的父母是韩国人。"如果聊得更深入(通常没有),他们还会问:"是朝鲜还是韩国?"由于不想解释更多的地理或历史知识,史蒂夫只是回答说"韩国",他想远离这种给自己带来伤害的交流,但是为了融入而努力的时候,他又一次感受到了自己和他们的不同。

尽管史蒂夫的父母和老师在很大程度上支持他为融入集体做出的努力(他主要以学业和音乐成就的形式表达了这种融入倾向),但最近他从同龄人那里收到了被排斥的信号,他试图融入自己所理解的中央高中的主流文化的行动开始表现出危险性。仇视同性恋的言论和他为抵制男运动员对他进行"女性化"嘲讽而表现出的高度阳刚之气,让他陷入了几次近乎暴力的争吵。他很享受从一些曲棍球运动员那里得到的"认可",偏偏一个九年级的又取笑他拉小提琴,以至于他非常害怕有一天不得不用打架来证明自己很强。放学后,史蒂夫和一些喜欢玩电子游戏的朋友在一起,他们刚开始带他抽烟,不久又带他吸大麻。他的学习成绩开始下降,他开始对上学采取一种放任的态度,这是因为他越来越热衷于暴力电子游戏和吸大麻。对于这些新的活动,史蒂夫的父母一无所知。他对朋友隐瞒了自己会读会说韩语的事实,还隐瞒了自己会在附近公园即将举行的韩国音乐节的计划中扮演重要角色的事儿,他被迫生活在两个截然不同的、目前无法调和的世界里。

史蒂夫的案例和上面提到的研究清楚地表明了民族对于青少年构建他们的自我认同以及教育者找到促进这种发展的方法的重要性。作为教育者,我们处于一个理想的位置,能够聆听学生叙述他们如何通过各种方式来理解自己的民族身份。这些叙述如同一个窗口,它可以帮助我们了解青少年在自己民族群体以及主流文化中是如何定位自己的。表8.2列出的就是在菲尼关于青少年的研究中,来自三个民族的参与者所做的典型表述(其中亚裔美国人为泛民族)。该表和菲尼的模型表明,不同民族的年轻人的民族认同发展经历存在显著的重叠。然而,许多研究者发现,在不同民族认同的青少年的发展过程中,差异程度从细微到深刻不等。第七章中的表7.1则试图以图形的方式呈现其中的一些差异。

缩小范围

尽管我们提出了更为普遍的民族认同发展理论,并且避免了一组一组地讨论每个民族不同于其他民族的方式,但我们这样做有掩盖民族间无数重大区别的风险,正是这些区别使得民族群体和民族认同发展如此独特。正如菲尼所说,"理解民族认同的任务是复杂的,因为每个群体和环境的独特性使要跨群体得出一般性结论变得十分困难"。[1]事实上,对特定民族群体的研究总是不稳定的,因为它取决于文化,而文化的定义是动态且不断变化的。在此处考察最近关于民族认同发展的广义理论,不是要将一个模式强加给所有的民族群体,因为这样做将会忽视每个群体所被赋予的丰富的背景。相反,这种理论的目的是发展地思考促使青少年理解民族的社会和心理力量,并思考参与该过程的方式,以便在课堂内外提供最佳的发展体验。我们选择不对描述民族认同发展的研究和理论进行考查,因为它在特定的民族群体之间有所不同,且这样做要么需要我们投入更多,要么会极大地降低每个群体经历的复杂性,从而使我们的分析变得过于简单化,这样很危险。表7.1虽不完整,但它表明还有很多东西需要学习。虽然在我们的工作中很难找到时间,但教育工作者应该特别关注这些问题,学习这里详细介绍的一般理论,然后参考所在学校中与移民和少数民族人口最相关的研究进行实践运用。

然而,考虑到这些注意事项,探究发展主义者和研究人员如何理解一个及多个群体是有用的,他们这样做无非是为了证明随着关注点的缩小,可以学到的东西有多少。在调查特定群体自我描述的民族演变时,社会学家习惯于使用直线同化理论(straight-line assimilation theory)来解释家庭中民族身份随时间发生的演变。这一理论认为,随着几代人的进步,民族性是线性发展的,是从一个努力获得成功的移民身份到一个完全"美国化"的、经济上成功的身份。坚持这一理论的人认为每一代人都会变得更"美国化",并且比上一代人的社会地位更高。对这一"大熔炉"理论

---

[1] Phinney, "Ethnic Identity," 511.

的批评是，它"很少关注移民及其后代工作的经济状况"，[1]几乎没有给"服务机构"留下空间，且忽视了一个人自我认同多样性的可能。新的理论指出，后代移民，特别是有色人种移民，体验美国文化的方式存在明显差异，他们选择或被迫生活在美国文化中。

例如，对第一代移民有吸引力的工作往往是在美国本土长大的移民者二代青年所拒绝的。造成这种情况的原因各不相同：他们学会根据美国与母国的标准评估劳动力市场，而且他们"并没有当时说服他们的父母以低工资长期工作的那种长期目标；他们知道自己不会被驱逐出境，可以留在美国"。从第二代移民的角度来看，移民工作似乎有失身份。如果学校教育不能提供除这些工作以外的就业机会，如果家庭缺乏能使孩子获得更体面的工作的社会和文化资本，如果年轻的第二代移民被迫忍受集中贫穷和集中犯罪的苦难，身体健康和社会福利下降的可能性就会上升。这种"第二代衰退"（second-generational decline）似乎在"皮肤黝黑的年轻穷人中最为明显，仅仅是因为在所有其他条件相同的情况下，当劳动力过于饱和时，他们似乎是首先被排除在劳动力市场之外的人"。[2]这表明了这种模式的高度竞争性、等级性和性别化。一个世纪前，当南欧和东欧白人移民被定性为"种族"时，也存在类似的模式，这表明了"种族"的构造是任意的和不断变化的，并且具有控制民族人口的作用。因此，分析第一代和第二

---

[1] Herbert J. Gans, "Second-Generation Decline: Scenarios for the Economic and Ethnic Futures of the Post-1965 American Immigrants," *Ethnic and Racial Studies* 15, no. 2 (1992): 174.

[2] Gans, "Second-Generation Decline," 182.

代有色移民在经历、决策和身份上的差异,可以说明在这种文化和这一历史时刻下,民族、种族、阶级和性别结构对青少年发展的影响程度。

玛丽·沃特斯(Mary Waters)的作品探讨了当代加勒比裔美国有色人种移民及其子女与早期白人移民相比面临的非常不同的选择和限制,原因是其他美国人在种族上对他们的定义不同。考虑到美国文化中种族和民族等级制度的发展性影响,沃特斯拒绝了"假定一种无差别的整体美国文化"的直线同化模型,并强调移民进入"一个有意识的多元社会,在这个社会中,各种亚文化以及种族和民族认同共存"。[1] 作为对直线模型的替代,沃特斯借鉴了波特(Portes)和周(Zhou)的观点,主张将分段同化(segmented assimilation)作为更合适的描述词。[2] 这一理论的重点不是一个人在多大程度上融入美国社会,而是融入社会的哪个部分。

第一代人融入的模式创造了不同的机会、文化以及社会资本,表现形式为民族工作、人际网络和价值观,这些都对第二代移民的忠诚和不断发展的身份认同产生了不同的吸引力。由于那些在美国面临极端歧视的移民群体,以及那些居住在美国少数民族附近、面临着巨大歧视的移民群体的存

---

[1] Mary C. Waters, "Ethnic and Racial Identities of Second Generation Black Immigrants in New York City," *International Migration Review* 28, no.4(1994): 799.

[2] A. Portes and M. Zhou, "The New Second Generation: Segmented Assimilation and Its Variants," *Annals of the American Academy of Political and Social Science* 530(1993): 74–97.

在，第一代人中出现了反应性民族(reactive ethnicity)。第二代年轻人与美国少数民族的联系更加紧密，他们的父母一代缺乏一定程度的社会资本来为他们提供机会和保护，他们很可能会形成像贫穷的黑人和拉美裔人等美国少数民族对占主导地位的白人社会所持的"对抗立场"。[1]

因为沃特斯在她的研究中发现，加勒比移民普遍认为"作为一名移民黑人比作为一名美国黑人，具有更高的社会地位"，所以她的结论是"对第二代移民来说，成为美国人的部分努力包括形成对种族主义及其影响和细微差异的知识和看法"。[2] 这些模式并不局限于加勒比裔美国人。事实上，波特和周在墨西哥移民中发现了类似的分段同化的例子，这表明这种动态不仅仅局限于黑人群体。

沃特斯强调了种族歧视对美国民族认同发展的影响，但她与波特和周的观点不同，她认为"第一代人的社会资本和第二代人的分段同化类型在民族内部和民族之间是不同的"，并补充说她"所研究的年轻人的关键因素是种族"。[3]

青少年每天所遭受的歧视，他们在家庭中所接受的种族社会化的类型，他们在同龄人和学校中形成的对种族的理解，都影响着他们对美国社会做出反应的强烈程度。这些年轻人对种族歧视的经历和应对方式影响着他们的种族/民族

---

[1] Portes and Zhou, "The New Second Generation," 801.
[2] Waters, "Ethnic and Racial Identities," 799-800.
[3] Waters, "Ethnic and Racial Identities," 802 (emphasis added).

认同类型的形成。[1]

为了解释这些第二代移民青少年所选择、表现或被强加的各种身份,沃特斯描述了三种类型的移民:(1)认同自己的美国人身份,(2)认同自己与美国黑人保持一定距离的美国少数民族身份,(3)仍然认同自己是"不在意美国种族和民族类别"的移民。[2] 这三种分类之间的差异是按照远离典型"美国黑人"的程度进行区分的结果。

沃特斯的第二个分类,即民族认同的第二代移民青少年,最能突出第一代和第三代移民之间的差异。第二代移民青少年认识到社会和他们的父母经常对贫穷的黑人进行负面描述,并尽力使自己与这些形象有所不同,他们强调自己的民族而不是种族(认为自己是海地人、牙买加人、特立尼达和多巴哥人等),注意他们自己和美国黑人之间的明显区别,强调黑人身份并不等同于美国黑人身份(回想一下第七章中安特文对朱利安的评论),以此区分他们自己和他们认为的典型美国黑人。沃特斯的研究对象描述了"下层美国黑人的文化和价值观,包括缺乏纪律、缺乏职业道德、懒惰、不良育儿方式和对教育的不尊重"。此外,沃特斯的研究表明民族认同的第二代移民年轻人声称,"美国黑人喜欢把种族作为他们做坏事的解释或借口",并认为"当黑人意识到他们不仅仅是美国黑人时,白人会更好地对待他们"。[3] 白人

---

[1] Waters, "Ethnic and Racial Identities," 802.
[2] Waters, "Ethnic and Racial Identities," 802.
[3] Waters, "Ethnic and Racial Identities," 805, 806.

至上的观念在这里很明显,而且显而易见,它们对发展中的青少年对其身份、关系和社会阶层的理解产生了深远的影响。事实上,几项研究表明,第一代和第二代移民学生接触美国规范的时间越长,他们的学业就会越差。[1]

因为这些有着相同民族认同的第二代青少年经常收到来自白人的暗示(公开的和秘密的):他们是规则中所说的例外(规则即大多数黑人没法成为优秀模范)。这使得这些青少年有着这样的认识:除非他们公开宣布自己的民族,否则白人会默认他们是美国黑人。因此,许多青少年为了应对这种困境,发明了各种方法,通过口音、服装、音乐甚至走路的方式来展现他们的民族。这些"展现"对他们与父母、兄弟姐妹和同龄人的关系有着深远的影响,因为民族认同的第二代青少年可能形成一种与同龄人对立,但与他们的家庭保持一致的身份。这种认同的过程也可能导致与美国黑人的疏远和摩擦、对这个群体的负面刻板印象的接受,以及白人至上的永久化。

那些被归入沃特斯分类中第一类的人,即认同自己美国人身份的第二代移民青年,走的是一条最接近直线理论的道路。这些年轻人采用美国黑人文化作为他们的同伴文化,主要是因为他们出生在这里,这代表了在离家和学校最近的领域建立社会和文化资本的最强大和最普遍的手段。这些青少年开始认为"成为一个美国黑人就是成为比来自岛屿的人更时尚,更'与时俱进'的人。""在社区和学校的同龄人文化中,这些青少年描述了一种

---

[1] See Gans, "Second-Generation Decline," 173 – 192; Portes and Zhou, "The New Second Generation," 74 – 97.

情况,即身为美国人比身为少数民族的社会地位更高。"例如,沃特斯研究中的几个女孩用"及格"描述美国黑人,以便在学校里不被嘲笑或挑毛病。由于这种压力,他们显现出对美国黑人这一身份的认同,并开始对他们的第一代移民父母对美国(种族主义)社会制度缺乏了解产生不屑,这可能导致与父母的明显冲突。[1]

尽管这些分类提供了深刻的见解,但现实生活中的青少年民族认同发展可能要复杂得多。例如朱利安·托马斯的情况。朱利安出身于海地难民家庭,他的父母认为自己在美国的处境远远优于在海地所面临的处境,他已经学会了如何高度重视同化。虽然父母小心翼翼地区分朱利安应该融入的社会阶层(与白人主流文化特征的融合被认为比与"黑人"文化融合更好),但朱利安努力用他在学校接收到的信息纠正他从家里接收到的信息。作为朱利安儿时最好的朋友,安特文的"同一性封闭"没有对他们的关系产生任何威胁,因为他们喜欢同样的东西,相处得很好,也没有任何由头去审视他们之间的差异。但当安特文在中学开始遇到麻烦时,朱利安的父母对他们的友谊感到不安。他们担心朱利安会被他们所认为的安特文的不良行为和学习成绩所影响,因此限制了朱利安的课后活动,并强调他要成为一名优秀的学生,一名尊重他在海地成长经历的代表,一个移民到美国并获得成功的榜样。这种道德观念深入人心,并推动朱利安在学业上取得了几年的成功。然而,与此同时,他与安特文的关系变得更加紧张和疏远。如第二章所描述的那样,他退回到与世隔绝的状态和漫画

---

[1] Waters, "Ethnic and Racial Identities," 807, 808, 812.

书里，部分原因是对他的民族/种族身份认同以及他应该与什么样的朋友交往的困惑。

学校的专业人士可以帮助像朱利安这样的学生在民族认同发展的棘手领域找到方向。关注主流文化通常重视的东西和学生的家庭文化可能重视的东西之间的差异，然后寻找将种族融入这些评估的方法，是青少年发展工作的重要部分。在一个沉浸于"美国梦"的文化中，教育工作者倾向于看好民族认同的青少年的决定和发展，而不是那些表现出"美国黑人"刻板行为或美国认同的第二代移民青少年。如果不对这些社会力量及其发展意义进行批判性分析，教育者可能无意中会使影响学生的民族中心主义和种族主义结构长期存在。面对这些问题并寻找可以讨论这些问题的人和空间的青少年，可能会对声称关心这些问题但对他们所面临的挑战知之甚少的教育工作者产生怀疑。这些青少年经常经历在商店里被跟踪、在工作场所受到歧视、被警察调查，如果他们生活中的重要成年人不能或不愿意讨论这些经历，他们的发展可能会转入地下，表现出不健康的行为。

对于民族认同和美国认同的年轻人来说，学校和家庭一样重要。一所拥有大量非裔美国人的学校可能会给朱利安这样的第二代移民学生施加压力，要求他们采取民族认同。类似地，在少数民族聚居区内或附近的邻里学校则可能不会过多考虑美国人的类别。第一代和第二代之间的差异可能导致在学校和家庭中产生冲突，因为孩子们认为自己是美国黑人，而父母（和许多教育工作者）往往对这个群体持负面看法。这样做的后果可能是，青少年要么内化对自己身份的负面评价，要么脱离父母的世界观，这两者都可能导致深刻的身份冲突，如果不关注民族和种族，这种冲突是无法解决的。

一天,当丹妮尔女士请朱利安把自己作为一个非裔美国人的经历和阿切贝笔下的一个非洲人的经历进行比较时,朱利安纠正了她说:"我是海地人。"在同一天的午餐中,安特文质问朱利安对丹妮尔女士的反应,说:"傻瓜,你以为你不是黑人?我告诉你,伙计,白人只看到你的黑屁股,而不是你到处挥舞的海地国旗,你最好了解一下,哟,我是说,你比我黑,伙计!"在与米奇一起研究变色龙/超级英雄的另一面后,朱利安认识到灵活性和适应性是可取的特质,在不同的空间和关系中保持不同是完全可以的。但是,人们所熟悉的压力总是存在的,对海地人身份的认同比黑人难。随着朱利安开始尝试自己身份的各个方面,并试图满足社会、同龄人和父母对他的民族和种族身份各个方面不同的期望,他发现满足同龄人而后获得来自同龄人的尊重对他来说变得越来越重要,有时甚至超过了他对满足父母期望的需要。朱利安知道他正在从安特文那里学习他在家里没有学到的关于种族的宝贵一课,并且意识到他由于与安特文交往而享有更高的声望,因此他非常想保持这种友谊。然而,为了与父母保持牢固的联系,朱利安不得不"秘密地"与安特文保持友谊。因此,随着朱利安的民族认同的展现,他面临着一个重大的困境:如何在与朋友相处时以黑人身份过关(因为不这样做会被贴上不酷的标签,被降级为"国际生"或"移民"身份,而不是"有色人种学生"),同时保持他的海地人身份(这个身份使他与家人和他在学业上取得成就所依赖的支持结构保持密切联系）。再加上他最近开始和白人女孩珍妮约会，很明显朱利安的民族认同发展处于前沿和中心地位，这促使他去理解自己和与他人的密切关系。

沃特斯的研究揭示了像朱利安这样的情况：民族或种族认同的竞争压力使有色人种的青少年移民在学校和家庭关系转换之间很难感到真实。这可能导致不同肤色群体之间的尖锐分歧，而主要由白人组成的教学团队很少去调查、理解这种分歧的动态。教育工作者了解学生生活中的社会文化动态及其对发展危机（如朱利安的危机）的影响，可以提高他们接触和教育青年的能力，这种动态对青少年至关重要。当我们与青少年谈论他们遵守的种族和民族等级制度以及他们参与其中的情况时，我们能够共同建构他们对这些经历的理解，并指出可能发生的最佳的和不健康的发展动向。进行这种对话，也可能给包括学生的原始发展主义者（父母）在内的人带来极大的好处，因为民族认同的青少年经历的压力通常来自从学校到家庭的过渡。教师应该创造学生不必为了归属而放弃部分身份的学校空间，经常就学校社区中的民族中心主义和种族主义动态进行对话。教师和工作人员与学生一样重视文化能力的发展，包容性话语应该得到包容性的教学和人际关系的支持。教师对要点的掌握程度与学生的社会和情感需求知识同等重要，辅导员和学校的心理咨询老师受过良好的培训，能够辨别民族和种族类别对学生发展的影响，这样才是最有利于青少年健康发展的学校环境和做法。教师应该欢迎青少年参与这些环境的共同建设，以促进所有参与者的成长。

第九章　性认同发展

　　身份认同可以促使自己重新品味人生的过往,并找到一些有待完善的细枝末节。事实上,大部分身份认同发展的任务就是弄清楚如何处理我们生活经验中那些悬而未决的问题。在某些情况下,似乎最好的办法就是简单地抛开问题,置之不理,但有时更可取的做法似乎是对问题溯源。可这种方式却很难直接作用于身份认同上。在理想的情况下,绳索会按一定的顺序和章法有序地编织成一个完整的线团,让我们很容易找到线头和线尾。然而,身份认同的"线团"是被相关人生体验紧密包裹起来的,并能创造出被目的和需求束缚在一起的更强大、复杂的编织网络。因此,在现实情况下,它们被粗略地打成结或仅仅是一团乱麻,我们或许只能以一种模糊定义的方式将它们联系在一起,或者说以一种需要进一步关注的方式来摆脱让我们感到有点不安的心结。

　　性引发了这种思考。它在我们的经历中制造了一些悬而未决的问题,这些问题有时会通过愉悦的心情和人际关系的奇妙交织融入我们对自我的理解中。在另一些情况下,它会让我们陷入困惑和痛苦,感觉自己的内心以一种似乎无法逃避的方式纠结在一起,尽管我们付出了巨大的努力,却无法逆转。无论采用哪种方式,我们都不得不反复努力为这些经验带来进一步的意义,使这些经验与我们自己更深处的意义相一致。

到了小学四、五年级,人类性的奥秘开始显现出一种不同于以往的发展压力。前青少年期,即连接儿童后期和青春期的时期,可以成为连接多种挑战的桥梁。这是一个创造新体验的时期,它可以是天真的兴奋的时期,也可以是早熟的困惑的时期。这是一个在大厅里仅仅是擦肩而过就能让年轻人心跳加速的时期,也是一个日落前在公园里玩捉迷藏后隐约期待初吻的时期。但对一些青少年来说,它也可以带来更多体验,比他们所准备的要多得多,比他们所能预料的要多得多。

我们在第六章介绍过反思自己高中经历的杰瑞,他对自己五年级的情况也记忆犹新。当时他是一个比较害羞的五年级学生,还没有培养出能让自己赢得"有趣的大个子"这样的人气称呼的幽默感。他有几个要好的朋友——虽然也是性格内向,但当他们三个人在一起的时候,却充满了无穷的乐趣和麻烦。杰瑞的朋友本(Ben)在家排行老三,是三兄弟中最小的一个,因此特别善于揣摩大男孩们的心思。而帕特和杰瑞一样,都是独生子,他们想询问所有关于大男孩的事,只能依靠本。大多数情况下,本的回答都是很常规的。例如,他17岁的哥哥买了一辆车——这听起来是个很酷的消息,本甚至还让他的哥哥载着自己和他的两个伙伴在城市里兜了几次风。

但帕特渴望知道更多。"你哥哥的新女朋友是谁,本?"
"我还不知道她的名字,"本回答说,"他甩掉那个叫露西的女孩后,到上个星期才开始跟她约会。反正她是个荡妇。这就是我哥哥在电话里对他朋友说的话。"

"荡妇是什么?"帕特问,"你是说她来月经了?"

本假装对他朋友的无知感到厌恶,大叫道:"不,你这个白痴。荡妇和婊子是一回事!该死,你好蠢。"

这时杰瑞笑得在地上打滚,装作自己知道本在说什么,分享着帕特的无知所带来的欢乐。不一会儿,三个男孩都笑得不可开交,还嬉皮笑脸地互相打了起来。

"嘿,"本说,打破了歇斯底里的气氛,"想看点厉害的东西吗?来看看这个,我哥哥把这些光碟藏在他的房间里。我前几天翻遍屋子才发现的。你想看一些荡妇吗,帕特?你会知道她们真实的样子!"

男孩们发现了本的哥哥藏的色情影片,由于杰瑞的父母不在家,他们溜到他家的地下室看起了光碟。其实,当本第一次发现类似的东西时,他已经偷偷看了一眼其中的内容,在过去的两年里,因为看了不少哥哥们藏起来的杂志和视频,所以本知道将会发生什么。但杰瑞和帕特却突然被一个全新的世界震惊得不知所措。杰瑞曾经在他母亲洗完澡的时候看到过她的胸部,但那是他唯一看到过的赤裸女性的身体。帕特也没有更多的此类经验。他们看过挑逗性的音乐视频和色情杂志封面,但这次的光碟体验是一个全新的世界。

在几乎目瞪口呆的沉默中看了半个小时后,本开始变得急躁起来。"看吧,我就说你会看到一些荡妇!现在你明白我的意思了吧,帕特?!"

第九章 性认同发展

帕特几乎说不出话来，喃喃地说："你是说你哥哥的前女友是这样的吗？"

"是啊，伙计！"本用断然自信的语气回答，"这就是我想说的。所以他才把她甩了！"

杰瑞仍然专注于光碟，几乎没有听到朋友们的声音，"现实"让他感到无比震惊，实际上也终结了他的童年纯真。

我们经常听到性伤害的故事，这些故事打破了童年的纯真。我们听到一些男孩和女孩遭到了成年人的猥亵，这些行为伤害到了自己的孩子、邻居的孩子以及学校和宗教机构中年轻人的安全和福祉，违背了成年人最神圣的信仰。虽然这些创伤被曝光后理所当然地会抢占头条新闻，但像杰瑞家地下室里出现的情景仍被当作"男孩本该如此"。事实上，大多数时候，孩子们的这些行为仍然是隐秘的，从未引起成年人的注意。对于经历这些事件的前青少年期的孩子（一般是小学后期），甚至是青少年初期的孩子（一般是初中）来说，他们也很少能完全意识到这些事件的影响。相反，这些事件仍然刻画在生动的想象中，有点类似于色彩浓烈的抽象艺术。由于没有足够的语境来解释这种"艺术"表达，这些年轻的观众就按照自己的意愿去理解。帕特显然受到了下午所看到的色情影片的影响，杰瑞的身心也受到了极大的创伤。他不能忘记这些影像，也许是因为他没有办法当作什么都没发生。它们仍然历历在目，拉着他的感官进一步定义，迫使他去理解那些人到底在做什么，以及在某个层面上，这对他意味着什么。

杰瑞性史的这个开端——如果可以这么说的话，将成为他在整个青少年期和成年早期都要努力解决的问题之一。他一次又一次地回想这段早年的经历并经常走入地下室,要么是从本的哥哥那里偷来另一张影碟,要么是发现一个新的秘密来源,或者在他无法集中精力学习代数时痴迷地想着那些场景。和20世纪末21世纪初许多进入青春期的男孩一样,杰瑞的性教育主要来自色情影片,在许多情况下,男孩也会仔细阅读他们找到的色情杂志,但如今,越来越多的人在网上观看色情影片。出于善意,成年人总是担心孩子会受到性侵犯,但如今,性侵犯者可以通过聊天室和其他场所更广泛地接触到成千上万的儿童和青少年。

  色情影片和那些隐晦的影视作品(如以性为主题的电视剧和挑逗性的音乐视频)的影响远远超出了现实中性侵犯的恶劣后果。但是,它也可以为大量青少年提供更多性教育机会。在当代美国文化中,网络聊天室里的性侵犯者和色情作品营销者宣称已经积极地加入了性教育者的行列,可他们教的又是什么呢?虽然这种媒体"课程"的性教育内容可能多种多样,但每次呈现都贯穿着一个共同的主题:获取更多新鲜体验!得到比你现在拥有的更多,甚至比你想象的更多的体验。营利性媒体的目的就是引诱,聊天室里的"掠夺者"也是如此。目的是说服观众或参与者点击聊天室里的广告链接,并为广告内容"买单"。无处不在的消费性,是色情媒体"课程"赖以生存的特征。利润率是对性消费行业的高风险测试,如果消费者不一次又一次地购买,这个行业就会破产。

  本章的一个关键问题是如何应对我们学校中以媒体为基础的性教育课程。基于每天对青少年进行轰炸的大规模营销活动,我们应该教什么性知识?这些都是极具挑战性的重要问题。教育工作者花费大量时间鼓励学生专注、全情地完成学校教育的常规性课程。但是，对于那些被迫接受其他"性教育课程"的学生来说，全身心接受学校教育已经变得异常困难。因为那种"课程"是不间断的、以媒体为基础的性教育课程，夜以继日地向学生推销。当一个人的感官被大量的性图像过度占据和刺激时，他很难专注于学校的日常生活。

性脚本

通过市场化的性教育来学习，具有一系列挥之不去的影响，其中最重要的是由演员和其他"表演者"示范的密集性脚本。与第六章讨论的性别脚本一样，性脚本创建了男性和女性扮演特定角色的舞台。但根据萨彭-谢文和古德曼的观点[1]，一个核心问题是，人们希望通过类似于"渗透"的方式学习脚本，而不是被强制教导或被强迫表达。人们期望男孩和女孩在成为男人和女人的问题上自然而然地学会自己的角色。所有这些都暗示着，性是一种天生的遗传特质，而不是后天习得的行为，或者是两者的某种结合。当人的生理成熟后，相关的部分（身体的部分以及我们所扮演的角色）也会随之成熟。这个脚本中还隐含着这样的意思：如果性的发展是人类的生物学自然本能，存在于社会属性之前或之外，那么它就应该以自然的方式进化。也就是说，男人和女人应该在彼此的吸引中自然地进化，最终导致爱情和出于生殖

---

[1] M. Sapon-Shevin and J. Goodman, "Learning to Be Opposite Sex: Sexuality Education and Scripting in Early Adolescence," in *Sexuality and the Curriculum: The Politics and Practices of Sexuality Education*, ed. James T. Sears (New York: Teachers College Press, 1992).

目的的性交。尽管我们可能持有其他更先进的认识，但无论如何，这就是有关"性"最传统的脚本。在很大程度上，性认同发展中所有的变化都背离了这一初衷。

我们在第三章第一次见到珍妮·蒙特罗，她很早就知道"获得正确的脚本"极其重要。她在整个小学期间扮演假小子角色，除了偶尔能在同学的谩骂中赢得胜利之外，并没有赢得多少认可，但这些脏话的真正意思她并不理解。不过，通过他们说话的方式，以及粗俗的手势，她知道这些话很难听。当珍妮在九年级的时候终于"明白了"还有更好的方法来赢得关注，那就是开始喝酒，和大男孩出去玩，她逐渐学会了完美地扮演自己的角色。在这一过程中，她也培养了一种敏锐的洞察力，知道什么时候男人对她感兴趣，并且知道他们想从自己这里得到什么。

在某种程度上，珍妮正在接受人类性行为的二手教育。她学习扮演的角色主要是由年长的男生教的，他们通过杂志和录像等常见的媒体教育渠道学到了相关的知识。为了开展他们习得的脚本，男生必须指导女主角进行相应的表演。在珍妮看来，其中一个男生是个特别好的老师。他温和、礼貌、积极而不强势。虽然他们的关系只维持了很短的时间，但珍妮学到了如何与伴侣相处。这些年来，她经常想起这个男生，想知道为什么他们的关系没有结果。

其他时候，珍妮什么都感觉不到。有几次她喝得太多，发现自己陷入了可怕的境地：两次和当天晚上刚认识的男孩在一起，因为这些男孩必须快速分享他们知道的东西，他们试图把珍妮变成一个快速学习者。这些痛苦的时刻,幸好她记得不是很清楚,由于饮酒过量,加上在那些时刻她能把注意力转移到别的地方。但即使她记不太清,这也是珍妮努力想要忘记的过往。

十年级结束时,珍妮开始和朱利安·托马斯交往,那时她已经对自己有了很多了解。朱利安也很了解她。随着时间的流逝,他们之间有了更多的交流和谈话,这些谈话有的回忆过去,有的畅想未来,其中有欢笑也有痛苦,但总之,这些交流就像他们彼此之间的关系一样,让珍妮努力振奋,继续前进。

传统的异性恋爱情故事,既是关于性的迷思,也是关于性的脚本。这些故事提供了一些基于性别角色预期发展的"健康"性交往方式。那些角色要有浪漫的爱情、婚姻和繁育的幸福结局。同时,性不是为了性本身,而是为了个人和他人的持久幸福。珍妮在性活跃之前就知道传统脚本,并且在某种程度上认为自己始终遵守,即使这条路看起来非常曲折。传统的脚本也抓住了关于性的模糊概念,这是杰瑞在四年级的那个下午之前就有的一些隐约感觉。他母亲经常跟他说,性和婚姻是联系在一起的,总有一天他会爱上自己的真命天女,生下自己的孩子。但是,就像珍妮早期的经历一样,这不是他在影碟上看到的。他所看到的一切,与他对浪漫爱情的想象没有任何关系,其实,他甚至对爱情没有任何想象。这张影碟以及随后几年出现的许多其他色情影片,都让他对性与爱之间的关系产生了困惑。他所看到的和母亲的说法似乎是矛盾的。但是他怎么会明白那些影片的真正含义呢?

那时他才只有 10 岁,尽管他对每一部影片都有一种强迫症般的关注,几乎把每个场景都记在了心里,但在接下来的几年里,他的困惑却并没有变得更加清晰。

萨彭-谢文和古德曼强调了伴随着性脚本的沉默准则(code of silence),即对于性,允许人们观看甚至参与,但不允许提问。你要自己想办法,或者,如果你幸运的话,在伴侣的帮助下,可以一步一步地弄清两性交往的每个步骤。至少按照作者的说法,脚本应该是这样的。如果没有,就应该自己想办法,这正是杰瑞处理事情的方法。他不能要求母亲解释她对爱情的描述和他在银幕上观看的"亲密"行为之间的区别,他也不能问帕特或本。因为这样做只会被他们嘲笑或被骂成变态,他更担心这些秘密被广而告之。因此,他只能选择自己一个人探索。

与许多男孩不同的是,当杰瑞在六年级第一次梦遗时,他清楚地知道它是如何发生的。他想着最近看的一部影片中的场景睡着了。他梦见了他看到的两个男人和一个女性伴侣发生性行为,以及每个男人对她做了什么。在梦中,他说不出那个女人是否喜欢正在发生的事情,或者她是否想参与其中。他甚至说不出男人们是否喜欢正在发生的事情,如果他们喜欢,他们喜欢的是什么。他只听到他们大喊大叫,变得很兴奋。杰瑞一觉醒来浑身是汗,床单黏乎乎的,他想到了那两个人。他像他们一样流汗,甚至像他们一样射精。他现在以某种遥远的方式成为了他们中的一员。那天早上他就是这么想的,就像在看第一张影碟时一样,他无法将这两个人从脑海中抹去。

第九章　性认同发展

很明显，像杰瑞做梦这样的经历是不能被谈论的，至少不能如实地与人谈论。然而，像他这样的梦引发了许多问题。他为什么这么关心这些人呢？这是否意味着他是同性恋？这是否意味着他想成为他们那样的人？这是否意味着他想要了解他们，以及他们要教他怎样做一个男人？他们是怎么看待和他们在一起的女人的？他们觉得对方怎么样？青少年早期的脑海中充满了这样的问题，但却不能很好地表达出来，而且，通常情况下，他们没有任何安全的空间，也没有可以一起解决这些问题的成年人。虽然像杰瑞这样的学生每天都把这些半成型（semiformulated）的问题带到学校，并且经常在课堂里做白日梦或对它们着迷，但学校实行沉默准则。有私人想法是可以的，只是不要让它们闯入公共领域。这再次传达出一个信息，性是一个需要自己学习和解决的私人问题。

然而，正如社会学家贾尼斯·欧文（Janice Irvine）尖锐地指出的那样，这是一个复杂的情况，这反映在公众对诸如前总统比尔·克林顿（Bill Clinton）因与白宫实习生莫妮卡·莱温斯基[1]（Monica Lewinsky）有染而遭到弹劾等问题的关注上。他并没有因为这件事本身而被弹劾，而是因为他在宣誓后撒谎，这加剧了公众对哪些事情应该保密、哪些事情应该公开的争论。欧文说，一方面，每个人都想谈论性，探求所有想知道的事情，但同时我们也希望保持自己性方面的隐私。如果这种情况让成年人感到困

---

[1] Janice M. Irvine, *Talk About Sex: The Battles Over Sex Education in the United States* (Berkeley: University of California Press, 2002).

惑，那么对于那些试图弄清楚最基本问题的青少年来说，就更加为难了。

　　克林顿与莱温斯基的故事经典地将至少四种常见的脚本或脚本类型结合在一起，这些脚本在人类性行为中大量出现：欲望、道德、权力和隐私。克林顿总统作为一个已婚男人，利用他非凡的权力与一个为他工作的实习生发生关系，这在道德上是错误的吗？还是说这是双方个人之间的私事，或许是总统的私事，但他们有权决定自己的道德标准吗？这个故事的脚本再丰富不过了，但很多青少年性行为所蕴含的主题并不总是有那么清晰的脚本，尽管它们可能同样复杂。

　　　　在珍妮的早期性经历中，欲望以一种表面上难以识别的方式出现。最重要的是，她希望得到同龄人的认可。她已经厌倦了被嘲笑为假小子，她的性行为至少让她能被邀请参加自认为可以被认可的聚会，尤其是在她喝了几杯啤酒之后。她发现那个年长的男孩是一个特别好的"老师"，通过这段经历，她体验到了某种表面上的性快感，但是她需要时间才能始终如一地感受到这种感觉。事实上，随着珍妮和朱利安的关系越来越深入，她发现了欲望和快乐之间的特殊区别。她产生了与朱利安发生关系的强烈欲望，但在他们的互动中往往感觉不到性快感。珍妮欣赏朱利安，因为她从中收获到了信任、快乐与成长。但对她来说，仍然有某种障碍需要花一段时间才能弄明白。

　　　　随着朱利安和珍妮的关系越来越亲密，他们开始更坦诚地谈论彼此，朱利安逐渐问了更多关于珍妮过去的问题。他意识到珍妮有更丰富的情史,虽然这为他们的关系带来了更丰富的体验,但他也因此感到被剥夺了权力。事实上,脚本在一定程度上被颠倒了,珍妮现在是"老师",即使她的课讲得很微妙。朱利安开始担心自己和她交往过的其他男人相比如何。另外,他们的关系不一定是"一夫一妻"制的,珍妮有时还是会参加没有朱利安参加的聚会。朱利安也会和朋友们一起出去,但他现在对其他女孩不感兴趣。鉴于珍妮的过去,他根本不确定她是否也有同样的感觉。他们的关系刚开始,没有任何承诺的暗示。朱利安告诉自己他两各自管好自己的事就行了。尽管他伪装得很好,但还是觉得没有安全感,这反过来又让自己觉得很无力。他爱上了珍妮,但这并不完全按照自己想象中的方式进行。据他所知,这并不是朋友之间应该上演的脚本。

珍妮和朱利安关系的萌芽充斥着欲望、道德、权力和隐私的互动脚本。进一步借鉴欧文的脚本理论,并与本书中提出的发展模型保持一致,我们可以认为这些脚本表现在三个层面上:心理、人际和文化。在心理层面,我们看到珍妮和朱利安都在与他们的个人问题做斗争。珍妮表现为努力与自己的欲望做斗争,而朱利安则表现为努力应对无力感和不安全感。这些心理上的挑战通过他们的性关系表现出来,珍妮正在努力将她对朱利安的钦佩与她体验性快乐的能力结合起来。另一方面,虽然朱利安心存不安全感,但却不希望因此而破坏他们的关系。事实证明,这是一个关于道德底线的心理斗争。虽然他试图不去评判珍妮情史或她的其他性关系的道德性,但他觉得他不能更好地处理这些问题是自己的错。他感到内疚的是，尽管努力不做道德评判，但私下里他仍然对珍妮的"不忠"感到愤怒，尽管他们并没有对对方做出明确的承诺。之所以如此，可能是因为朱利安认识到自己的愤怒是非理性的，是源于自己的不安全感，而"男人是性的领导者"这一预设的性脚本加剧了这种愤怒。

也许珍妮和朱利安的关系最复杂的因素存在于文化层面。作为一个海地裔美国青少年，朱利安一直在努力争取被同龄的非裔美国人接受，与白人女孩的约会给他增加了额外的压力。比如，他的朋友安特文就对此颇有微词。由于珍妮在九年级期末怀孕了，父母为了让她在十年级重新开始，便把她送进了中央高中，又因为不想在同样的问题上再犯错，所以他们对朱利安的感觉很复杂。一方面，他们很感谢朱利安和丹妮尔老师通过年鉴的文学项目，把珍妮从学业的低谷中拉了出来。对他们来说，朱利安显然是一个杰出的年轻人。但另一方面，不可否认的是朱利安深褐色的皮肤使事情变得更复杂了。对朱利安来说，事情也因此而愈发混乱，以至于找不到问题的根源所在。但他确信一件事：他爱上了珍妮。如果珍妮也这样想就好了。

现有的社会学和心理学理论中所描述的脚本，其中一些是可以在上述案例中呈现的，这只是我们在学校看到的许多常见脚本中的一个例子，这些脚本深植于学生的头脑并通过行为表现出来。这里并不是要讲具体的脚本，而是要提醒教育者注意性脚本的一般属性，包括其发展源头。除了媒体、家庭和广泛的社会之外，性脚本也在宗教团体、朋辈群体、友谊关系以及其他青少年所聚集的地方得到发展。所有这些环境的共同点是在性脚本的发展过程中发挥了强制、榜样、强化和激励的作用。性脚本一般是由那些拥有或寻求各种性权力的人引导的,并利用它来提高性方面的可能性。这种权力被用来为性行为建立模型,然后通过快乐、机会、地位、安全感或任何可以量化的理想结果来强化和激励性行为。虽然每个人对性脚本的采用都是有充分理由的,但好的理由并不一定与健康发展有关。因此,教育者如何基于自己的人生体验客观、理性地为学生介绍性脚本就成了一个重要问题。

学校性教学:性教育应该是什么?

大多数父母都不希望自己的孩子像珍妮和杰瑞那样,在酒精或色情影像的影响下学习性知识。然而,对于那些在没有正规性教育课程的学校上学的年轻人,或者对那些接受课程非常有限(尤其是与在派对或社区里学到的知识相比)的年轻人来说,这是他们唯一的选择。许多社会学家和心理学家研究了学校性教育的本质,结论几乎一致:正规的性教育课程范围极其狭窄。[1] 正如詹姆斯·西尔斯(James Sears)总结了性教育中的五个问题:广泛性、相关性、课程的隐蔽性、情色主义的理性、技术性。在考虑是否开发或修改性教育课程时,这些问题中的每一个都可以作为重要的指导或筹备主题。

这五个问题都是高度相关的,并需要在相互的关系中来理

---

[1] Irvine, *Talk About Sex*; Debbie Epstein and James T. Sears, eds., *A Dangerous Knowing: Sexuality, Pedagogy, and Popular Culture* (London: Cassell, 1999); James T. Sears, "School Administrators as Public Intellectuals: Developing a Sexuality Curriculum in a Multicultural Society," in *What School Administrators Should Know*, ed. S. Tonnen (Champaign, IL: Charles Thomas, 2000).

解。要使课程具有相关性,课程内容必须直接且广泛。最简单的方法就是完全建立在生物学的基础上,教授男人和女人如何协同生育孩子。有一种说法是,只教"基础知识",而把更复杂的问题,如性价值观和性偏好,留给父母或学生个人去解决。但什么是基础知识呢?例如,我们是否描述了精子是如何与卵子相遇的?我们是否讨论过大多数性行为并不是为了怀孕?快乐在性行为中的作用难道不是很基本的吗?根据大多数初中和高中的性教育课程,很少有解剖学的存在,更不用说阴蒂和系带的功能。从这个角度来看,获得快乐已经超出了基本的范畴。关于快乐的讨论可以把我们带向许多与精子和卵子没有多大关系的方向。

但据米歇尔·法恩说,如果我们的课程想要产生更多有意义的影响[1],这些就是我们必须走的道路。法恩主要关注女孩的性教育,她发现大多数基于性行为意义的讨论,相对于那些纯粹关注生物学或基本行为的讨论,主要强调三个主题:暴力、受害和个人道德。虽然上述每一个问题都至关重要,但正如法恩所描述的那样,普遍缺乏的"欲望之辩"(discourse of desire)让人误以为没有更多的问题了。对大多数人来说,主动的性行为,源于人类的欲望,无论是情欲的欲望,亲密关系的欲望,还是被社会接受认可的欲望,就像上面珍妮的案例一样。因此,把欲望排除在课程之外,就是不负责任的表现。法恩认为,尤其是对低收入的有色人种女孩来说,缺乏对女性欲望的讨论可能是特别危险的,会使她们处于更高的受害风险之中。她的论点植根于这样一个现实:

---

[1] Michelle Fine, "Sexuality, Schooling, and Adolescent Females: The Missing Discourse of Desire," *Harvard Educational Review* 58, no.1(1988): 29–53.

在许多贫穷和低收入家庭,尤其是那些家里有年幼子女的家庭,少女面临着迅速成长的压力,要么是为了帮助照顾年幼的弟弟妹妹,要么是为了更好地照顾自己,以此来缓解母亲面对的经济与家庭的双重压力。对于一个女孩来说,快速成长意味着成为一个女人。在很多情况下,对女性身份的外部认同戏剧性地超过了对其进行管理的内在能力。

从性欲作为大多数性行为的起点开始,我们可以从法恩的观点切入问题——这一基本问题,不仅是关于有色人种女孩的性成长和性安全需要什么,而且是关于所有年轻人对性的相关理解需要什么的基本问题。法恩对欲望话语缺失的批判与西尔斯的论点是一致的,即性教育主要是基于理性主义的取向而不是植根于色情。理性主义教学注重前期决策,需要统筹安排和战略组织,强调在行动之前全盘考虑。我们需要教育孩子和学生在性决策方面更加睿智,避免做出片面、冲动的决定。如果我们在正规课程中没有为性教育腾出空间,就必须假定这些课程将在其他地方教授。但是回到这里提出的核心问题:没有性欲望的性关系会使整个问题脱离情境。这就像教授数学技能而没有教授数字的概念一样。

在某些形式的基础性课程中,生物学与技术相结合的基本方式正如西尔斯所描述的那样,这种技术式的教学,可以像展示阴茎进入阴道时的人体轮廓一样简单。充满了身体外部器官和内部器官的图像,包括精子游向卵子的动作照片,这些描绘能提供完整的生物技术概述。这是《克里夫笔记》(*CliffsNotes*)版本的性教育,与大多数学生所学的课程不相上下。超前一步的模式往往侧重于预防怀孕和性传播疾病。欧文将这一步骤描述为青少年性行为的医学化。基于她所说的 20 世纪 70 年代少女怀孕与 20

世纪80年代和90年代艾滋病流行的状况,性教育工作者应该武装起来,以避免这种事情的发生。而预防策略变成了禁欲,禁止在学校中讨论性,这不是为了进一步的理解而开放性地讨论。正如法恩和其他许多人所主张的那样,虽然禁欲的方法对一些青少年的发展有益,但这种方法也将一些人置于更大的风险之中,因为这与他们的生活经历不一致。[1]

西尔斯认为,无论采取什么方式,所有的性教育都有一个隐性的课程,而且它的教学方法和内容都是多样的。几乎所有的情况,要么是口头上的语言,要么是潜在的价值观都影响着人们的认识性。例如,对性教育采取禁欲的方法,往往与提倡将性行为保留到婚姻中的基督教宗教价值观联系在一起,因此一些"禁欲运动"的批评者宣称,这种方法是对教会和国家的规定的隐性侵犯。[2] 西尔斯、欧文和其他人认为,按照这个术语的通常定义,基础课程的教学延续了社会构建的性别认同的现状,因为他们教授异性恋关系的生物学和技术基础,而没有向外扩展到任何特定课堂中存在的一系列更加完整的性现实。只正式教授一种性表达形式——异性性交,这意味着其他形式的性表达不存在或不是真实、合法的表达。

性取向:迷思与困惑

在绝大多数情况下,性取向问题并不会在学校得到正式讨

---

[1] Janie Victoria Ward, *The Skin We're In: Teaching Our Children to Be Emotionally Strong, Socially Smart, and Spiritually Connected* (Boston: Free Press, 2000).

[2] Irvine, *Talk about Sex*.

论。在更多的情况下，家庭中也不教甚至根本不谈性取向问题。如果在教堂、犹太教堂或寺庙中讨论，它可能会被当作是一种可以接受的东西，但有时也会被当作是一种令人憎恶的东西，一种需要寻求帮助的东西，甚至可能是神的干预。一个人如何了解自己的性取向——是异性恋、同性恋还是双性恋？常见的假设是，有相应取向的人会自己解决问题，但这种假设准确吗？在很多情况下，这是一个方便的假设，因为没有人会为冒险进入这个复杂的、经常令人焦虑的领域负责。但是，由于没有可以求助解决性取向问题的人，就需要年轻人独自去解决这一领域的问题。这种假设认为，在没有任何教育或指导的情况下，无论是自然遗传的（或者上帝赋予，如果你有相应信仰的话），还是通过复杂的人类经验进化而来的方式，性取向会突然变得清晰，这件事表明了一个简单的类似神话的信念：一个人只要有性取向，便有一种天生的能力去理解这意味着什么。这个神话造成了大量的困惑。

当六年级的杰瑞从梦中醒来时，他意识到自己的性欲被唤醒了，但他却全然不知自己的性取向。他最初醒来时的形象是男人勃起的阴茎，这些形象与类似的形象融合在一起陪伴了他很多年，在多个层面引发了他对自己"男子气概"的疑问。在七年级的某个时候，杰瑞第一次看到了"真正的"勃起的阴茎，那不是他自己的。他的朋友帕特有一天晚上在他家过夜。他们两人都穿着内衣躺下，杰瑞看着帕特从他的背包里拿出了一本杂志，并看到帕特的阴茎从他的内裤里伸出来。当他看到第一张影碟时，他发现自己盯着帕特看，一言不发。"你看什么呢？"帕特戏弄地说道。杰瑞喘了口气，保持了足够的镇静,回答道:"没什么……没什么好看的,小家伙!"帕特开玩笑地跳到他身上,假装"和他做爱",不时大喊"拿下那个婊子!"和"抓住那个!"这两个朋友笑着结束了他们的恶作剧,然后各自睡去了。

哈里·斯塔克·沙利文在第五章中讨论了他在人际发展方面的工作,他也许是第一个明确性取向发展路径的主流精神病学家和临床理论家。20世纪40年代,在沙利文的工作中同性恋被视为一种精神病理学。尽管沙利文并没有完全反驳这种观点,但他开始抵触这种观点,认为前青少年期和青少年初期的同性实验是以后发展异性关系的重要准备形式。同样,沙利文并没有宣称同性实验具有普遍性,他只是通过临床观察指出,早期朋友间的性经验,尤其是相互手淫,在成年异性恋者的性史中相当普遍。向"正常化"和更多样化的发展过程迈出的这一步,有助于为后来的临床观察和发展研究打开大门。虽然沙利文在这一领域的原创性贡献至今已有60多年的历史,并在精神病学和心理学专业内得到广泛的认可,但他和后继者的研究成果却很少进入日常生活。青少年初期的男孩和女孩仍然担心他们的同性实验意味着他们是男同性恋、女同性恋或双性恋。要想自信地回答这类问题,教育者还缺少相关的知识。

沙利文做出的第二个重要贡献同样有助于我们对性别认同发展的理解。他有力地论证了"爱"与"欲"最初的分离和最终的融合。从上述传统的异性爱情和婚姻的浪漫脚本开始,沙利文描绘了混淆这两种动力的内在心理问题。他把情欲主要描绘成一种生物的或本能的动态现象,但需要经过实践的社会化过程才能在以后的人际关系中发挥作用。因为足够安全的实验场需要极高的信任度,所以他把青年初期同性朋友间的友谊视为可行的实践场。正如我们在第五章所讨论的那样,沙利文把爱看成一种像关怀自己一样关怀他人的能力,爱的动力反映了围绕着这种相互关爱而产生的动态互动。沙利文认为,人类的痛苦,就像朱利安在与珍妮的关系中所感受到的苦恼一样,很大程度上源于将爱与欲的动力在单一的关系中结合起来的挑战性。每一种动力本身就是非常复杂的,将其结合起来,这种复杂性就会被放大许多倍。[1]

在中学时代的相处过程中,可以说杰瑞、帕特和本是以沙利文所描述的方式彼此相爱的。比起他们所谈论的女孩,这三个男孩在大多数时间里肯定更加专注于彼此。而且他们对彼此的关心肯定比对功课的关心要多。也许因为他们不是最受欢迎的男生,所以他们对彼此特别重要。不管怎么说,他们渐渐形影不离,并且在一定程度上,开始打破沉默的准则。如果他们想要学习如何成为一个男人,那就要从彼此身上学习。本的哥哥们长大后就不常在他身边,他们也没有认真地跟他谈过这些东西。

"伙计,你似乎对那些该死的影片很着迷。"一天午餐时,九年级的本对杰瑞说。

"你什么意思,伙计?你是说你不喜欢看吗?"

---

[1] Sullivan, *The Interpersonal Theory of Psychiatry*. 有关爱与欲之关系的讨论,参见该书第十七章("青少年初期"),第 274—276 页。

"是的，他们很酷……但不是一直都很酷。好像每次我们找不到你，你都在家里忙你的事，你懂我的意思吧！"

像往常一样，帕特开始疯狂地大笑起来，也许这是一种控制他对这个问题感到焦虑的方法。和杰瑞撞了一下肩膀，他插嘴说："是啊，伙计，还记得有一次在你家，我们在看那部影片的时候，我发现你盯着我的巨物看吗?!"

"什么?! 你从没跟我说过，伙计！你们到底在干什么？"从本的语气中可以明显看出，他觉得自己错过了他们关系中的一个关键事件。

"我怎么能不去看呢，伙计？……你那个小东西从你那该死的短裤里伸出来了。"

就在杰瑞发表了这番言论之后，他注意到学校辅导员玛吉·朗似乎听到了他的话。朗女士坐在离他两张桌子远的地方，刚和丽莎·普雷斯科特结束了一次谈话，丽莎正在和她谈论自己被朋友们排挤后的几个星期里是如何坚持下来的。丽莎已经学会了信任朗女士，并重视她在人气问题以及如何在不放弃学业的情况下吸引约会对象两方面的见解。杰瑞也很喜欢朗女士，因为他在学校里总是将注意力放在其他地方，朗女士与他接触过。在一个特别的下午，他实在无法把心思放在数学作业上，就被她约谈过。

"喂，朗女士。"杰瑞有些尴尬地叫住她，想挽回面子，"你偷听我们的谈话干吗？"

看到杰瑞的朋友们笑得晕头转向，朗女士走到他们的桌子前坐下。她之前无意中听到这几个男生对学校里的一些女生做出了戏谑且带有性贬义的评价，她当时也考虑过是否

第九章　性认同发展

要说些什么,但没有找到合适的开口机会。她知道这些都是有礼貌的男孩,他们基本上都是独来独往的,但是他们内心也有挣扎,尤其是在与性别有关的合群问题上。

"你们这些家伙,有什么好笑的?你们三个今天怎么这么开心?"

"你听见他说什么了吗?"本双手抱住自己的肚子问朗女士,以免笑得太大声。

"我肯定听到了什么。那么你们的话题是什么呢?你们不会又在拿丹妮尔老师班上的那些女孩开玩笑吧?"

"我希望……"帕特开玩笑地脱口而出,"我真希望我们是在谈论那些女孩,而不是这个变态在看我的……你懂的……"

"这些人都疯了,朗女士,你知道的,对吧?"

"你疯了,你这个变态。"本反驳道,仍然抱着自己的肚子。

"你们都疯了,疯得太厉害了,"朗女士说,"但现在你们让我好奇了。你们到底在说什么?"

就在这时,副校长挥手让大家回去上课。"好了,继续上课吧,小伙子们,"朗女士说,"可以吗?"当男生们走到教室里继续大笑,并且悄悄地互相打趣时,杰瑞知道这个星期晚些时候他要去找朗女士单独谈谈了。他觉得自己可以信任她。他有一种感觉,他需要认真地和某人谈谈他的问题。

杰瑞很幸运,他在对性问题保持沉默的脚本上有了突破。具有讽刺意味的是,他疯狂的朋友们"揭发"了他的"变态"行为,为他提供了一个接触朗女士的机会,他最终把自己最私密的问题托付给了朗女士。在高中的时光里,杰瑞偶尔会来看望她。在某种程度上,他可以说是爱上了朗女士,他在朗女士的办公室里哭了,因为他没有约会,感到孤独和不满足,尤其是当帕特和本开始和女生约会时,这种感觉尤为痛苦。当他坐在朗女士旁边,提到自己可能是同性恋的时候,他几乎快麻木了。在提出性取向问题时,他最深的恐惧是朗女士可能知道答案。虽然她没有给出答案,但她提出了很多有用的建议。她还鼓励杰瑞问更多的问题。

"谢天谢地,那天在食堂里那些傻瓜把我叫出来了,"高三结束时,杰瑞半开玩笑地对朗女士说,"不然我就不会认识你了。"

"谢天谢地,的确,杰瑞。"回想起过去四年他们讨论的一切,朗女士有些哭笑不得地回应道,"谢天谢地,确实如此。"

玛吉·朗与杰瑞建立的咨询关系对他们彼此都很重要。她通过杰瑞了解到,作为一名在大城市高中工作的女性辅导员,她可以帮助那些对自己的性认同产生怀疑的男生,就像她可以帮助女生解决她们的问题,并勇敢地面对她们几乎每天都要遭遇的性别歧视一样。她帮助杰瑞打破沉默,至少在她的办公室里,并促使自己更积极地为那些以前没有被关照到的学生争取权益。

性认同发展中的一般步骤

杰瑞与朗女士的咨询关系对于解决与他的性认同有关的关

第九章　性认同发展

键问题至关重要，而不仅仅是明确自己的性取向。与前几章中描述的性别、种族和民族认同发展的过程相似，性认同发展也随着青少年试图在复杂的社会期望或相互竞争的性脚本的相互作用下满足自身特定的心理需求而演变。性取向与性认同的其他方面一样，是一个人生活中内部和外部力量之间的持续较量。然而，如何理解这些力量并构建解释这些力量的发展模式，并不是一件简单的事情。自20世纪40年代金赛[1]（Kinsey）首次探索人类的性行为以来，心理学家、社会学家和人类学家一直在研究人们如何理解自己是有性的存在，以及这种理解是如何随着时间和语境发展的。例如，基督教男同性恋者如何解决他们的信仰和性行为之间的紧张关系？拉丁裔女同性恋者如何处理她们的恋爱关系和种族问题？男同性恋、女同性恋或跨性别者（transgender，身为一种性别但认为自己是另一种性别），当他们"出柜"而不是"在柜子里"时，是如何认识自己的？为了回答这样的问题，理论家已经建立了几十个基于阶段和状态的模型，每个模型的创立者都声称对所研究的人群有一定程度的有效性或准确性。

为了努力解释性认同理论中常见的发展模式或流程，研究人员调查了大量群体，并提出了与认识性的感想、感受、信仰和决策相关的具体问题。由于出现了各种各样的调查结果和政治议程的变动，性认同发展领域已经扩大和细分。受女性主义学者见解的影响，许多理论家抵制阶段式发展模式，因为这种发展模式的概括方式限制了对个体差异和能动性的认识。例如，与种族和民

---

[1] 阿尔弗雷德·金赛（1894—1956），美国生物学家及性学家，被认为是20世纪最具影响力的人物之一。出生于美国新泽西州哈德逊河畔的霍布肯（Hoboken），因心脏病逝于美国印第安纳州布卢明顿。——译者注

族认同发展的方法相一致,性学研究人员对"这是男同性恋者的经历"或"女同性恋者就是这样发展的"这样的说法保持警惕。例如,一个模型能够充分概括费城的犹太同性恋青少年和亚特兰大的五旬节非裔美国同性恋青少年的经历吗?印第安纳州乡村的中产阶级女同性恋者与旧金山富裕的女同性恋者的对比呢?这些理论家说"环境决定一切,概括是危险的",是在轻描淡写。

考虑到这些注意事项,教育者应该了解性认同发展研究中出现的一般主题,这可能会对我们的工作有所启发。具体来说,这些研究有助于我们熟悉男女同性恋和双性恋青少年在试图调和社会对他们的期望与他们的内在需求时所处的语境。尽管这一领域存在争议,而且人们很少接受一概而论的观点,但在许多被广泛引用的模型中确实存在一般的主题,其中许多模型与前面章节中概述的埃里克森和马西亚的理论框架相一致。由卡斯(Cass)、特罗登(Troiden)和科尔曼(Coleman)提出的模型可能最常被那些试图理解男同性恋和女同性恋青少年的教育者所使用。[1] 每个模型都描述了一系列的阶段或状态,包括:

- 最初缺乏对性的深入思考;
- 渐渐意识到自己的性倾向;
- 承认自己的"与众不同"和与主流异性恋的格格不入;
- 否认自己的吸引力和欲望,并努力"通过"或改变自己的

---

[1] Vivienne Cass, "Homosexual Identity Formation: A Theoretical Model," *Journal of Homosexuality* 4 (1979): 219 – 235; R. R. Troiden, "The Formation of Homosexual Identities," *Journal of Homosexuality* 17 (1989): 43 – 73; E. Coleman, "Developmental Stages of the Coming Out Process," *Journal of Homosexuality* 7(1982): 31 – 43.

取向；
- 接受个人的性取向，并确定可以探索的安全空间；
- 培养可以成长的联盟和浪漫关系；
- 在各种背景下尝试性表达；
- 最终解决内部和外部力量的问题，如使个人对性的私人和公开表达变得一致。

同样，环境决定了个人如何以及何时从一个阶段或状态发展到下一个阶段（或倒退到以前的阶段），这就是为什么一些男同性恋、女同性恋和双性恋者在中学时就出柜，而另一些人要到50多岁才出柜。有些人可能在没有同性恋经历之前就认识到自己是同性恋，并公开自己的身份，而另一些人虽然有过很多同性性行为，但完全否认同性恋身份。所以，给一个人贴上其特定决心比另一个人更健康或发展更成熟的标签，可以说是值得怀疑的。因此，重要的是，我们不能用发展理论和这类研究来判断某人处于什么阶段，而要从这个知识库中吸取经验，以此作为指导我们去了解每个人可能会发生什么事情的方法。对教育工作者来说，关键是要领会和参与学生对其性认同的理解，帮助他们构建学校内外的环境，以支持其发展。

同直联盟：性认同发展的家园

在第六章中，我们讨论了沃德的"家园"概念，学生和教育工作者在学校设计的家园概念是为了寻找支持，以解决在课堂没有得到解决的生活中的实际问题。正如沃德所描述的那样，这些都是关系空间和政治空间，是应对关系政治的空间，这种关系政治往往根植于种族和性别动态,会影响学生的安全和成功。正如本章所指出的,性认同发展领域也充满了关系政治,政治通常植根于恐同、父权制以及伴随而来的暴力和受害等问题。为了应对这些问题,在过去的 15 到 20 年里,同直联盟[1]团体出现在高中。这些组织的工作是为那些将要出柜的学生和那些已经出柜的学生提供关系支持,因为这些学生面临着安全和人格上的威胁。同直联盟团体可以被当作那些需要被深切关注性认同问题的学生的特殊形式的家园。

当同直联盟团体得到教师和其他教育者(包括辅导员和学校管理人员)公开和有力的倡导时,它们在提供支持方面往往特别有效。当校长通过口头和积极参与的方式传达出明确的信息时,同直联盟更有可能被赋予权力,可以更公开地开展活动,并使其代表性更加多样化。这些群体要成为学校团体的活跃贡献者,就必须让异性恋学生健康地参与进来,那些学生通常不会在性取向问题上苦苦挣扎,但能强烈地感到在学校里需要一个能讨论这类问题的地方。

对于那些想知道如何为促进学生性认同的健康发展做出贡献的教育者来说,积极参与同直联盟团体的发展可以作为一个具体的步骤。然而,这样的工作并非没有风险,因为恐同症在我们的社会中根深蒂固。针对联盟的活动,学生和家庭可能会出现一

---

[1] 同性恋和"直人"(异性恋者)联盟,简称同直联盟,是一种由青少年领导的、以学校或社区为基础的组织,它提供安全、友善、肯定的环境,提供物质上和精神上的支持,以帮助少数群体(LGBT)学生、对自身性倾向或性别身份有疑问的青少年、同性恋家庭的子女以及愿意成为同性恋盟友的异性恋者。——译者注

些负面的反应,但从长远来看,公开表现这些反应对男女同性恋学生来说,要比把它们隐藏起来并在公众意识之外展现更安全、更健康。

在学校里,有少部分学生会遇到变性问题。跨性别学生是指那些对异性的性别有强烈认同感的学生。也就是说,有些男学生觉得自己是女性,有时可能会选择穿上女性的衣服,并由此体验到舒适感或性兴奋。同样,有些女学生可能会觉得自己更像男孩或男人,为了获得内心的舒适感,会表现出更多的男性特征。需要注意的是,变性问题——对异性性别的强烈认同问题,与性取向不一样。具备异性同龄人性别特征的男女学生不一定是同性恋,这种现象与其说是性取向,不如说是性别取向。我们在这里讨论这个问题,是因为同直联盟团体往往是这类学生出柜的家园,即使只是一个小规模的、值得信赖的团体。

变性学生是指那些深信自己是另一种性别的人。在这一问题上,萨拉·赫维格(Sara Herwig)是一位能言善辩的讲师,她把变性人描述为生来就拥有一种性别的身体和另一种性别的大脑。[1] 她说,这就好比一个人只是出生在一个错误的身体里。跨性别体验的强烈程度足以让一些青少年和成年人最终追求"性改变",或者用她的话说,通过手术使身体和大脑保持一致。显然,当我们的学生面对这样的问题时,他们往往会非常矛盾,难以

---

[1] 萨拉·赫维格正准备成为长老会任命的第一位公开变性的牧师。她是国际性别教育基金会(www.ifge.org)的运营总监,该基金会出版的时事通讯《变性人集锦》(Transgender Tapestry)被人们广泛订阅。本文中有关赫维格的评论摘自她2006年春季在哈佛大学教育研究生院迈克尔·纳库拉青少年发展课程上的演讲。

启齿。同样,同直联盟可以发挥重要的作用,帮助这类学生获得支持,并帮助大量的学校团体更好地认识特定环境中存在的广泛的性认同。

从性取向到"身份定位"

性取向一般被定义为一个人对其性伙伴和能使其产生性兴趣的性别的主要偏好。但正如上节所言,明晰一个人偏好的性别只是开始界定一个人在性方面的性质。由于恐同症的深远影响,过度强调性别偏好主导了性话语。但是,一个人如何学会在性方面对待另一个人呢?就范围更大的性偏好来说,一个人的性格如何与其关联并反映在其中?这些问题超越了单纯的性偏好,发展出更深层次的快乐体验并促进相互成长。

重申一下我们在本章开头的主张,身份认同会促使我们重新回味人生的过往,找到问题的根源。在杰瑞的初中和高中时期,他非常想消除和朋友们一起看的第一段色情视频的影响。尽管他很努力,那段经历却让他不断回想。最终,他找到了朗女士。在当时看来可能只是一个意义不大的偶然事件(三个小学同学在一个慵懒的下午的恶作剧)却变成了他们成长过程中的磨刀石(历练)。对杰瑞来说,这些问题远远超出了性和性别偏好的范围。它们是关于人们如何在性方面对待彼此的问题,以及说明这些人是谁、应该怎样做的问题。

弗洛伊德的发展理论非常强调升华的概念,他认为个人的健康成长和创造文明社会的集体工作在很大程度上是将原始的性驱力和冲动转化为文明的人类互动。在这一模式中,性能量是人类运作的核心。人的一生就是为了将这类能量转变为积极成果，而非消极成果。然而，这种壮举的完成远远超出了个人的能力，它需要集体的意志和能力。这还需要有展开斗争的勇气，就像我们在朱利安身上看到的质疑自己为什么不能更安心地接受他在与珍妮的关系中的地位那样。

朱利安没有以自我为中心，没有听从周围父权思想的召唤，而是倾向于理解珍妮是谁，她想成为什么样的人。通过这个过程（以及围绕着这个过程的所有种族、民族和道德的复杂性），朱利安开始真正理解和建构自己和新女友此刻在彼此的生活中所扮演的角色。令人印象深刻的是，他这样做并不是因为相互的关系承诺；相反，他这样做可能是出于道德上的责任感和关怀。尽管他感到了不安全感，但他对自己和珍妮怀有责任感，希望在他们正在萌芽的关系中保持公平和理智，不管他们的关系最终可能会有什么结果，他都对珍妮有一种真诚的关怀和爱意。

在朱利安必须面对的所有困难中，他尤其努力地挑战那些根源性的问题：如何在与他人建立深入而亲密的关系中定位自己？可以说，正是这种定位最密切地界定了他众多的身份，并作为联结核心为其他的困难找到解决方法。

第十章　信仰与终极意义的发展

　　青少年在建构自己身份并发展抽象思维能力时,经常面临一个重要问题:我该如何生活?自我存在有更高的意义吗?如果有,它是什么?如果没有,我该从哪儿获取人生的意义和真理呢?我该如何理解痛苦?如何保持希望?如何面对死亡呢?"上帝"是谁,在哪儿,又是什么呢?青少年时期是年轻人能够敏锐地思考自己的第一个发展时期,这也是他们倾向于问这些问题的原因所在。在本章中,我们研究了青少年处理"存在和形而上学"问题时能力的发展程度,以及宗教、精神和道德的认知方式是如何为青少年"组织自我认同和理解自身行为"提供核心图式的。本章概述了青少年的信仰经历在发展过程中可能被理解的各种方式,并说明了青少年"终极关怀"的进化如何影响他们对自己相对于世界的理解。作为教育工作者,在探讨这些问题时,我们必须问的一个问题是,教育者如何在不违背学生家庭文化、宗教信仰、政治主张的前提下,以适合青少年发展的最优方式解决其精神成长问题?

　　在教育学讨论中,有充分的理由表明,宗教和精神比其他任何发展问题都更容易被忽视。社会成员理解宗教意义的方式各不相同,要解决这些问题就不能拘泥于固有的机构、信仰体系、传统、文化和符号,而应该秉持一种更具发展性的分析方式。因此,本章中的一些主张可能会受到不同程度的接纳和质疑,这都取决于受众的宗教观。我们的目的不是提出统一的宗教表达或凌驾于某一种宗教之上,也不是提倡关于神的特定思维方式。相反,我们的目标是探索一种能够启发青少年理解宗教、信仰或最终意义的发展方法。青少年把自我的全部认知带到学校(无论是公立的、私立的学校还是宗教学校),包括他们与宗教、精神认知和自我存在方式有关的部分。因此,回答青少年在神学或道德方面提出的关于世界观的问题是满足他们发展需要的重要部分。神学和人类发展学者莎伦·帕克斯(Sharon Parks)说得好:"信仰(寻求、建构、被终极和亲密意义支配的活动)当然不能简化为心理过程,但这种对过程的认识和理解可以增强我们对人类最密切和最终关注事物的欣赏和尊重。"[1]

发展基础

信仰发展植根于人类发展的认知和道德领域的核心组成部分。皮亚杰认为,如果年轻人生活在一个鼓励思考的环境中,反思性思维就会出现于青少年时期的早期,其前提是无须经过具体检验就能生成的感知和行为的抽象系统。因此,在从具体运算阶段向形式运算阶段过渡的过程中,出现了全新的现实模式(有关

---

[1] Sharon Parks, *The Critical Years: The Young Adult Search for a Faith to Live By* (San Francisco: Harper & Row, 1986), 42.

这些概念的更全面介绍,请参见第三章)。第一次,一个人能够思考自己,抽象自我和自己的知觉,开始从他所理解的内在忧虑中辨别出什么是所谓的真理。正如第三章所讨论的,形式运算阶段的思维使"第三人称换位思考能力"成为可能,即同时掌握感知自己和感知他人的能力。[1] 这种强大的新意识模式允许与自我、与他人、与人生意义、终极目的、信仰和上帝等核心问题建立更深层的联系。正如人类发展理论家詹姆斯·福勒(James Fowler)所说:"在形式运算阶段,思想会展翅飞翔。"[2]

青少年被赋予了将自己的思想与他人思想进行比较的能力,即能够通过自己的创造性和批判性来超越其所接受的意义和符号。而这一过程是通过使用语言和图像进行的。人类使用符号和制造符号的能力,在文字和图像中找到了它最强有力的表达,即那些用来传达我们所理解的上帝、神性、宇宙的本质、真理,或任何其他用来描述"终极关怀"或神性的"想象结构"的文字和图像。因此,青少年常常充满了疑惑、争论和想法——如何引导自己走向自认为的"终极"(在许多情况下,这个终极被理解为上帝)。

史蒂夫开始提出这样的问题。当我们在第八章最后一次谈及史蒂夫时,他正在努力构建一个跨背景和跨关系存在的民族认同。他致力于保持自己身份认同中最受美国社会和福音派教会欢迎的韩国人部分,他一直很喜欢待在教会

---

[1] Parks, *The Critical Years*.
[2] James Fowler, *Stages of Faith* (San Francisco: Harper & Row, 1981), 71.

里，在那儿他可以和相貌相似的人们聚集在一起，和他们共同讨论生活的意义及其与基督教圣经的关系。身为家里的一员，他要在星期天早上去教堂，在星期三晚上去读经，饭前要做祷告，戒除"肉体的罪"，并遵从"上帝之音"。小时候，史蒂夫总是把主日学校[1]当成家一样的空间，在那里他可以完全是一个韩国人，能够感受到安全和理解。随着年龄的增长，他开始参加自己的青年圣经学习会（Bible-study meetings），教会成了唯一的社会空间，他不必担心"成为别人希望我成为的人"。他知道上帝爱他，希望他健康、行善。尤其是在那些他为了逃避学校和竞争关系的压力而退居他处的时候，他感到被上帝紧紧环绕，非常地安全和放松。

然而，随着史蒂夫开始尝试自己身份的不同方面，情况开始发生了变化。举重和玩电子游戏的朋友带给他一些父母令行禁止的想法和行为，而他突然发现自己因此被贴上了"罪恶"的标签。他知道自己吸烟、吸食大麻和欺凌同学的行为，对丽莎·普雷斯科特的性想法，甚至他对同性恋的言论，都威胁着他与上帝的关系，这让他十分担心。他对此深感矛盾，却无法与父母分享，因为可能会受到惩罚和指责。有一天放学后，他想向哈里森先生（他最喜欢的老师，也是镇上一个教堂的青年领袖）询问有关"罪恶"的想法，但他最终还是放弃了，他害怕因此而受到同龄人的嘲笑，因为在中央高中，基督徒的身份可能会使自己变得不受欢迎。

---

[1] 主日学校，在星期日为儿童提供宗教教育的基督教堂或犹太教堂。——译者注

随着史蒂夫身份探索的发展,他对小时候所接受的宗教教义也产生怀疑。虽然在主日学校和圣经学习的经历对于解答这些问题非常有益,但这部分生活与他在学校的艰难经历是隔离开来的,因此在他看来宗教经历的意义不大。在学校里,史蒂夫想和他的朋友们一起"作恶",不必担心被贴上罪人的标签,也不必向教堂里的牧师忏悔。虽然他想谈谈对"神的旨意"的理解,但他更想谈的是,为什么在新闻上看到的现实世界经常可怕地再现了世界末日电子游戏里面的情节?为什么他对丽莎·普雷斯科特的深情在某些方面不是一件好事?为什么他的一些"坏"朋友即使肆意犯了罪,似乎还在生活中过得很好?如何创造一种更有意义的生活,而不是仅仅局限在学校里和事业上努力?那个蓄着胡须、慈父般的、有时充满复仇心的神守护着他的形象,不再与他对世界的理解相吻合。随着这些符号的消失,以及关于上帝究竟是什么/谁来代替它们的新问题的出现,史蒂夫渴望探讨这些终极问题的意义、目的和是非。

用皮亚杰理论看待史蒂夫这样的青少年,他们正沉浸在认知能力的扩展之中,这期间描述上帝或任何终极关怀的语言和符号都极其重要,因为它们是目的的象征、社区的标记和道德行为的评价标准。伴随着现实世界的纷乱以及在公共领域持续的可能性竞争,青少年(和成年人)常常很难将自己的经历组织成连贯的定向框架(frame of orientation)。在具体的操作中,这种定向框架依赖于对现实世界的谨慎理解,即"可能性"被理解为现实的子集,而不是可以超越现实的事物。但是,正如第三章中探讨的，形式运算阶段颠倒了可能性和现实之间的关系。对许多青少年来说，现实转变为了"可能性"的子集。这种新的认知模式带来了对道德决策、同理心、正义感的思考，扩展了对终极意义的深层次理解，但同时也带来了质疑的思潮、潜在的威胁，并引起了与宗教表达和人生意义多样性之间的斗争。因此，我们很容易理解为什么许多青少年如此热衷于谈论真理、现实和生活的本质。他们之所以这样做，是因为他们能以一种较为复杂的方式来把握这些问题了，而正是这种复杂性重新定义了青少年的世界观。

根据埃里克森的说法，青少年时期的主要特征是意识到人们正在用各种思想、决策和行为来营造认同感，并且这种自我创造的过程始终在控制范围之内。这表明青少年意识到，要为自己赞同或反对其导师和同龄人的偏好承担相应的责任。埃里克森认为，当青少年表达不受欢迎的观点、革命思想、反体制立场和面对主流文化做出背道而驰的风格选择时，他们很可能会坚持自我认同以作为同一性延缓期或同一性探索期的一部分。他们想在与他人的交往和沟通中做真实的自己，在寻求独特的表达方式的同时，也希望被周围的同龄人和家人所接纳。

正如青少年寻求"真实的自我"一样，他们也渴望有一个真正的方向，一种真正的生活方式，即一种可以激发他们不断发展世界观的有意义、有目的的生活方式。我们进一步研究可以发现，埃里克森的著作强调了信仰在身份与角色混淆阶段的主要作用。事实上，如果我们把身份认同理解为个体在世界中的自我映射，同时考虑到过去的经历以及未来的发展，那么青少年在理解世界的基础上定位自我认同就显得尤为重要。认同和信仰是由信念、行为、道德和社会联系在一起的不可分割的整体。为了更深入理解这一点,请注意以下句子中"信仰"和"认同"两个词是如何互换的:

- 第一,信仰/认同为我们在第三人称视角中超越自我提供了理解的结构。
- 第二,信仰/认同是提供人生意义和方向的基础,它通过构建屈服于或沉浸于感知现实来实现。
- 第三,信仰/认同使个体能够从多种选项中做出艰难但充满希望的选择,从而彰显个人控制感或自由意志。
- 第四,信仰/认同的功能是提供价值观,使我们理解信念和承诺之间的整体性、整合性或一致性,而这些价值观、信念和承诺常常会被视作截然不同或相互矛盾的事物。
- 最后,信仰/认同使一个人能够实现自己的独特天赋和潜力,展现个人的未来目标感。[1]

当信仰锁定我们的认知并提供人生意义时,它就可以塑造我们的身份。对于青少年来说,这尤其重要,他们能够构建多个角色(有时甚至是相互竞争的角色),并努力在多变且严格的忠诚感中找到一个统一的"自我"。埃里克森指出,在身份认同的探索与混淆阶段要考虑信仰的重要性,并将其与婴儿对主要照顾者的信任需求联系起来。"如果认同危机的最早阶段是对自己和他人的信任,那么很明显,青少年最迫切的需要就是寻找有信仰的

---

[1] Adapted from the cognitive conclusions reached by G. R. Adams et al., "Identity Development," *Adolescent Life Experiences* (Pacific Grove, CA: Brooks/Cole, 1994), 280.

人和思想。"[1]因此,信任、认同和表达是理解信仰发展的基础要素。

随着童年时代所塑造的上帝象征开始消退,史蒂夫开始寻找其他具有信仰的事物和人。他的父母维系了一段时间这样的身份,但是他们却忽略了影响史蒂夫身份认同的社会力量,因此很难思考更深层次的现实生存问题。但是,哈里森先生是史蒂夫可以相信的那种人:自信、称职、有魅力。哈里森是一名深受同学喜爱的化学老师,史蒂夫一直希望与他在星期五化学课上的讨论可以持续数小时。在课堂上的谈话中,哈里森老师总是从上周教授的化学知识中汲取关键概念,并将其应用于与现实生活相关的特定问题。在这些对话中,老师为史蒂夫和同学们打开了一扇全新的大门,他们探讨了半衰期和核衰变的影响,太阳和其他恒星的化学作用,重金属对细胞繁殖和突变的影响,从石油到塑料的生产过程,以及共价键在亚原子水平上的精确作用。虽然这些对话表面上是关于化学的,而且总是需要学生在随后的测试中写一些深思熟虑的文章,但总的来说,对话更多地涉及人生意义和目的,涉及如何怀着对生命的尊重应用自己所拥有的知识。通常,当没有一个特定的探索主题时,哈里森先生只会问:"你在想什么?为什么它是重要的问题?"师生间精彩的互动与老师的全情讲解,让课堂充满了掌声、问题、假设,伴

---

[1] Erik H. Erikson, *Identity, Youth, and Crisis* (New York: W. W. Norton, 1968), 129.

随着学生们"再做一次！再做一次！"的请求,时间飞快流逝,这让史蒂夫发现自己比以前更渴望与人交谈。对史蒂夫来说,哈里森老师是一个深爱生活和工作的人,以至于让自己和许多朋友都想和他一起思考"这一切究竟意味着什么"。

在这种情况下,个体发展经历中的认知、情感、学术或道德之间的界限基本上会消失。人生意义和目的在所有这些领域中都得到了理解。科尔伯格将青少年时期的道德发展与同时出现的新反思能力(从具体到形式的操作思维)的出现联系起来。[1]他将个体在决定道德行为时采取的方法分为三个不同的水平,分别是"前习俗水平"(preconventional)、"习俗水平"(conventional)和"后习俗水平"(post-conventional),反映了人的道德领域从个人到社会再到普遍参照系的扩展。

为了使层次内部和层次之间认知的细微之处更加清晰,科尔伯格将每个层次分为两个阶段。对于幼儿来说,道德决策是基于行为的具体物理效应。如果受到惩罚,该行为就被认为是坏的,如果得到奖励,该行为就被认为是好的(例如,"去教堂是好的,因为如果你去了,你会去天堂")。科尔伯格将前习俗水平的第一阶段称为"他律道德"(heteronomous morality)。对于进入第二阶段的大一点的孩子来说,道德观念较少受到行为的物理影响,更多的是受到心理影响。判断事物的好坏取决于它们是否满足个人的情感需要(例如,"去教堂是件好事,因为这样上帝

---

[1] 科尔伯格认为道德发展应着重于道德行为的推理,而非道德行为本身,即一样的道德行为,可能源于不同的道德思考。例如助人行为可能出于对人的关怀,也可能出于想获得更多利益。——译者注

就不会生我的气")。青春期通常开始于这一阶段之外的一个过渡阶段。

当一个人开始考虑他人的观点和需求,并在此过程中偶尔延迟或放弃个人满足时,科尔伯格认为这就是进入了习俗水平和道德发展的第三个阶段,被称为"人际常规道德"(mutual interpersonal relations)。在这一阶段,道德行为是指任何取悦、帮助他人或得到他人认可的行为。随着第三人称视角的出现,青少年能够将他人的需求纳入自己的认知框架,并能在比自己更大的范围内考虑行为的影响(例如,"如果我去教堂,上帝会高兴,我的家庭和社区也会高兴")。

当这种考虑开始包括效忠社会的行为建构,如法律、尊重权威和维护社会秩序时,就表明青少年已经进入了第四阶段——"社会系统道德"(social system and conscience)(例如,"去教堂是我作为这个社区的一员和作为上帝忠诚的仆人的道德责任")。只有当个人开始为自己定义道德和原则时——即使这种个人定义与法律不同——才可以说青少年已经进入了后习俗水平,进入了第五阶段,科尔伯格将这一阶段命名为"社会福利与人权道德"(social contract and individual rights)。在这一阶段(通常在青春期中后期经历,但有时没有达到),个人根据内部构建的价值观来决定什么是正确的,与社会的哲学标准无关(例如,"我是否去教堂并不重要,重要的是我的信仰以及我如何选择按照这种信仰生活")。

如果我们希望解决青少年的认知/道德发展问题,并帮助他们从第二阶段进入第三阶段,或从第三阶段进入第四阶段,就必须认识到信仰在这种人生意义构建中的中心地位。随着青少年道德认知的发展,需要一个"指南针"来引导他们,需要一个包容性的社区来为其世界观的建构奠定基础。呼吁信仰体系产生的道德准则,并在共同演绎(该准则)的社区中进行分析和应用,有助于将青少年发展中的道德问题锁定在一个具有支持性和参与性的集体中。

尽管科尔伯格对此有深刻的见解,但应该注意的是,他的作品受到了基于性别和个人主义视角的批评。卡罗尔·吉利根对此就指出,科尔伯格的模型忽略了女孩和女人在道德推理结构上相对于男孩和男人的差异,这是因为在我们的父权制社会中,女孩和女人的社会化方式不同。在科尔伯格的研究中,"常规道德,或维护现有社会规范和价值观的标准,始终是出发点"。[1] 她强调科尔伯格如何以自我为中心来构建先入为主的判断,就好像道德完全来自个人需要,而传统的判断更多地基于家庭、团体和社区所具有的共同点。吉利根指出,科尔伯格的后习俗水平取决于道德原则的普遍应用。然而,吉利根的研究表明,女孩和女人通常会在不同于男孩和男人的基础上做出道德决策,这些基础更多地由关系结构来定义,而不是抽象的忠诚性原则。男孩和男人倾向于诉诸逻辑建构的正义观念,而女孩和女人则倾向于通过关系逻辑来表达道德关怀。吉利根的研究强调了考虑个人经历中的话语权和相互关系的重要性,并扩展了我们将青少年信仰的形成理解为一种道德努力的方式。

上述理论家中的每一个,无论他们的研究重点是认知、道德、

---

[1] Carol Gilligan, *In a Different Voice: Psychological Theory and Women's Development* (Cambridge, MA: Harvard University Press, 1993), 73.

人际关系还是几者的结合,都将青少年时期定义为个体生活中的决定性时代,都表明在这个不断发展的时代青少年拥有接受、建构和生存于世界的新能力。这些理论代表了对青少年的各个层次(尤其是在与信仰有关的最深层次上)的研究的巨大成就。新的心灵和精神力量与前几章详述的新的心智力量和自我重构力量同时出现。这种强化不可否认地涉及自我与他人以及上帝之间的更深层次的关系。

信仰发展

青少年的信仰是如何发展的?当我们使用信仰这个词的时候,到底是什么用意?在本节中,我们为信仰提供了一个全新的学术定义,并将其放在一个发展的环境中,以便考查不同阶段及组织相关操作。这需要先对信仰进行一些背景分析,然后探讨当前的理论家是如何描绘青少年时期的信仰发展的。本节最后将提出具体建议,以解释我们如何协助青少年在公立中学环境中发展信仰认同。

"信仰"的实用定义

确定信仰的定义并非易事。作为多元社会中最具争议的概念之一,"信仰"是一个很难在不冒犯或忽视大部分人的情况下得到准确表述的术语。它被赋予很多释义:作为对更高力量的信任;作为对宗教传统的接受或坚持;作为对某些永恒和神圣真理的理解;作为对教义的拥护和忠诚。在人们用来探究信仰发展意义的所有可能定义中,神学家保罗·蒂利希(Paul Tillich)提出的概念可能是最简洁、最容易理解的:"信仰是被终极关怀的状态。其内容对信徒有着无限的影响,但其正式定义却显得无关紧要。"[1]这种信仰的定义显然是宗教性的,因为它抓住了信徒在生活实践中的精神体验及核心取向。然而,蒂利希的定义并不局限于宗教本身,也可以是人生的终极意义。例如,一个人可能将"成功"作为他的终极关怀,这样他就按照自己所认为的方式努力工作和生活。人生的决定、方向、活动、信仰和关系都可能源于其对成功的终极关怀。此外,民族主义情绪可能会发展成为最终关怀,对职业运动队或摇滚乐队的忠诚也可能发展成最关心的事情(考虑人们定位身份、关系、活动的方式,以及球队或乐队的比赛或巡演日程的安排)。一个人的终极关怀可能来自某一特定的宗教传统,但这并不是被正当地称为信仰的必要条件,因为无神论者也可以说对终极关怀有信仰,因此终极关怀也被包含在信仰的定义中。

神学家戈登·考夫曼(Gordon Kaufman)将信仰理解为"定向的象征框架",他认为"正是在这些框架的基础上,个人和群体开始了解自己,并塑造和引导他们的行为"。[2] 无论一种框架(信仰)被理解为想象、发现、揭示或是给予,它都作为一种"地图"发挥作用。没有这张地图,我们就会迷路,身份认同就会失去根基,关系就会失去关键的纽带,行动的目的就会变得毫无意义。考夫曼坚持认为,我们不能没有信仰提供的地图,因为要采取行动,就需要对自己行动的方向以及赖以生存的社会和道德领域

---

[1] Paul Tillich, *Dynamics of Faith* (New York: Harper & Row, 1957), 4.
[2] Gordon Kaufman, *In Face of Mystery: A Constructive Theology* (Cambridge, MA: Harvard University Press, 1993), 341.

有更广泛而深入的认识。青少年尤其需要这张地图,因为他们正好在思想扩展和身份形成过程中暴露出许多脆弱性和可能性。

蒂利希的定义中隐含着承诺的概念:人们不仅拥有一种终极关怀,而且确实以某种基本的个人方式致力于实现它。"我相信"通常更多的是表达承诺而不是表达意见。因此,这种承诺与个体的身份认同是相互交织在一起的。例如,当一个学生透露他"相信先知穆罕默德,愿他平安"时,他并不是说他认为穆罕默德的预言是真实的,而是他致力于按照穆罕默德所代表的神性真理生活,因此他认为自己是穆斯林。这种陈述是对个人真理的承认和承诺,而不是一种可能超出经验证明的信仰陈述。

当我们把信仰理解为不仅是对某一特定地图的承诺,而且是一个人拥有或居住在该地图上的身份时,我们很容易看出个体的信仰是多么个人化。考虑到其包含的终极信念,信仰必然引导我们的大部分精神能量。个体的信仰可能是在沉默和孤独的时刻形成的,以便满足它可能需要的内在性,但它同时也带有很强的关系性因素。青少年的信仰(就像成年人的一样)往往表现在与他有交往关系的人身上。事实上,基督教堂、犹太教堂和佛教庙宇都是为把人们聚集在一起而专门设计的公共礼拜空间。尤其是在信仰的背景下,身份认同很大程度上是通过自我与他人的关系建构来实现的。这对青少年尤其如此,因为他们新获得的第三人称视角和融入同龄人群体的能力对他们的身份和信仰发展至关重要。

考虑到以上所有因素,我们用"信仰"一词来描述"一个动态的、象征性的定向框架,或者个体所坚定的并以此为生命目标的终极关怀"。尽管确定信仰的定义可能会冒犯一些人,但要分析青少年信仰的发展,我们必须假设信仰本身会随着时间的推移而变得复杂化,这也可能会成为对某些宗教教义的威胁。重要的是要认识到,发展地理解信仰并不一定会背离整体接受信仰的观念。在上面的定义中,对于那些将信仰视为"启示"的特定人群和将其视为建构的人群来说,发展地理解信仰是有空间的。我们对信仰的定义消解了在经验层面理解宗教的局限性,以便为所谓的世俗定向框架和意义来源腾出空间。因为这些框架和意义的来源及作用方式相同,都与宗教经验一样具有发展性。正如我们将看到的,这一论断在信仰发展理论中是常见的。

信仰发展的模式

许多理论家对人类如何在人生旅途中发展信仰做出了阶段式(stage-based)解释,詹姆斯·福勒也许是其中最著名的。福勒和他的同事采访了 400 多人(从儿童到老人),调查了参与者的生活态度和价值观,以及那些塑造当下生活的经历。经过多年的分析,他把信仰的发展过程分为六个阶段,并将其发表在《信仰的阶段》(*Stages of Faith*)一书中。[1] 福勒认为,青少年在第二阶段和第四阶段之间通常会发生信仰发展的变化。因此,在儿童进入青春期之前,简要研究一下该理论关于儿童信仰的论述是有意义的。

在婴儿期,儿童对其主要照顾者具有一种基本信仰,此信仰建立在信任、一致性、相互关系和满足基本身体需求之上,基本的

---

[1] Fowler, *Stages of Faith*, 133.

第十章　信仰与终极意义的发展

照料仪式为这种信念的形成奠定了基础。如若在该阶段经历不信任、剥夺、分离或痛苦也会影响儿童未来的信仰发展。显然，福勒借鉴了弗洛伊德和埃里克森的研究成果，将婴儿信仰或他所说的原始无差别信仰理解为一种导向，它使儿童能够克服当妈妈或爸爸离开时产生的焦虑。这种信仰先于语言或符号的使用而产生，因此超出了实证研究的范围，这也是福勒将原始无差别信仰（undifferentiated faith）称为"前期阶段"的原因。如果婴儿长期处于一个基本信任和照料的环境中，将形成一种信仰，即确认自己会没事，会受到他人的照顾，即便照顾者不在，他们也很快就会回来。

当孩子开始使用语言和其他符号时，他就进入了福勒所说的信仰发展的直觉—投射阶段（intuitive-projective faith）。直觉—投射阶段通常出现在3到7岁的儿童身上，其特点是"充满幻想、模仿"的思想和行为，"在这一阶段，儿童可能会受他们所信任的成年人的情绪、行为和故事的影响，且这种影响对孩子而言往往是举足轻重的"。上帝的概念经常被儿童理解为类似于超级英雄、巫师，因为童年时代对世界进行魔法解释的倾向，在该阶段表现得最为明显。处于该阶段的儿童首次面对"神圣、世俗、死亡和性"的存在和重要性。这一阶段试图在个体童年时建立起这些概念的意义，并强调了文化、宗教信仰、家庭和学校是如何在儿童成长到青少年时期的过程中对其产生持久影响的。这一阶段的信仰意象受到安全和危险体验的强烈影响，往往表现为儿童周围环境中的保护和威胁力量，故事成为吸收和传达这些意象的主要手段。当孩子出现具体的操作思维并越来越关注对现实和想象的区别时，标志着他们正在过渡到第二阶段。

如果你在中学工作，福勒的理论预测你会经常遇到处于信仰发展第二阶段——神话—文字信仰（mythic-literal faith）的青少年。这一阶段通常是从小学早期到青少年初期，其特征是逻辑思考能力的发展。在该阶段，随着现实开始扎根于孩子的观念之中，基于幻想的思维逐渐消失。关于用神奇魔法解释世界的问题演变成了对等级制度、公平、人际关系以及人与世界关系本质的探索。处于神话—文字信仰阶段的孩子们开始独立思考这些问题，并开始考虑他人的观点。故事成为了强大的工具，可以承载和解释有关世界如何运行的丰富信息，而有逻辑的故事则更受他们青睐。

尽管处于神话—文字阶段的孩子几乎完全依赖故事作为构建意义的方法，并且通常将互惠理解为支配神与人的关系以及决定什么是正义的核心原则，但他们还没有能力反思自己的经历或行为。在这一阶段，故事和神话可能会给儿童或青少年的经历赋予意义，但这种意义仅仅是字面层面的和单向度的，很少有解释的余地。当本本主义（literalism）让位于对叙事的更为隐喻性的理解时，当个人发现了以前被自己理解为绝对的故事或不同故事之间的内在矛盾时，当形式运算思维的出现使得个体对这些故事的反思成为可能或必要时，即表明青少年正在向第三阶段过渡。

为了过渡到第三阶段，青少年经常经历冲突或矛盾，导致其对人生意义、目的和身份认同更深刻的反思。同时，过渡到形式运算思维使这种思考成为可能和可取的，但是这一过程并不容易。当故事之间的冲突（如《创世记》与《进化论》）出现时，本本主义便会瓦解，而关系要么得到加强，要么受到威胁，这取决于他们更倾向于谁的言论。在这个发展的时期，许多青少年开始认识

第十章 信仰与终极意义的发展

到相互竞争的观点,并开始关注观点的相对性。这是一个人一生中最宝贵的时刻,既微妙又强大。在这种意识和信仰的重大转变中,青少年获得安全感和鼓励的程度等同于他们进行反思的深度和哲学冒险的程度。由于他们信仰的各种内容与生活经验格格不入,青少年必须改变其信仰本身,以适应对自己、世界及终极关怀的全新构建。这就是为什么福勒称第三阶段为综合—习俗信仰(synthetic-conventional faith)。

随着青少年进入综合—习俗信仰阶段,他们开始需要更多的信仰。他们的生活充满了变化,他们在寻找生活的意义、目的和身份的基础。家庭、学校、工作、体育、音乐、同龄人、时尚、街头文化、媒体、生物学变化和宗教都向他们提出了复杂的要求,有时这些要求之间甚至相互矛盾。随着形式运算思维的出现,青少年有能力反思自己的思想。青少年通过构建自己的个人神话来应对潜在的身份认同和观点混淆。当检验青少年过去、现在和预期未来的意义及其一致性时,就构建(或揭示)出一个蕴含自我的最终环境。即从"我是谁?"变成"我的目的是什么?"和"我该如何生活?",关于"长大后我想做什么"的决定变得更加坚定,关于最好的生活方式应该是什么以及这个世界应该如何运转的愿景也变得更加坚定。

当青少年形成这种与家庭、社区和社会呈现给他们的主流符号相反的形象时,他们往往被认为是叛逆的,甚至是不尊重的。虽然这在某些时候是正确的,但对这个综合—习俗阶段的理解,有助于我们把青少年对诚挚的、正义感的理解看作暂时的和实验性的,是信仰探索暂缓的一部分。随着对价值观、终极关怀和定向框架的开放性解读,新的思维能力总会受到成年人的批评,即使它们转瞬即逝,但青少年仍然对理想和信仰的表达具有如此强烈的愿望。尽管年轻人对自己以及世界的认识略显僵化和理想主义,但在这一点上,他们的思想和精神可能比以往任何时候都更加开放。青少年越是觉得自己的环境不安全,就越会退回到自我和世界的僵化结构中。的确,如果恐惧压倒了信任,如果教条的限制压倒了设计和探索终极问题的能力,那么原本充满可能性的伊甸园就会变成一片自我禁锢、厌恶和孤立的丛林。

在这一阶段,一个人的思维意识和宗教理解逐渐形成,而青少年的信仰在很大程度上决定了这种过渡将如何表现。当他们追求理想主义时,青少年会在他们的视野中融入权威意象,迅速形成并严格遵守个人的终极关怀。在课堂上,好的教学则可以利用这些新形成的理想观点,开展更具复杂性和有效性的实践活动。如果上帝在这个阶段仍然存在或在个体的信仰中变得更加突出,青少年的理想主义加上反思精神可能会导向对上帝形象的重新构建。随着青少年更深层次地自我探索,上帝通常被认为是内心深处的终极体现,它成为了一个能够了解每个人而且知道其中所有奥秘的实体。在这种新出现的复杂性中,青少年渴望被了解和理解,他们往往从对上帝的建构中获得人生意义和安全感,这种建构暗示着一种激进的接受,以及一种被了解和被爱的感觉,尽管实际经历可能展现出相反的结果。

在这种情况下,人生意义的发现和被发现,或者创造上帝和被上帝创造的二元体验,是青少年信仰发展的核心。如果故事在神话—文字阶段以字面的价值被接受,那么在综合—习俗阶段,符号就成为青少年主要的信仰传达方式。青少年将自己与流行的偶像、风格、派系、时尚、团队、音乐家、电影明星、运动员和其他的积极或消极的榜样联系在一起,所有这些都是为了定义自己的信仰符号。关于意义、目的和身份认同的终极符号也在此时被建构或接受。即使这些符号看起来似乎是不真实的,但它们表达出青少年内心深处的渴望,这一事实意味着这些符号与它们所象征的东西密不可分。批判性地解构那些定义了他人信仰的形象,这就是在质疑象征符号在青少年信仰发展中的作用,这很可能会被认为是一种亵渎,一种对青少年所持有宗教观的威胁。至少在现阶段,符号对于青少年来说至关重要,成年人无法进行任何去神话化的操作。这些符号不仅仅是青少年的交流工具,更是他们的人生意义。

如果教育者忽视青少年经历中符号的琐碎化,就像我们用已有文化贬低和病态化青少年为自己构造的理想世界,那么信仰的本身就毫无价值。对于年轻人来说,将自己的意识形态呈现给家人、老师、精神领袖和社区以获得认同,结果却被贴上"幼稚、天真、理想主义"的标签,这是一种悲惨的经历。在第三个阶段,青少年有机会向他们周围的人展示说:"这就是我。这就是我看待这个世界的方式,这就是我重视的。这就是我想要的世界。这就是我的信仰。这就是我的神。"学校经常犯这样的错误:要么完全忽视了符号在青少年信仰发展中的关键作用,要么对符号的琐碎化漠不关心,并彻底清空符号的价值。对一个幻想破灭、没有坚定信念的青少年来说,结果可能是悲惨的。

珍妮·蒙特罗在九年级时怀孕,在她父亲看来,这完全违背了"道德准则"。他曾经对她说,"没有上帝,你只是从一个诱惑迷失到另一个诱惑"。然而,对珍妮来说,怀孕只是

217 偶然。事实是她只打算发生性关系。基督教教义认为她的性行为是一种罪,而她渴望与那些她喜欢的男生"相处",如何纠正这些教义对她来说仍然是个谜。就好像上帝和她的父母在一边,朱利安和她的朋友在另一边。这些权力和爱、安全和兴奋的矛盾使她迷惑不解。毕竟,她时不时在教堂里感受到的深刻联系、快乐和释放的感觉,现在开始反映在她与朱利安的性关系的体验中。"这到底是怎么回事?!"一天,她问她的朋友,"我的意思是,为什么我的朋友和男朋友让我感觉很好,但教堂和家人却让我感觉不安?"似乎问题还不止这些,珍妮还面临着在学校和教堂向她展示的耶稣符号不一致。九年级的世界史课上的"拿撒勒的耶稣",是一个犹太教派的领袖,是被罗马人处死的政治异见者;还有另一个耶稣,上帝的儿子,他为宽恕人类的罪恶而死。"两个符号,同一个人?那么谁是真正的耶稣,这对我意味着什么?"珍妮想知道。

从一所学校转到另一所学校,不得不忍受父母提出的怀疑和限制,珍妮感到与老朋友们隔绝了,但教堂让她感到受欢迎和受重视,这为她提供了一个思考这些难题的地方。问题是,当青年牧师鼓励她认真思考这些问题时,珍妮不喜欢这样的暗示,即如果她不改变自己的方式并接受耶稣进入自己的内心,她就会下地狱。她心里很难接受专横的父母以及没有安全感的男友,更不用说那个解救万世的上帝之子了。似乎她遇到的每个人都让自己产生对上帝不同的看法,在学校、家、教堂、朋友和其他所有待过的地方之间徘徊只会让她更加困惑。在她独自一人思考这一切的时候,一个问题不断浮现在脑海:"我应该如何生活?"

第十章 信仰与终极意义的发展

福勒和帕克斯都认识到,在综合—习俗阶段处理潜在符号的多样性也涉及相对主义的概念。珍妮的经历就是一个很好的例子。相对主义可以对青少年在儿童时期具体运算思维中所构建的持久范畴提出挑战。帕克斯认为,随着青少年从童年的意义建构方式转变为成年人的意义建构方式,其认知逐渐从无条件相对主义(unqualified relativism)转变为相对主义的承诺(commitment in relativism)。当个体刚刚产生建构人生意义的早期意识时,他们往往会陷入无条件相对主义的误区。当这种认识发生时,青少年认为,即使是"最值得信任的成年人和最古老的知识学科(甚至是自然科学)都必须在一个多元和相对化的世界中构成现实,当下的世界,每个感知都导致不同的'真理',因此,每个观点和判断都可能与另一个有一样的价值"。[1] 帕克斯指出,随着时间的推移,无条件相对主义的立场很难维持,因为日常观点和基于个人信仰的观点之间会出现差异。仔细思考能让你区分出外在的真理和那些与你的意义、目的和身份相一致的真理。如果这些真理被认为对他们的经验很重要,青少年就会调整自己的信仰去适应新的真理,或者,如果这些真理被认为是无关紧要的,他们就会简单地拒绝这些真理。随着这一分类过程的速度和复杂性的提高,向下一阶段的过渡就变得迫在眉睫。

珍妮·蒙特罗和史蒂夫·张都是坎贝尔老师十年级世界历史课上的学生,他们使用的教材动摇了他们的观点,引

---

[1] Parks, *The Critical Years*, 47.

发了质疑,触及了他们世界观的核心。坎贝尔先生将历史作为一个研究领域,以提出人类社会如何决定生活以及它对我们今天意味着什么的更深层次的问题,他很少告诉他的学生应该思考什么(除非他们确实会做他们的家庭作业并把它做好);相反,他向他们展示了"过去"发生的事情,并让学生自己去思考它,以及它对他们的生活和世界意味着什么。在这样做的过程中,坎贝尔先生经常揭露人类决策的阴暗面,如领土和资源争夺、权力斗争、宗教分歧等。例如,在研究十字军东征时,坎贝尔频繁地、微妙地暗示美国目前在中东的军事行动,并要求学生将中世纪的圣战与当今的"圣战"进行比较。虽然这些问题有时是"令人沮丧的",但史蒂夫和珍妮发现,坎贝尔先生的历史教学方法提供了很多机会让人明白其中的意义和目的。例如,在古今不同民族争取自由的斗争中,他们找到了灵感和希望。

这一切都激发了史蒂夫和珍妮的渴望,他们渴望成为某件大事的一部分,一件让世界变得更美好的事,一件他们的牧师可能会说"将上帝的王国带回人间"的事。然而,坎贝尔先生从未用这样的措辞来描述事情。毕竟,他是公立学校的老师。他只是反复问:"为什么会发生这种事?""这对我们意味着什么?"因为知道坎贝尔先生不会接受"这是神的旨意"之类的答案,像珍妮和史蒂夫这样的学生必须学会用社会学家的语言来表达他们的理解。在"返校之夜"期间,史蒂夫和珍妮的亲人都表示担心,坎贝尔先生的课程可能会挑战他们在家里传授的基督教价值观。考虑到这种担忧,坎贝尔先生解释说:"我致力于照顾那些很难发现这种过渡的学生,我的目标绝不是用人文学科话语取代你们的宗教信仰。我的目标是帮助我的学生——你的孩子——用双语进入这样的对话,即能够使用人文语言来表述他们所理解的、深刻的宗教问题。我相信他们能做到这一点,因为他们非常聪明,这也是世界所需要的。"

像坎贝尔先生这样的教育工作者在对待那些在复杂世界的相对主义中挣扎的青少年时必须谨慎,在对待那些可能希望这种相对主义永远不会被揭示出来的父母时,必须更加谨慎。但谨慎不应导致放弃重大问题或摆脱棘手问题。如果历史只剩下名字和日期,英语只剩下图解句子,科学只剩下本生灯和试管,数学只剩下数字和变量,那么学校只会扼杀渴望"真实"的年轻人的精神。

然而,追求"真实"并非没有考验和磨难。被无条件相对主义所代表的暂停所挫败的青少年,往往会无望地对一个(目前)向他们揭示的只有框架没有内容的世界提出反对意见。他们可能会问:"如果思考不能让我们得到确定的答案,为什么要思考?"成年人如何回答这些问题对青少年加深祈祷、冥想、奉献和信仰的方式有着巨大的影响。教育工作者和从事青少年工作的牧师、拉比、伊玛目面临的困难是,他们在以权威人士身份给出一个权威答案(就像青少年试图用一个答案来辨别自己的身份一样)和不给出答案之间进退两难,这可能会给寻求真理的青少年带来严重的挫折感。在这种情况下,教育工作者应该明智地记住逆向询问的简单之美:"好吧,我有一些想法,但你怎么想?"

如果我们为青少年开辟空间,使他们开始以对他们有意义的方式回答存在主义的问题,我们将帮助他们从无条件相对主义中发展智力和精神的道路,并使之更加清晰。通常,当青少年达到无条件相对主义的极限并厌倦了它的毫无根据时,他们就会寻找一个立足之地。这种情况通常要到年轻人离开家去工作或上大学之后才会发生,但如果环境鼓励,这种情况也可能发生在青少年中期。帕克斯称这个立足之地是相对主义的承诺。当青少年开始"对自己的知识承担自觉性责任时……意识到适当的,值得的,有价值的事物,同时又意识到所有判断的有限性……一种世界连贯性,其形成的愿望就是尽可能明确地表达生活的意义"。[1] 这时就会发生这种承诺。这个过程重新树立了青少年的信念,因为它重新建立了动态的象征性的定向框架或个人对之的终极关怀。然而,这并非没有危险。帕克斯指出:"正是意识到所有的观点都是相对的,才可能激发一种强烈的,有时是顽强的,在对现实的焦虑中寻求一席之地的动力。"当面对相互竞争的价值观和生活取向时,"比如个人实现与集体承诺、工作与娱乐、传统与创新、社会行动与学术研究或任何其他可能的极性",青少年会"过早地寻求自信心",因此"很容易使坚守二分法的紧张情绪崩溃"。[2] 让青少年在开放和支持的氛围中探索他们对这种极性和相对主义的恐惧和希望——给他们足够的空间为自己寻找答案,同时保持紧张——可以帮助他们避免这种崩溃。

帕克斯与福勒的不同之处在于,她对相对主义的承诺阶段内的微妙之处给予了不同程度的关注。她认为,权力中心从外部到

---

[1] Parks, *The Critical Years*, 50.
[2] Parks, *The Critical Years*, 91.

内部的转变,不是通过一个单一的运动,而是通过两个步骤来描述的。因此,帕克斯将相对主义的承诺阶段细分为探索性承诺和经过考验的承诺,以表明其内部微妙而关键的转变。当青少年处于探索性承诺阶段时,成年人经常认为他们对自己和社会都有矛盾心理。当他们在一个现已被揭示为相对化的宇宙中无可挽回地失去信任时,青少年可能会对几乎所有事情都产生怀疑——甚至厌倦的情绪。这是一个"无所谓"和"无论如何都没关系"可以像咒语一样传递的阶段。但重要的是要认识到,这种怀疑可能只是一种与他们信仰的发展密切相关的应对策略,不应该被视为简单的矛盾心理,而是一种勇敢的追求和健康的选择,以取代威胁着他们的绝望——如果不是他们充满希望的怀疑驱使他们继续前进的话。

尽管同一时期的标志是一个新的自我和一种新的意义关系的承诺,以及寻求使世界成为它应该成为的样子的强烈的意识形态观点,青少年仍然处于两种伟大的人类渴望之间——截然不同和相互联系。身处这些渴望之中,为了找到意义、目的和身份之间的某个平衡点,有时可能是让人无措的,因为经历了假定的确定性的丧失,并且不得不对一个人在信仰层面上(包括情感和认知)可以相信的真相和真实进行重新排列。临床发展心理学家罗伯特·凯根(Robert Kegan)简洁地说道:"我们构成方式的改变可能是我们定力的改变。"[1]当青少年体验快速的情绪波动或偶尔感到需要退缩时,这可能就是他们正在经历这个阶段。

然而,对于探索性承诺阶段的矛盾心理,重要的是要认识到,

---

[1] As cited in Parks, *The Critical Years*, 52.

这不仅仅是忧郁的退缩，而且是一个以帕克斯所说的"具有完整性和结构性力量的动态稳定"为特征的阶段。[1] 一个人对信仰的承诺最初表现为试探性且有意地去探索可能的真理，以及探索此真理对自己和世界的体验的适用性。随着时间的推移，这种承诺的内容以及一个人与它的关系会得到整理、考验并保留，最终产生一种更深刻的肯定的信仰。帕克斯将这种探索（最终转变为一种经过考验的承诺）主要定位在处于上大学年龄的年轻人身上，但这种转变也可能会发生在中学阶段，或者最早在中学就已初见苗头。

当一个青少年的信仰变得更加凝聚而不是互相冲突时，当他在更一致的终极表达中而不是在对各种可能性的探索中找到安慰时，他就达到了一种成年人的信仰，帕克斯称之为一种经过考验的承诺。这个阶段发生在当一个人的"认识和存在的形式呈现出一种经过考验的品质，一种适合的感觉，一个人愿意与它和解并肯定它（尽管可能有批判）"的时候。[2] 在这个时代，个人开始以自己的信仰为中心，在理解上不再有矛盾和分歧，有时甚至回首使自己步入这一阶段的斗争，并能感受到一种和平的感觉。

对实践的启示

探索我们所教导和辅导的青少年的信仰动态是一项重要的工作。正是因为这样的领域充满了争议，我们才需要以道德、专

---

[1] Parks, *The Critical Years*, 50.
[2] Parks, *The Critical Years*, 84.

业和发展的适当方式来定位我们的实践。毫无疑问,这在公共教育中是个棘手的问题。对青少年的成长来说,劝诱他人改变自己的信仰可能是有害的,就像只关注他们的信仰是自我的一个组成部分一样,但我们必须"去那里",即使这意味着要反对第一修正案的自由行使条款。"古人善于坚守,他们会以比我们的自我更强大、更值得信赖的心境去追求关联性",[1]信仰的发展超越了调和本我和超我张力的心理过程,因为它涉及我们可以提出的关于彼此和我们所拥有的宇宙的最重要的问题。没有这类问题的学校有可能成为空洞的空间,在那里,事实是以牺牲意义为代价的,信息是在没有智慧的情况下传递的。当我们把信仰说成是动态的、象征性的定向框架,或者说是一个人所致力于并从中获得人生目标的终极关怀时,很明显,我们准备好与在这一领域发展的青少年合作是重要的。下面简要介绍了拉切尔·凯斯勒(Rachael Kessler)和帕克·帕尔默(Parker Palmer)等理论家在公立学校环境中构建促进青少年信仰发展实践的五种方式。[2]

提供深入联系的机会

上学可能是一种疏远的经历。青少年远离自己的邻居社区,穿过挤满了相互竞争的同辈群体的走廊,从一个必修课转到另一个必修课,遇到许多经常忙于自己的日程而无法与其进行有意义

---

[1] Parker Palmer, "Evoking the Spirit in Public Education," *Educational Leadership* 56, no. 4(1999): 6.

[2] Rachael Kessler, *The Soul of Education* (Alexandria, VA: Association for Supervision and Curriculum Development, 2000); Parker Palmer, "Evoking the Spirit in Public Education."

的接触的成年人——这些经历都可能使深入联系变得困难。但是，如果我们要促进青少年的信仰发展，就必须寻找并增加机会，让他们感到自己是被真正地看见和认识的，并练习看见和认识别人，因为只有通过联系，我们才能让我们的学生从默默无闻中走出来。教师能通过多种方式实现这一点，从社区建设练习到合作分组，从自我驱动的项目学习到频繁分享观点和成就的机会。即使是很简单的事情，比如叫出学生的名字来问候他们，或者做一些即兴的签到练习，比如"你今天过得怎么样？""你觉得昨晚的比赛怎么样？"或者"我听到一些关于你的好话"，也有助于让一个青少年觉得他们可以而且应该建立联系。

　　提供深入联系的机会不仅仅是为了青少年。这也意味着我们要敞开心扉，让自己有可能被与年轻人的关系所感动和改变。要真正创造一种归属感，我们必须有归属感，这意味着把我们全部的自我带入与年轻人的互惠关系中。这可能会使我们这些习惯于以一种更疏远的方式与学生打交道的人产生焦虑。当我们冒险和年轻人一起工作的时候，尤其是当我们把信仰问题摆到桌面上的时候，我们往往会把"那些还没有被我们自己审视过的问题或创伤暴露出来，这些问题或创伤就像青少年探索和斗争的镜子里的霓虹灯一样闪亮"。[1] 这就是为什么在学校里的成年人与其他成年人的交流中，提供定期反思和共同分析实践的机会是很重要的。毕竟，不仅仅是青少年在寻找身份、社区、一致性、目的和意义，在相对主义和客观主义两极的对立中奋斗，在教条中找不到什么解决办法（更不用说在不确定性中了），许多成年人

---

[1] Kessler, *The Soul of Education*, 163.

也在经历这些挣扎。这表明了跨年龄伙伴关系的潜力,在跨年龄伙伴关系中,各个年龄段的人都在为彼此的终极关切而奋斗。

提供安静和独处的机会

我们的许多学生在他们的生活中从未经历过安静,更不用说沉默了。他们住在电视机开着的家里;走在汽车喇叭声和手提钻声刺痛耳朵的街道上;住在不得不提高嗓门说话的学校里,因为这样自己的声音才能在嘈杂声中被听到。当今年轻人群体中随处可见的 MP3 播放器、iPods、随身听和手机,可能是他们试图至少控制一部分进入他们耳朵的噪音的体现。隐居也是如此。我们所服务的青少年可能与兄弟姐妹同住一间卧室,肩并肩坐在拥挤的公共汽车上,迷失在默默无闻的学校走廊里,淹没在拥挤的教室里。难怪青少年有时会花很长时间待在浴室里——这可能是他们唯一可以独处的时间和空间。

为了培养青少年随着信仰的发展而产生的内心深处的能力,创造安静的空间和保护独处的机会是很重要的。你只需要去保健室寻找假装生病的人,在学校草坪上的树下寻找阅读的隐居者,或者放学后在图书馆寻找做白日梦的孤独者,就能意识到足智多谋的青少年是如何为自己开辟这些空间的。在小学,午睡经常起到这样的作用,但初中和高中没有午睡。因此,儿童和青少年"在沉默和孤独中暴露得太少,以至于有些人开始害怕任何空虚的经历",[1] 从而使内在性的发展变得更加困难。青少年受到的训练主要是对他人的发言和存在做出反应,这可能导致他们

---

[1] Kessler, *The Soul of Education*, 38.

无法发展对来自自己内心的声音和存在做出反应的能力。

如果教育者提供沉默和独处的机会会是什么样子？教育者为学生安排时间，让他们远离同伴的刺激或压力，这样他们即使在繁忙的教室里也能独处。正如凯斯勒所说，这"让学生更容易接触到自己的价值观、信仰、优先次序、目标和目的感。在鼓励学生将主题与自己的生活联系起来的学术课上，安静的反思将丰富'日记'、论文和讨论，这些练习使学生能够表达联系"。[1] 青少年通常喜欢在被要求写作、阅读之前检查和澄清自己的想法，或者做出某种反应。考虑到青少年所面临的巨大的发展任务，放慢脚步和集中注意力的机会是令人津津乐道的。虽然他们可能会咯咯地笑或者慢慢地安静下来，但当他们陷入沉默时，你可以从他们的脸上看到一种轻松的感觉，而他们自己的孤独往往也是显而易见的。

为探索重大问题开辟空间

对于青少年所问的"我是谁？""真理在哪里？"或者"这一切的意义和目的是什么？"，成年人通常认为这种问题是空想且不切实际的，或者是颇具威胁性的、挑衅的，因为这些问题的答案会受到人们的质疑或攻击。学校里的成年人（可以理解为他们对进入被宪法第一修正案保护措施所排除的课程领域持谨慎态度）通常不会带着崇敬、关心和发展敏感性来对待这些问题，而是希望青少年会在其他地方寻找答案，或者干脆放弃这些问题。作为对课堂课程、社区或世界事件的回应，青少年通常会坚持寻找对话，并

---

[1] Kessler, *The Soul of Education*, 44.

第十章　信仰与终极意义的发展

就自身存在的最深刻问题提出疑问。迫切面对这些问题,探索它们对我们的关系、机构和社区有多重要,成为了许多青少年的当务之急。当重大问题被忽视时,无论是因为法律规定还是缺乏解决这些问题的准备,青少年都有理由拒绝接受学校和学校内的成人作为他们学习和成长的合法来源。正因为青少年的观点开放、想法蓬勃发展,其结果往往是他们独自面对其所经历的精神脆弱性。

本章以哲学家和神学家以及青少年提出的一系列重大问题为出发点。当青少年提出以上问题时,它暗示着一种正在发展的信仰存在着强大而动荡的暗流。当教育者暴露出不愿意在学校里给出这些问题的答案时,青少年知道我们是虚伪的。我们的年轻人深知这样一个事实,即公立学校决不能声称没有信仰、价值的基础。青少年知道学校里已经充斥着含蓄和明确的信仰。帕尔默在回答以下问题时揭露了这一事实:

> 为什么一个好的历史学家会关心"死去的"过去?是为了向我们展示它根本没有死,我们与过去有着深刻的联系,而这种联系我们甚至可能无法理解。为什么一个优秀的生物学家会关心"沉默的"大自然?也是为了向我们展示大自然有一种声音,召唤我们要尊重与自然世界的联系。为什么一个优秀的文学家会关心"虚构的"世界?正是为了向我们展示,我们与现实最深层的联系不仅来自掌握事实,还来自想象力。[1]

---

[1] Palmer, "Evoking the Spirit in Public Education," 8-9.

对构成我们课程、政策、教学法和设想的终极关怀保持公开透明化,有助于青少年自己提出强有力的问题,并开始创造有助于改善我们社区的方案。

从发展的角度来看待青少年,有助于我们在他们提出重大问题时退缩和克制。通常情况下,青少年不想要"固定的模式",而只是希望"在被称为生命的艰难旅程中得到同情和陪伴"。[1]青少年可能有理由不愿意在课堂上表达这些问题,而教师也有可能不愿意参与这些问题。毕竟,一个学生为什么要向那些"试图口述答案或根本不理会这个问题"的人提出一个重大且有意义的问题呢?他的答案可能就是他生活的写照。在某种程度上,青少年需要自己去寻找答案,而当学校里的成年人"要么选择通过说服学生改变他们的看法,要么选择不去理会这些问题"来侵犯学生创造意义的能力时,一个强大的发展心理时刻就被浪费了。尽管教师的权威通常建立在其"知道答案"并以一种易于理解的方式提供答案的能力上,但针对青少年信仰发展的教学仍需要采用不同的方法。当我们足够幸运地站在一个因信任我们而先提出自己疑问的青少年面前时,我们必须抵制说教的冲动。虽然应对他们提出的问题可能意味着要挑战我们对没有应答该问题的经验的恐惧,或者给了好奇和充满激情的孩子暗示我们的答案可能对他们需要问的问题不起作用的机会,但是如果我们帮助一个青少年找到了一个他认为值得问的问题,并引导他的生活,事实上我们就已经完成了应做的工作。我们所要做的就是鼓励他走得

---

[1] Palmer, "Evoking the Spirit in Public Education," 8.

更远,去探索其他人,并且陶醉于探索人类经验深处的兴奋之中。

令人鼓舞的快乐体验

和成年人一样,青少年的信仰经历常常令人陶醉、紧张,有时甚至难以抗拒。顿悟既发生在可预测的情况下,也发生在优雅的随机时刻。玩耍、庆祝、表达感激、欣赏美丽、感受爱、遇到奇迹、体验正义或为他人服务可以带来深刻且难以言表的欢乐体验。我们和我们的学生在这样的时刻所体验到的兴奋可能会激发新的定向框架或新的潜能。在经历了这样的巅峰时期之后,我们变得不同了,因为它们使我们重新审视我们最大的问题和最深层的动机,努力使我们再次获得那样的体验。教育者为年轻人提供体验快乐的机会,并为实现快乐所需的放弃做出榜样,他们引导学生崇敬奇迹,给予学生对某些人来说可能称之为神圣的东西的体验。这可以是很简单的问题:"你昨晚看到那不可思议的日落了吗?"也可以像宇宙论、圣雄甘地、欧几里得几何或浪漫主义诗歌那样复杂。它可以像成功写信让州政府修复学校体育馆地板一样严肃,也可以像为昨晚篮球比赛中意外投进篮的学生举办纸杯蛋糕派对一样轻松搞笑。关键不在于定义或留存这种经历,而在于打开这种经历发生的可能性,然后在年轻人理解它的意义时陪伴他们。

在游戏中迷失自己(从而找到自己),欣赏一段音乐或一件艺术品来确认自己的信仰,直面一个知识点论证背后的真理本质,在历史或文学中找到一个能明显感受到其亲和力的人,以一种似乎比交谈更深入的方式与另一个人的世界观相联系,感受对他人或上帝的爱,以一种激发敬畏而不是困惑的方式理解神秘,这些都让青少年(和成年人一样)感受到了比生命更伟大的时刻。在那些不平凡的时刻,有些东西深深地震撼着我们,以至于我们许多人发现自己会将它们当作生活故事中的章节标题。"就是那一次＿＿＿＿使我理解了＿＿＿＿的宇宙/自己。"找到激发青少年这种经历的方法,对于培养一个强健和振奋人心的信仰是至关重要的,而目睹这些经历的发生也许就是教学和咨询的最终回报之一。

确认需要启动

诗人迈克尔·米德(Michael Meade)曾经写道:"如果年轻人内心天生燃烧的火焰不是有意地、充满爱意地被放进社区的壁炉里,它就会烧毁文化的结构,只为了感受温暖。"[1]虽然米德的威胁语气可能言过其实,但他正确地提出了启蒙的必要性。成人仪式确认了青少年在社区中的地位,并提供了表达和强化终极关怀的象征。启蒙锚定青少年的归属感,使他们的人生目标仪式化。如果没有成年人和青少年共同创造的有意义的、生成性的成人仪式,青少年可能会"构建自己的成人徽章,从相对温和的驾照、舞会和毕业典礼,到危险的极端狂欢、第一个孩子、第一次入狱,或者是第一次谋杀"。[2]让我们思考一下,为什么青少年重大的生理、智力、情感和精神变化没有被周围重要的成年人注意到,以至于这一时期他们理所当然地通过融入反文化、反专制的启蒙模式来寻求自我尊重。

---

[1] Kessler, *The Soul of Education*, 135.
[2] Kessler, *The Soul of Education*.

我们不乏可以从中获得灵感的模型。世界各地的众多文化为青少年扮演新角色以及与长辈建立新关系提供了有意义的庆祝活动。在美洲、欧洲、亚洲、非洲以及新西兰、澳大利亚的部落文化中，男孩和女孩通常会经历漫长的磨难，或参加长时间的学习和庆祝活动，以纪念他们向成年的过渡：他们的狩猎能力，她们的第一次月经，他们被纳入村里的决策机构，等等。新教和天主教堂里有成人礼，犹太教庙宇里有犹太成人礼（bar and bat mitzvahs），奇卡诺社区里也有成人礼（quinceañeras），欧洲贵族后裔则有初次登台的舞会。然而，对于今天的大多数年轻人而言，很少有专门标志从童年到成年的这段孤独而又令人困惑的旅程的仪式。

关注学生信仰发展需要的教育者会寻找方法来纪念童年到成年之间的那段深刻时期，这一时期标志着青少年生活中发生的变化，代表了不可逆转的转变机会无处不在。例如，能够独自去看限制级电影、第一次投票、获得自己的第一个储蓄账户或第一辆车、注册（或拒绝注册）选择性服务、允许在没有父母或保姆的情况下待在家里、允许在没有陪护的情况下约会……所有这些所谓的青少年时期的小转变都值得长辈们注意。尽管关于青少年时期生理转变的最佳方式的争论非常激烈，但很明显，在我们这个沉迷于性的社会里，我们几乎没有为年轻人做好准备，让他们享受欲望的力量，享受与年龄相符的自愿性接触的乐趣，以及创造生活的可能性。在初中到高中的过渡期，无数社区设计了全面的迎新和庆祝活动，以使学生的成长无接缝、无障碍、更令人兴奋。从高中到大学或职场的大转变也是如此。我们已经做了很多工作来庆祝转变，用仪式来强调这些门槛，并为他们提供促进过渡和分离的帮助。

　　最终,青少年的信仰发展和其他所有形式的发展一样:强大而脆弱,热情而谨慎。它有赖于与值得信任的成年人建立有意义的联系。要成为这些成年人中的一员,我们必须相信青少年有能力清楚地说出他们最有必要问的问题。要相信我们作为学校里的专业人士不仅有能力而且实际上应该参与青少年意义创造的深层次暗流,有时还需要我们参与可能最令人担心的事情——信仰的飞跃。

第十一章　从学校到职业生涯的过渡

虽然进步的教育工作者和教育理论家不赞成教育"入世",但是我们的教育系统实际上受到社会经济因素的密切影响。家庭优越的学生由于经济条件好,在私立学校就读,基本上与来自低收入家庭的同龄人互无往来。因此,大多数城市的公立学校系统主要面向贫困、低收入和工薪阶层的学生及其家庭。而郊区的学校则普遍面向中产阶级,较富裕的家庭往往选择把孩子送到条件较好的私立学校。这一现状对教育的意义以及教育与工作之间的关系产生了巨大的影响,从理论上讲,我们的大型综合性公立高中应该教育不同阶层的学生,并为其以后在工作场所和大学与其他同龄人的互动做好准备。然而,对于许多大型公立高中的学生来说,学校与工作或职业之间的联系似乎是不存在的,因为这里的一切与他们周围看到的现实脱节。在这一章中,我们提出了使学校更贴近工作和职业愿望的策略,特别是针对来自低收入和工薪阶层家庭的学生。

通过借鉴我们自己在工作中使用的理论和全国各城市教育项目中采取的方法,我们展示了教育工作者应该如何为学生明确受教育和职业之间的联系。我们在一定程度上是通过介绍"游戏规则"来做到这一点的,因为这些规则适用于获取个人职业发展的机会。尽管来自低收入和工薪阶层家庭的学生在公立学校里肯定听到过大学教育的只言片语,但还是有许多人对从学校到工作和职业的各种途径(包括进入高等教育的多种途径)了解不足。我们在本章的目标是帮助教师和相关学生支持人员制定策略,将职业发展教育整合到学校课程的各个方面。对于那些经济状况岌岌可危的学生来说,仅仅"为了学习而学习"是不够的。

更为复杂的是,许多在高中时期成绩优秀并准备进入到大学的来自低收入和工薪阶层家庭的学生往往面临着超越课堂的复杂性。有时家里的经济压力需要关注,有时又对大学世界充满了担忧,作为家里第一代大学生与亲人逐渐疏远。对于那些在大学里取得成功并将这些成功经验引入高薪职业的学生来说,社会阶层的跨越在整个发展过程中都充满了挑战。一个人有了新的社会经济地位,可以在经济上与他人相似,而在社会地位上却仍然存在差异。同样,与广大家庭成员之间的经济差异也可以表现出真实的和可感知的社会差异。从教育的角度来看,虽然我们的希望可能是通过教育成就促进向上流动,但必须认识到这种流动绝不是个人幸福的灵丹妙药。事实上,这种向上的阶级跨越依然会给内心带来强大压力,其程度不亚于那些仍然停留在工人阶级的同龄人,尽管这是另一种压力。

在前面的章节中,我们看到洛伦娜·查韦斯从小学的"校园明星",成为初中和高中早期的"叛逆少女"(第四章),再到高中后期的"运动健将"和"科学达人"(第五章、第八章)。在洛伦娜的成长过程中,充满了围绕她的身份认同的不同挑战。即使她通过划船项目获得了信心,并开始将自己的成就从划船转移到课堂上,挑战依然存在。洛伦娜是出身于墨西哥裔家庭的少数民族女孩,该民族社区人员聚集且联系紧密,要从高中升入大学,让她充满了担忧并夹杂着复杂的情绪,尤其是她正考虑的大学离家千里,远在他乡。这个想法的动机不像其他同龄人一样仅仅是为了远离家乡。相反,她的想法是受一所竞争激烈的可以提供划船奖学金的大学所激发的,这所大学位于一个她几乎没有听说过的地方,一个她认为甚至没有河流的地方,直到她在一个全国比赛中了解到它。然后她得知自己的一个教练也在那所大学上过学,于是探索开始了。

从表面上看,洛伦娜的故事听起来像是美国梦。一个来自移民家庭的低收入学生,在没有能力支付大学学费的情况下,通过她的运动成绩和不断提高的学习成绩,突破重围获得了大学奖学金。但这个表面现象只是故事的开始。

"我知道我没有理由抱怨,更没有权利抱怨,"洛伦娜告诉她的教练科尔比,"我很幸运能得到这笔奖学金,有机会去这么好的大学。我从没想过会有这样的事。"

"这些都是你应得的,洛伦娜,"她的教练回答道,"在短短几年的时间里,你已经成为团队中最好的队员。你在学校也很出色。"

"我知道。感谢您对我曾经的付出和成长的肯定。但现在我感觉我得去远方了,您明白我的意思吗?可我也不能放弃这个机会。这(个决定)对我和我的家人都很难。"

"但你妈妈告诉我,她真的为你感到骄傲,为你取得的一切成就感到骄傲。"

"是的,那是真的,但是她不会告诉您我所有的事情。她有点担心我去上大学,有点担心我会变得跟以前不一样,不再像亲人一样。她担心我以后不会再回家了。她见过朋友的孩子这么做。"

"她不必为你担心,"科尔比回答,"她比你更了解你。"

"您说得倒轻巧,教练。我打赌你们全家都上过大学。对我们这样的人来说情况就不一样了。我们应该待在离家近的地方互相照顾,尤其是女孩。"

洛伦娜的两难境地给老师、辅导员、教练和导师(educational mentors)带来了挑战。我们必须将学业成绩与社会阶层以及种族、性别等其他身份认同影响因素相结合,才能对学生进行最佳辅导和引导。当然,我们不应回避为所有学生提供成长和改变的多种选择,即使这可能会造成像洛伦娜案例中那种明显的紧张关系。但与此同时,我们必须理解并预见到学生在突破其家庭和文化背景的界限时所面临的许多挑战,倾听他们的心声,并认真对待这些问题,而不是把这些问题看作青少年的非理性焦虑,这恰恰是他们从高中过渡到后续阶段所需要的必要支持。然而,除了倾听之外,教育工作者还必须在小学和中学课程中积极主动地提供职业发展培训。

什么是职业发展教育?

职业咨询通常被理解为是为了处理在职业中遇到的困难或

不确定性。人们在工作的某些方面遇到困难时,通常会寻求职业咨询。也许是他们对目前的工作感到不满意,又或者是他们很难找到一份报酬丰厚的工作,也可能是在目前的职业中感觉晋升无望。所有这些情况都会导致不同程度的心理压力,从轻微到严重。在工作中不快乐的人往往会把这种情绪带到他们生活的其他领域,包括家庭生活和个人关系中。职业咨询师的职责就是帮助人们通过改变职业、专业技能发展培训或通过对工作场所涉及的潜在问题的反思,来解决这些困惑,从而回归平静。

另一方面,职业发展教育不是基于问题的教育。相反,它是积极主动地帮助人们了解自己的身份与相应工作和职业类型之间的关系。理查德·拉潘(Richard Lapan)在全面概述中小学各年级的职业发展教育时,提供了大量的案例,阐明幼儿园的学生是如何通过绘画和讲故事等活动开始为职业生涯做准备的。[1] 几乎无法辨认的涂鸦描绘了医生、卡车司机、教师和超级英雄,标志着幼儿园和小学儿童的早期职业教育。到了小学后期,随着学生进入埃里克森所说的社会心理发展的勤奋与自卑阶段(Industry versus Inferiority stage)(见第二章),工作的性质开始以更具体的形式出现,包括有挑战性的任务,为自己的贡献赢得奖励(例如津贴),以及有意识地思考自己独特的优势和劣势。到了初中和高中阶段,大多数学生都在积极思考自己现在和将来要如何谋生。遗憾的是,根据拉潘和其他职业发

---

[1] Richard Lapan, *Career Development Across the K-16 Years: Bridging the Present to Satisfying and Successful Futures* (Alexandria, VA: American Counseling Association, 2004).

展教育研究者的观点,如果学校无法为学生提供全面的职业信息及科学的职业规划,这种思考往往受到眼前机会结构的限制。[1]

马萨诸塞州教育部(MDOE)承担了一项艰巨且意义重大的任务,即阐明从幼儿园到高中职业发展教育的基本结构。在一份题为《相关性,缺失的一环》(*Relevance, the Missing Link*)的文件中,马萨诸塞州教育部编制了一份综合汇总表,其中指明了可在各年级课程中实施的职业发展教育的关键要素。[2] 它提供了将数学概念与其相关的职业需求联系起来的例子,同样,也涉及英语、语言艺术、人文、社会研究领域。其目的是鼓励每个领域的教师都能将所教内容与职业发展的需求明确地联系起来。对于成年人来说,虽然整个教学课程名义上都是为了让学生为最终的职业生涯做好准备,但对于大多数学生来说,这一点并不明显,这也是许多学生疏远正规教育的原因之一。正规的课程对这些学生来说被视为与"现实生活"无关。

在《聪明的学校和明智的母亲》(*School-Smart and Mother-Wise*)一书中,温迪·拉特勒尔(Wendy Luttrell)捕捉到了工薪阶

---

[1] See American School Counselor Association, *The ASCA National Model: A Framework for School Counseling Programs* (Alexandria, VA: Author, 2003); D. L. Bluestein, C. L. Juntunen, and R. L. Worthington, "The School-to-Work Transition: Adjustment Challenges of the Forgotten Half," in *Handbook of Counseling Psychology*, ed. S. D. Brown and R. W. Lent, 3rd ed. (New York: Wiley, 2000), 435–470.

[2] "Relevance, the Missing Link: A Guide for Promoting Student Success through Career Development Education, Training, and Counseling," 2005 Massachusetts Career Development Education Guide, http://www.doe.mass.edu/cd/resources/cdeguide_drft.doc.

层女孩和妇女对知识的不同定义。[1] 拉特勒尔在研究中提到有少量参与者描绘了学校对自我概念的重要性,即使学校课程与育儿、工作和日常生活等现实经历所获得的经验相比显得苍白无力。然而,不幸的是,学校教育与生活需求之间的脱节让许多工薪阶层女孩和妇女只能在更直接的环境下获取知识,后来才后悔没抓住正规教育和随之而来的美好前程。

马萨诸塞州教育部文件背后的策略是,通过从多个方向与拉特勒尔研究报告中所描述的那些学生建立联系,深入挖掘教育的实用性和更广泛的生活经验。马萨诸塞州教育部文件将职业发展教育的方法分为三个领域:学术/技术、职场准备、个人/社会。在每个领域中,该文件都概述了从小学早期到后期、初中和高中的原则和能力,并提供了在每个学术领域培养这些能力的例子。在学术/技术领域,强调在所教的学术课程和职业发展之间找到有意义的联系。在职场准备领域,强调的是清晰、自信、支持和合作等技能。在个人/社会领域,强调当个人和社会优势与特定的职业要求相适应时,就会得到认可。在这三个领域之间,整体课程可以适用于多个年龄段学生的职业发展教育。

一位教师在查看马萨诸塞州教育部文件并为其高中历史课程选择一个案例时,可能会把重点放在第二个原则——职场准备领域上,即"学习者将发展和展示一种对自我、生活和工作世界有意义的探索性方法",重要的是与该原则相关的第一项能力——

---

[1] Wendy Luttrell, *School-Smart and Mother-Wise: Working-Class Women's Identity and Schooling* (New York: Routledge, 1997).

学生将发展"作为终身学习者所必需的探索性态度和技能"。[1]我们选择历史课作为例子,是因为学生往往认为历史是一门与他们未来职业关系不大的课程,即使他们可能会觉得历史有趣。但是,我们通过创造一堂历史课,要求学生审视他们可能会如何应对大萧条或内战的困境,就如同打开了一扇大门,让他们思考将历史教训应用于自身时,会以怎样的形式帮助我们更好地理解目前面临的挑战。我们要通过帮助学生探索和有建设性地辨析历史问题的各个方面,培养他们成为更具批判性和灵活性的思考者,并最终成为更有思想的职业工作者。然而,要有教育者的支持,学生才能用更加理性的头脑,从批判性视角去审视历史事件,这有助于学生更好地理解看似抽象的课堂教学如何蕴含着大量现实世界的含义。

职业发展教育在某种程度上比职业咨询更重要,它被认为是所有教育工作者的优先任务,而不仅仅是学校辅导员。同样,职业发展教育也被视为常规教育内容,应定期教授,而不是在课后或通过每年的就业日或展览会作为一个课外活动来开展。特别重要的是,职业发展教育也要融入课程体系全过程,以便教育工作者能够合力创造尽可能全面的方法。对于来自低收入和工人阶级家庭的学生来说,情况尤其如此,他们接触职业发展的机会可能受到限制。而当社会阶层与种族、民族和性取向交织在一起时,这种需求就更加复杂了。来自低收入家庭的有色人种同性恋学生不太可能接触到与他们有相同身份特征的各种职业领域的成年人。

---

[1] MDOE Career Development Education Guide, 47.

职业发展教育家罗杰·赫林(Roger Herring)综合广泛的理论和研究,阐述了人类多样性对职业发展教育的多方面影响。[1]他总结了关于性别在职业准备中的社会化影响的研究,并提供了教育者如何在与学生的工作中抵制性别偏见的有益例子。关键是要意识到这种偏见的存在,并在自己的工作中努力抵制这种趋势。赫林还概述了种族和民族对职业发展的影响,包括种族和民族多样化职业模式的缺乏。在他综述的许多策略中,包括在以妇女和有色人种为主体的环境中为学生提供工作见习和影子实习(job-shadowing)的机会,让他们担任各种专业角色。例如,这种策略使有色人种学生能够超越他们所处的环境,在工作中接触到与他们种族和民族背景相同的专业人员。

赫林指出了多样性的一个重要且经常被忽视的方面是恐同症对职业发展的影响。他指出,许多同性恋学生对他们所接触的工作环境的文化特别敏感,甚至对培养学生适应这些环境的教育者的态度也特别敏感。赫林认为,至关重要的是,同性恋学生要有在特定的职业背景下思考关于性取向多样性接受度的机会。如果没有机会提出这些问题,他们可能会认为某些职业不是那么好,从而选择那些看起来似乎更受欢迎的职业。在这里,表面现象是影响人们抉择的关键。赫林认为,当人们缺乏足够的信息时,就会制造职业迷思。没有家人或其他认识的人参与选择职业的青少年,往往会用想象中的现实来填补自己的知识空白。对于男同性恋、女同性恋和变性青少年来说,这些想象中的现实很可

---

[1] Roger Herring, *Career Counseling in Schools: Multicultural and Developmental Perspectives* (Alexandria, VA: American Counseling Association, 1998).

能是不友好的。有时想象可能与现实相吻合,有时则不然。但是,如果没有关于职业现实的充分信息,受到性偏见影响的青少年就不太可能去探索未知的职业机会,从而屈从于那些传统和固守的职业范围,即使这些职业与他们内心深处的兴趣不相匹配。

赫林认为,教育者可以从两个主要方面着手,减轻青少年受到的职业迷思的约束:积累自我知识和职业知识,然后研究这两个方面交叉的基础知识。他把探索自我和职业交叉知识的方法称为协同理论(synergetic theory),认为它提供了基于多样性的职业发展教育乃至整个职业发展教育的焦点。如其所指,协同的职业发展在变化、演变。当青少年在特定的职业选择中对自己了解更多时,他们的选择可能会发生变化,也许职业方向将保持不变,但在该职业中的角色可能会有所不同,或变得更复杂。当他们在特定的职业选择中对某些方面继续获得更精确的理解时,类似的转变也可能发生,随着职业知识的增加,能知道某些工作和职业类型似乎与我们个性和兴趣的某些方面更匹配或更不匹配。然而,自我与职业的匹配只是一个协同难题,另一个同样复杂的问题是如何在工作中与他人合作。

重新审视爱情和工作

无论是独处还是合作,珍妮和朱利安都反映了弗洛伊德的观点,即工作和爱体现了健康的人类生活方式。随着他们在高中最后一年的关系发展,他们成为了彼此生活和学习支持的来源,尽管方式截然不同。随着珍妮和朱利安的关系越来越亲密,珍妮也越来越不需要通过狂欢和约会来获得社会的认可,她也能从朱利安的智慧天赋中获益。同时,通过帮助珍妮学习微积分课程,朱利安也塑造了一种全新的思考和学习方式。以前只有成年人会认可他的学术成就,但在与珍妮的合作中,朱利安体验到了来自另一层次的认可。这种强烈的感激之情让他在社交上放松了警惕,不再那么努力地想成为安特文或其他人期待的那种人。朱利安在公共场合更加从容自在地展现自己的学术才华,因此,他开始认真考虑自己以及珍妮的大学计划。

"喂,我们不能再玩了,你知道的。还有一个月就要申请上大学了,我们还没开始呢。我们得想清楚我们要去哪里。"

"你是什么意思?'我们'要去哪里?你才是有选择的人,伙计。我只要被录取就算很幸运了……但我甚至不知道我明年是否想去。我可能会等一年后才会弄清楚……在考虑上大学之前先积累点工作经验。"

"你在说什么?你很优秀!你向所有人展示了你的写作能力。也正因如此,你上了微积分课,为了证明你也会数学。凭你高超的写作技巧,你会没事的。我们先想好要申请哪所学校,然后看看我们能进哪所学校。不能等到明年了。"

"谁说我一定要和你去同一所学校?也许我们在大学选择上应该有自己的自由。这不正是大学的意义所在吗?"

"喂,等等,你在说什么?!我没打算约束你!你可以拥有你的自由。我也想要我的。但是在我们经历了这么多之后,我还没准备好离开你。"

听到朱利安这样说话,珍妮仿佛回到了原点。她简直不敢相信他们两个竟然要去同一所大学。在经历了怀孕恐慌和九年级的转学后,她认为自己的学习生涯已经结束了,这就像是昨天的事情。她想到了自己为获得社会认可所做的努力,并意识到在面对持续的社会挑战时,她实际上很少考虑事情,比如职业选择。作为明星学生和男朋友的朱利安,几乎恳求着要站在她身边,引导她一同迈出人生的下一步。朱利安在她的生活中扮演着如此核心的角色,但珍妮的父母却对他的深棕色皮肤深感焦虑,这一切使她头晕目眩。她再一次要求朱利安冷静地思考彼此的未来,也给自己一些适应的时间。与此同时,朱利安开始更积极地追求自己的选择,寻找与自己的艺术、数学、科学和写作兴趣相匹配的学校。他本心想等待珍妮的理解,却又不能耽搁自己的前途。起码现在还不是时候,毕竟他走得太快、太远了。

职业发展与身份认同的其他方面一样,都是一种关系性的构建。尽管我们倾向于从"我的职业"的角度考虑问题,但职业认同是与他人一起建立的。我们会考虑工作领域中的同事,以及是否愿意和他们一起工作,是否愿意与他们拥有同样的职业认同。虽然珍妮和朱利安的案例展示了在亲密的恋爱关系中的教育和职业发展,但他们互相之间的支持其实发生在所有类型的亲密关系中。在第三章和第四章里,我们提出了维果茨基的心理互动发展概念:我们的心智通过与其他人的心智的联系而成长。思考我们的职业也不例外。通过与他人的职业思维和一般工作活动的联系,我们会逐渐建立起自己对工作日常的职业认知或想法。我们可以通过阅读来抽象地了解职业选择,但是通过在自己的计划

第十一章　从学校到职业生涯的过渡

和工作过程中与人们的联系来实际体验职业的可能性,会学到更多有意义的东西。将弗洛伊德"爱"的概念扩展到更广泛的亲密关系,可以看到密切的工作关系也是人类健康运作的一个重要方面,在一定程度上讲,只有和谐的工作关系才能带来更高的工作效率。

长期以来,实习或学徒一直是职业发展的主要方式,不仅提供了学习技能的机会,还提供了学习如何合作的机会。然而,它们经常与教育系统中的极端情况联系在一起。学业成绩较差的学生通常通过职业教育计划获得学徒机会,这些计划旨在为他们从事木工、汽车修理、美容和初级文员等行业做技术上的准备。另一方面,在高中后期和大学里学业成绩优异的学生历来都有机会接触到法律、医学和工程等具有竞争力的行业的实习机会。这两组学生之间的联系是,实践体验是为表现出特殊学术优势或劣势的学生设计的,这是为"特殊"学生提供的专门机会。

然而,今天的实习和学徒制被重新定义为所有学生的重要学习机会。为什么要把这些既不在学业上苦苦挣扎,也不在班级中名列前茅的"中等生"学生排除在外？特别是这些学生,他们可能从探索一系列的选择中获益最多,这些选择可以帮助他们决定如何投入学习时间和精力。位于罗得岛州普罗维登斯的大都会学校(Met School in Providence, Rhode Island)已经成为为所有学生提供学徒或实习机会的先锋,让大家都有机会亲身体验各种职业。大都会的学生在高中的每一年都会轮流实习,比如,在现场学习护士或电气工程专业的相关知识。像大都会学校这样以提供学徒机会为特色的项目,如果将其纳入学术课程,会更有效。如果学生在一天中花一部分时间"上学",另一部分时间实习,不将二者进行整合,那么他们的教育和培训仍然是孤立的两个组成部分。相反,如果在课程中增设与同学和老师讨论实习经历的环节,并就这些经历撰写批判性分析以获得学分,这种制度体系对学生更有益处。最重要的是,将实习的"工作"带入课堂,有助于搭建学校与职业之间的桥梁。它使教师能够指出并加强特定职业所需的学术技能,进而提升学生的职业兴趣。

大都会学校的网站提供了一个具体案例,说明了当今许多学校都在寻求对学校、职业和人际关系进行整合的方式。[1] 网站的"大都会简介"页面上有"学习:在大都会一起成功"的标语。前两个链接到其他网页的标题是"持续的关系"和"现实世界的学习",在"持续的关系"页面上,导言如下:

> 在大都会学校,人际关系是所有学习的基础,不要轻易地把成年人和其他学生拒之门外。大都会学校的学生必须与辅导员、社区导师和其他教师建立密切的关系,才能实现他们的个人学习计划。他们还必须致力于一个由同龄人组成的咨询小组,以及与更大的学校社区进行实质性的交流。也许最难的是,大都会学校要求青少年学生接受他们的父母作为学习"伙伴"。由此产生的个人联系既是信任的,又是复杂的。"在这里要困难得多,"一位大都会学校的学生解释道,"老师们……能看到你所有的优点,所有的缺点,所有。"

---

[1] Met School's Web address: http://www.whatkidscando.org/portfoliosmallschools/MET/Metintro.html.

第十一章 从学校到职业生涯的过渡

大都会网站的"现实世界的学习"网页则以这种关系性方法为基础,描述了如何通过个性化的学习计划和公开介绍从工作项目中获得的经验教训,将基于实习的学习纳入学术课程。它还展示了教师作为咨询人员,如何与学生一起认识和培养所需的学术技能,以便为通过实习模拟的职业做准备,这种准备的核心是为上大学做好准备。总而言之,大都会学校的教育方法在每一步都将工作、学习和健康整合在一起。其理念表明,如果不能同等地重视这三个领域,那么要想在其中任何一个领域获得成功,都只会变得更加困难。

我们在这里强调大都会学校的教育方法,部分原因是它在全国范围内产生了巨大的影响,与其创始人所说的"应试问责制"(test-based accountability)背道而驰。他们把自己的方法称为"针对性发展责任制"(one student at a time accountability),并利用这种方法在"远景公司"(Big Picture Company)的支持下发展了一个迅速扩大的学校网络。远景公司是一个非营利教育机构,作为小型学校活动的一部分,得到了泰德·西泽尔(Ted Sizer)和他的"基础学校联盟"(Coalition for Essential Schools)等教育改革者以及比尔和梅琳达·盖茨基金会等有影响力的基金会的支持,这些基金会投入了数百万美元支持小型学校教育改革方法的创新发展。[1] 这些机构,无论是独立的小型学校、教育改革的非营利组

---

[1] See Theodore R. Sizer, *Horace's Compromise: The Dilemma of the American High School* (Boston: Houghton Mifflin, 1984) and *Horace's School: Redesigning the American High School* (Boston: Houghton Mifflin, 1992); Coalition for Essential Schools website: http://www.essentialschools.org; Bill and Melinda Gates Foundation website: http://www.gatesfoundation.org/Education.

织,还是慈善基金会,它们的共同目标都是要树立现实世界中基于关系教育的榜样。最终不是创造一所新的学校,而是鼓励所有学校采用它们所示范的原则。这样的目标可行吗?大型城市学校能否兼具小型学校的优势?

埃利奥特·莱文(Elliott Levine)在其关于大都会学校的书《一次一个孩子:小型学校的大课堂》(*One Kid at a Time: Big Lessons from a Small School*)中,有力地论证了小型学校对所有学生的好处,并提出了令人信服的证据,证明当教师有时间与学生建立有意义的关系时,可以带来巨大的变化。[1]然而,他论点的核心是,教育者与学生之间密切的关系和现实世界的机会相互联系,并通过学徒制来培养基本的工作和职业技能。这个原则可以在所有学校中实行,但学校规模越大,师生比例越低,这样做的挑战就越大。大都会学校和远景公司的创始人之一丹尼斯·利特基(Dennis Littky)在与萨曼莎·格拉贝尔(Samantha Grabelle)的书中也提出了类似的主张。[2]他认为,鉴于事关国家利益,很难设想通过大型、过度拥挤的综合高中为学生带来广泛的、成功的成果,所以致力于建立规模更小、更有创新性的学习社区应该是国家重要战略。那么,我们这些在学校工作的人又该怎么做呢?

这让我们不得不面对这样一个现实:为了让学生为工作和职业生涯做好准备,我们必须致力于把他们当作普通人来认识,而

---

[1] Elliott Levine, *One Kid at a Time: Big Lessons from a Small School* (New York: Teachers College Press, 2001).

[2] Dennis Littky and Samantha Grabelle, *The Big Picture: Education Is Everyone's Business* (Alexandria, VA: Association for Supervision and Curriculum Development, 2004).

第十一章 从学校到职业生涯的过渡

不仅仅是把他们当作具有特殊才能和技能的学习者。我们必须努力了解学生,正如在第三章中丹妮尔老师坚持通过招募珍妮参加年鉴项目来接触她。通过挖掘珍妮的写作技巧和帮助珍妮和朱利安建立合作关系,丹妮尔老师帮助困难学生更加真实地感受到学习和教育的力量。尽管她的班级没有合适的师生比例,也没有正式的实习项目,但她通过年鉴项目为学生创造了实习机会。这使得珍妮能够与更大的"编辑团队"一起合作,并从中学习和做出有意义的贡献。就像其他积极的实习机会一样,这个机会也因为通过公开讨论和展示将年鉴项目与更大的学术团体联系起来,以及将写作项目与珍妮和朱利安历史课上学到的知识联系起来而变得更加丰富。无论是像这样具体的、有针对性的项目,还是像大都会学校提供的更大的、更正规的实习机会,关联学习(connected learning,与实际工作和支持性的教育者和导师相联系的学习)对促进从学校到职业发展的过渡都至关重要。

从高中到大学

在对初中生的研究中,我们发现,即使是那些难以通过考试的学生,通常也有上大学的愿望。他们的感觉是,到了高中,一切都会改变,学校里早年的学习成绩与升学无关。当然,这种看法与事实大相径庭。学术技能的培养是一个累积的过程,小学和初中的成绩是以后高中和大学成功的基础。尽管初中和高中成绩都是未来学业成功和失败的重要预测因素,但初中与大学之间的脱节是可以理解的,反之,高中和大学经历之间的实际脱节更令人担忧。现实表明,许多在高中表现良好的来自低收入和工薪阶层家庭的学生在大学中表现不佳,其中很大一部分人最终辍学。对于这种情况,有多种解释。

有些解释甚至对普通观察者来说也是显而易见的:例如,资源不足的大型高中无法为学生做好足够的准备,使他们在大学里取得成功;来自低收入和工薪阶层家庭的学生的直系亲属或大家庭成员里往往没有在大学里成功的典范;贫困学生在上大学期间需要长时间工作,使得学业成功的优先性或概率降低。已经有众多学者反复记录过这种现象。[1] 然而,除了这些解释之外,其他人也指出了高中和大学教育体系之间的根本性脱节。这两种学习环境之间的一些区别包括课堂结构和功能性质、高中和大学学生期望完成的作业类型,以及在这两种环境中期望的独立和合作的程度。当然,这些差异并不存在于所有高中和大学,但当比较大型综合性高中和小型竞争性大学的结构和功能时,这些差异最为明显。

关于课堂结构和功能性质的区别,许多大型高中要求学生坐在指定的座位上,并以和整个小学和初中相同的方式回答教师的问题。课堂纪律的要求也会与低年级相当相似。当然,这并不能让学生们为大多数大学中更开放的座位和讨论形式做好准备。相应地,那些来自与大学课堂秩序不同的高中学校的学生,最有

---

[1] Vincent Tinto, *Leaving College: Rethinking the Causes and Cures of Student Attrition* (Chicago: University of Chicago Press, 1993); N. Soucy and S. Larose, "Attachment and Control in Family and Mentoring Contexts as Determinants of Adolescent Adjustment in College," *Journal of Family Psychology* no. 14(2000): 125 – 143; Georges Vernez, Richard A. Krop, and Peter Rydell, *Closing the Education Gap: Benefits and Costs* (Santa Monica, CA: RAND, 1999).

可能感到格格不入，准备不足。进而学习动机减少，最终他们在大学辍学的可能性也会增加。

从高中到大学，课堂教学的性质会有明显的不同，很多大型高中需要借助选择题和简答题的测试来应对庞大的学生比例。对于那些更多地依赖于论文和主观答案评估实践能力的大学来说，高中时期没有接触过强有力的写作课程的学生处于极大的劣势地位。在规模较大的学校，即使要求高中生完成诸如独立研究论文等书面作业，教师也往往没有足够的时间提供充分的反馈，以提高学生的批判性思维和写作技能。这些只是高中学习和大学学习之间存在的许多脱节现象中的一部分，教育改革正开始更积极地解决这些问题。

迈克尔·科斯特（Michael Kirst）和安德烈亚·威尼斯（Andrea Venezia）记录了旨在为从高中到大学的平稳过渡铺平道路的教育政策举措。[1] 这些举措来自全国各州，围绕着这样一个认识展开，即在大型综合高中就读的来自低收入和工薪阶层家庭的学生，他们可能会在这些学校取得成功，但他们在准备上大学的过程中被误导了。由于期望的大学教育和高中教育之间的差距有时是如此之大，高中阶段的成功对大学的成功几乎毫无意义。作者认为，只有通过建立一个系统的包含K-16课程规划和体制结构的教育体系，我们才有望降低那些从大型综合高中成功进入大学的来自低收入和工薪阶层家庭的学生的巨大辍学率。

比尔和梅琳达·盖茨基金会在资助和帮助设想小规模学校

---

[1] Michael Kirst and Andrea Venezia, *From High School to College: Improving Opportunities for Success in Postsecondary Education* (San Francisco: Jossey-Bass, 2004).

活动方面发挥了重要作用,它发起了一个明确解决从高中过渡到大学的危机的模式。早期学院高中(ECHS)计划是由盖茨基金会与教育和经济发展非营利组织"未来工作"(Jobs for the Future)等主要合作伙伴合作设计和赞助的,[1]目的是创建明确侧重于培养学生完成大学学业的小型学校。该计划的核心是高中和大学之间的合作关系,让高中生在拿到高中文凭的同时,也能学习广泛的大学课程。事实上,该计划的一个目标是鼓励学生在高中阶段就完成副学士学位,即使这需要多花一年时间才能毕业。这一计划在帮助高中生为成功进入大学而做准备方面有几个核心功能:让他们尽早接触到大学课程的实质和期望;让他们社会化地融入大学课堂的结构和运作,包括互动方式;为大学生涯节约了相当一部分费用;培养准备课程的习惯。从本质上讲,该计划创造了一种手段,使从高中到大学的过渡更加顺畅。虽然目前还没有得到明确的结果,但很明显,许多学生从这种模式中受益,在高中时就选修并完成了大学课程,并以前所未有的方式在大型综合性高中为上大学做好准备。[2]

与所有的小型学校倡议一样,早期学院高中计划倡议的一个目标是为主流学校提供可供效仿的模式。事实上,许多大型高中都与社区和四年制大学有合作关系,使学生在高中期间就能获得大学学分。但除了创造这样的机会,高中教育者还应该与当地高

---

[1] Jobs for the Future website: *http://www.jff.org*.
[2] See Michael J. Nakkula and Karen Foster, *Growth and Growing Pains: Second-Year Findings from a Longitudinal Study of Two Early College High Schools* (Harvard Graduate School of Education, unpublished research report, 2006); and Ronald A. Wolk, *"It's kind of different": Student Experiences in Two Early College High Schools* (Boston: Jobs for the Future, 2005).

校的同事建立非正式的咨询关系。这些关系有助于高中生参加大学课程的学习,以了解下一步的现实情况。这还可以促成大学生和高中生之间建立辅导和指导关系,并为在大学校园里举办公开研讨会提供机会。高中与当地高校之间的联系越紧密,高中生在过渡到高等教育的过程中就越有可能获得更现实的帮助。

工作认同

无论是大公司的实习经历还是街角小店的有偿工作,"工作"都会对青少年的整体身份认同发展产生深远的影响。事实上,诸如种族、性别、民族和社会阶层这样的身份标志,影响深远,并且在职场中可以相当戏剧性地发挥中介作用。当然,这种中介作用可以在很多不同的场合出现。以安特文·萨拉丁为例,他在世界历史课上感到被丹妮尔老师歧视,主要是因为他认为丹妮尔老师具有种族偏见,这种感觉可能会因他早期的工作经历而加重或改善。在工作中因为自己的技能和成就而受到尊重可能会让他获得更深层次的自我效能感,进而获得自尊。根据工作性质的不同,安特文可能会把自己看成是一个特别善于与人打交道、与金钱打交道或者用双手劳动的人。在相关职业领域的能力感,如果得到足够的强化,他可能会体验到自己处于世界的核心位置。随着时间的推移,如果他觉得自己的表现受到了包括白人男性和女性在内的一系列同事的尊重,那么他与丹妮尔老师的互动就会产生积极的改变。另一方面,如果他的工作经历中带有种族间的紧张关系,那么他在丹妮尔老师课堂上感受到的歧视可能会被放大。

当然，我们不仅仅是工作的代表。另一方面，我们所从事的工作确实在不同程度上以各种方式代表着我们。对于那些在课堂上表现不佳，或在体育、艺术等备受重视的课外活动中表现不佳的青少年来说，他们在社会上的适应能力往往会更强，同样，赚钱的能力也可能更高。正如安特文的例子所表明的那样，工作的经历有时可以代表青少年的技术水平和适应能力。有偿工作的力量是令人陶醉的，比如，某个买不起喜欢的衣服的17岁女孩，突然间开着自己的车去上学了！但她可能为工资付出高昂的代价。如果学生从长时间的工作和赚取同龄人无法享受到的物质奖励中获得过多的自我价值，就会面临着对学校失去兴趣和成绩下降的风险。短期的良好收入可能导致失去会带来更大回报的长期机会。

教育者很难阻止学生挣钱去购买父母买不起的东西，但促进学生认识到不平衡的工作生活所付出的机会成本是至关重要的。高中后期职业发展教育的一个关键环节是根据当前的经济需求和长期目标来评估当前就业机会的价值。正如我们在第三章和第四章中指出的，青少年思维的一个特点是抽象思维能力的提高，其中包括将自己从现在投射到未来，包括短期和长期的未来，但这种投射通常需要支持。教师和辅导员可以通过描述实现目标的各种途径（包括财务和其他方面），帮助学生看到他们目前的就业机会与他们的长期财务和更大的生活目标之间的联系。目前的工作在这些途径中处于什么位置？它们有助于实现什么目标？它们可能会阻碍什么？是否有最佳的工作时间来实现短期和长期目标？如果教育者不主动向学生提出，他们有可能永远不会被问到这样的问题。如果这些问题不被问及，那么默认的情况就是,对于我们在经济上最需要帮助的学生来说,他们会尽可能多地工作,最大限度地提高他们现在短期的收入,但这却会在以后的道路上给他们带来损害。

创造未来,创造一个我们希望所有学生都能受益的未来,需要教育者对当下的情况进行策略性关注。这种策略必须特别注意工作在学生生活中的作用以及该工作报酬的性质。一方面,良好的考试成绩证明了学业的成功,是大学和职业生涯的名片。另一方面,成功的就业也是由此时此刻的经济条件所决定的,也是获得更好的就业机会的名片。对于有这两种选择的贫困学生来说,他们中的许多人选择立即获得短期报酬也就不足为奇了。他们正在以最合理的方式创造自己的未来、他们正在构建创造未来工作的历史、他们正在建立职业人员的身份,即代表他们是谁和他们将成为什么的职业身份。但是,来自低收入和工薪阶层家庭的学生在声称自己是职业人员时,可能也在丧失扮演其他角色的权利。

作为职业发展教育者,我们的职责不是评判学生不断变化的职业选择,而是提供信息和提出疑问。因为身份认同在青少年时期是一个不断发展的过程,所以学生的"工作身份认同"必须是我们教育工作的优先事项之一。

第十二章　青少年发展的教育生态

　　我们用"青少年发展的教育生态"来结束这本书。这个概念指的是通过学校教育的各个方面进行方式多样化的学习和发展，其场域包括：在学校和家庭之间的联系中，在同伴关系中，在课堂上的联系和脱节中，抑或在专业课程与心理咨询相结合的跨学科努力中。换句话说，教育对青少年发展的影响来自构成青少年校内外世界的交叉点。每一位教育者，无论是教师、辅导员、学校管理者还是体育教练，他们都在更大的教育生态中扮演着一个或多个角色。单方面地看，这些角色似乎在青少年的生活中具有不同的意义，对学生的发展做出了独特的贡献。然而，从互动的角度来看，每个角色都有能力做出更大的贡献。通过与更大生态中的其他教育角色进行互动，每个个体都能对青少年的发展做出倍增的贡献（总体贡献明显大于其各部分的总和）。在这最后一章中，我们描绘了和谐的教育互动，这种互动产生了一个最具生产力的教育生态，一个拥有最大能力促进青少年建设性和健康发展的教育生态环境。

　　我们在这里所应用的生态学方法要归功于乌里·布朗芬布

伦纳(Urie Bronfenbrenner)的工作。[1] 布朗芬布伦纳是一位文化和发展学者,他的工作极大地影响了心理学、教育学和人类发展领域。[2] 布朗芬布伦纳阐明了一个全面植根于情景互动论(Context Interactionism)的人类发展模式,即通过文化情境相互作用的无限方式来塑造人类发展。他的模型最初被称为人类发展的生态学方法,主要关注个体在多种环境中受到的相互作用和影响。具体地说,布朗芬布伦纳阐述了人类生态系统的四个层次。微观层次(microlevel)侧重于个体日常活动所处的直接环境,包括学生与家长、教师、同学、社区组织的互动或在其他环境中所直接参与的互动。微观系统影响是指学生直接参与的影响。中观系统(mesosystem)则是由这些微观层次影响组合而成的。家长和教师针对学生在学校的表现而进行的互动构成了中层影响,家长与朋友之间、教师与同学之间的互动也是如此。因此,中观层面可以捕捉到不同微观层面之间互动所产生的影响,尤其是对个体尤为亲近的家庭影响。

布朗芬布伦纳模型的最后两个层次与学生的距离稍远,但仍然具有影响力。外层系统(exosystem)由青少年生活中的重要人物所参与的环境组成,这些环境反过来又间接地影响着青少年。父母的工作就是一个典型的例子:青少年会受到父母工作中的成功和压力的影响,许多贫困儿童会受到父母可能参与的福利或公

---

[1] 乌里·布朗芬布伦纳(1917—2005),美国著名的心理学家,他的生态系统理论为人所熟悉。他也是启蒙计划(Head Start)项目的创始人之一,这个项目研究美国有各种学习障碍的学前儿童。——译者注
[2] Urie Bronfenbrenner, *The Ecology of Human Development: Experiments by Nature and Design* (Cambridge, MA: Harvard University Press, 1979).

共支持系统的影响。从教育的角度来看，学生受到教师专业培训讲习班的间接影响，就像他们受到影响同伴的邻里影响一样，而他们反过来又将这些影响带入学校。综合来看，外层系统效应是相当深远的。试想一下，家长、老师和朋友通过各种方式受到他们自己的微观系统影响，然后将这些影响传递给他们周围的人。我们的学生都是世界上的日常经验的吸收者，而不仅仅是作为个体而独立存在；他们知悉了所有他们最深爱和关心的人的起伏，也稍微了解了他们通过简单的同学关系所接触到的人的起伏。

最后，宏观系统（macrosystem）由更大的社会背景组成，这些背景会影响人类生态的各个层面。我们的学生受到全国选举结果的影响；受到通过电视、电影和流行音乐等媒体表现出来的文化规范的影响；受到制定教育政策和惩罚犯罪行为的法律制度的影响。虽然宏观系统的影响存在于更大的文化、社会甚至全球层面，但它们与日常互动的距离并没有减少其影响。例如，一个国家发动的战争，在电视上播放，在家里和学校里被谈论，这些都会影响学生对政府的看法、对"敌人"的看法，以及对自己作为国家未来贡献者的看法。我应该计划服兵役吗？这是我作为年轻人的责任吗？我的父母会怎么想？服役对我的未来有什么影响？这是值得为之献身的事业吗？对于今天的许多年轻人及其家庭来说，这些问题似乎与他们的现实生活相去甚远。但在短短几十年前，当男性被强制征召入伍时，这些宏观问题对大多数男性青年来说都是至关重要的。随着全球紧张局势的升级，像这样的问题更加突出。也许它们不仅仅是关于在军队服役，而且更广泛地涉及一个人在不断变化的世界中的角色和责任，无论一个人在这方面的问题和决定的细节如何,其日常生活都受到更大的世界及其所带来的决定性挑战的影响。

总体而言,布朗芬布伦纳的模型表明,人类发展绝不是一个自主运行的系统。通过文化影响的多重互动层次,人类在与他们周围世界的互动中成长。为了强调个体生物学在人类生态学中的作用,布朗芬布伦纳修改了他的模型,并将其更名为人类发展的生态学方法[1]。在模型中加入生物或个体的元素,表明人不仅仅是生态影响的被动产物,而且是情境互动过程中的积极因素。我们对文化影响的贡献是独一无二的,就像我们被文化影响塑造一样。

发展学者玛格丽特·比尔·斯宾塞(Margaret Beale Spencer)长期以来一直关注黑人学生如何受到文化的影响,并基于此研究他们在学校的表现。为此,她进一步修改了布朗芬布伦纳的模型,将其作为评估学生教育效果和人生发展的起点。[2] 新的模型在某些方面类似于布朗芬布伦纳自己补充的生物学或个人因素,斯宾塞特别致力于对青少年实际体验的理解和用不同方式解释文化的影响,而不是简单地探索青少年发展的"支架"或现实系统中的"事实"及影响。她的研究取得了一系列重要发现,其中两项如下。她发现,对处于青少年中期(14岁至16岁)的非裔美国男孩来说,对学习的态度与经历的环境压力(如贫困、邻里暴

---

[1] Urie Bronfenbrenner, *Making Human Beings Human: Bioecological Perspectives on Human Development* (Thousand Oaks, CA: Sage, 2004).

[2] M. B. Spencer, D. Dupree, and T. Hartmann, "A Phenomenological Variant of Ecological Systems Theory (PVEST): A Self-Organization Perspective in Context," *Developmental Psychopathology* 9, no. 4(1997): 817–833.

力等）水平密切相关；事实上，在预测学习态度方面，经历的这种压力水平的影响超过了参与危险行为或应激反应（如冲动行为）的影响。需要注意的是，这种压力体验是一个感性或经验性的变量，斯宾塞的研究关注的不是环境中的"实际"压力源，而是压力体验的差异，即学生如何发现特定的环境影响是有压力的。从微观系统的角度来看，她认为这样的经历可以由父母、老师和朋友通过提供支持来调节，并建议，学校在提供这种支持方面做得越多，我们就越能期待非裔美国学生的学习态度和随后的学业表现有所改善。

斯宾塞的第二个发现关注的是青少年中期的非裔美国女孩。她发现，在同龄人中感受到的"不受欢迎"会强烈地影响她们的学习态度。觉得自己不受欢迎的女孩往往对学习的态度较差。同样，根据斯宾塞的说法，这里的"人气指数"是一个感性的指数，它不是代表研究中的女孩实际受欢迎的程度，而是她们对自己受欢迎程度的看法。从斯宾塞的角度来看，包括教师和辅导员在内的教育者有能力调解这种关系，方法就是帮助学生发现这些联系，并与她们合作，通过小组干预或通过促进学生在课堂上良性互动的教学策略来改变她们对受欢迎的看法。虽然斯宾塞的研究重点是非裔美国学生，但她的发现也揭示了其他学生的同样经历。

在前面的章节中，我们介绍了一些案例，在这些案例中，学生的看法直接影响到了他们在学校表现出的对学校的态度。珍妮努力变得更受欢迎，这促使她更频繁地参加聚会，获得社会的认可，但反过来这又导致她的学业成绩下滑。朱利安也一度担心，他的朋友们认为他是个好学生，不会挑战权威，也不会参与可能影响他在学校表现的社交活动。史蒂夫·张厌倦了因自己的学习能力而受到嘲笑,尝试了一种"差不多强硬派"的社交姿态,这可能会为自己赢得更多的同辈认可,但反之这种努力又与暂时的学业下降有关。

总之,斯宾塞的工作为教育工作者提供了一种实用的方式来思考外界环境生态对学生的影响。斯宾塞的经验和方法创造了一个机会,让教育工作者与他们的学生一起对自我发展的现状进行解读,而不是对那些超出我们认知的影响感到无助。在下面的章节中,我们将展示如何实现这一点的事例。

重播:学校教室里媒体的批判

在与父母、朋友和学校之间的相互竞争和互动中,媒体对青少年的自我认知和理解产生了深远的影响。可以说,与其他来源相比,媒体提供了更为主要的"画面",框定了儿童、青少年、成年人、男人、女人、非裔美国人、拉丁裔美国人、韩国人、同性恋者、异性恋者的形象,你能想到的都包含于其中。只要它有市场,就会被展示出去。当其他人可能对这些问题保持缄默时,媒体却因此而获利,而且通常是通过简单的、夸张的方式。电视、电影、广告牌、广播、电子游戏、CD、DVD、互联网、杂志和报纸都在用理想化和备受非议的信息轰炸着年轻人。在过去的几十年里,随着这类无处不在的图像的指数级增长,以及这类媒体聚集成大型企业集团,青少年如何组织自己的身份认同以回应媒体的影响,必须得到一致的关注。青少年的市场对电影、广告、电视和广播的影响是巨大的。在我们的社会中,对年轻事物的执着导致青少年对"年轻、美丽、活力和活泼"的真正含义有着颇具危险性的误解——从本质上来说,这意味着"拥有"什么,要么成为事物的中心,要么成为引领潮流的领头羊。不同的媒介对于在固定的信息环境中成长起来的青少年有什么影响?当青少年在媒体中穿梭,了解自己与媒体的关系时,教育工作者又该如何陪伴他们?在一个媒体泛滥的社会里,我们如何才能帮助青少年成为有批判能力的公民?我们可以为青少年提供什么机会成为"自媒体"?

在前面的章节中,媒体对学生影响最强有力的论述可以在杰瑞的案例中找到。他对色情作品的最初反应和持续的痴迷使他感到困惑,并被一个既陌生又渐渐熟悉的世界所俘虏。他只是通过 DVD 了解到性行为,但发现自己无法与现实生活中的恋人发生关系,尽管他越来越渴望这样做。幸运的是,杰瑞最终在他的学校辅导员玛吉·朗那里得到了支持,但是我们想知道,这种批判色情作品的课堂练习是如何改变他的内心的。当然,这对任何老师来说都是相当冒险的,人们担心引入这个主题会过度刺激学生。但是大多数学生已经暴露在媒体的色情图像下,这种批判必然是利大于弊。

这样的课堂批判将会是什么样子呢?首先可以展示电视广告和流行杂志封面上的图片,这些图片可能是很多学生已经反复看过的。学生们将被要求分析对这些图片的印象,包括他们认为模特迷人和性感的程度。然后他们会被问及,以营利为目的,将某人作为性对象来宣传是否存在问题。在一些讨论之后,教师可能会就互联网或其他媒体上常见的其他图片提问。随着另一场学生对这一话题的讨论,关注点可能会从流行的性爱图片转向真正的色情素材。此时,如果提供一些各种媒体上色情内容数量以及整个色情行业盈利的统计数据,可能对讨论更有价值。在讨论之后,可以总结关于观看色情影片对心理的影响的研究,它如何塑造我们对他人、对自己的认知,以及我们对性行为的态度。[1] 虽然这种媒体批评和性教育课程的进展可能不会很顺利,特别是在没有充分准备的情况下,但像杰瑞这样的学生很有可能从这样的讨论中获得宝贵的洞察力,并更早地被授权谈论他们个人关心的问题。这样的信息帮助学生认识到,他们并不是唯一关心问题的人,他们并不奇怪或不寻常,如果他们选择寻求支持,就可以获得支持。

一群来自俄勒冈州波特兰的教育工作者和青少年发展学家发起了一种积极主动的方式,在他们的社区中进行媒体评价。"花点时间"(Take the Time)是一个隶属于搜索研究所的社区组织,其宗旨是提倡青少年健康发展和社区变革。认识到他们当地的报纸对青少年问题的描述与他们的积极贡献严重不符,该组织便号召青少年向报社投稿,通过撰写关于青少年的文章和由青少年撰写文章来纠正这种不平衡。[2] 该组织像接触其他媒体一样,通过与报纸接洽,招募其成为促进青少年健康发展的参与者,从而实现了这一壮举。波特兰倡议援引媒体自己的信条"新闻炒作"(If it bleeds it leads),将媒体放在社区变革工作的前沿和中

---

[1] Diane E. H. Russell, *Dangerous Relationships: Pornography, Misogyny, and Rape* (Thousand Oaks, CA: Safe, 1998); Fitzhugh G. Houston, *Men Let's Talk! Pornography: The Quiet Addiction* (Panorama City, CA: Houston Spectrum, 2003); Gail Dines, Robert Jensen, and Ann Russo, *Pornography: The Production and Consumption of Inequality* (New York: Routledge, 1998).
[2] 参考第四章对搜索研究所的"健康社区—健康青年"倡议的叙述。

心,认为如果我们不能改变年轻人被报纸和相关媒体版面呈现出来的主导形象,几乎不可能推动青少年发展的健康转变。无论是教育工作者联系主流媒体,还是努力在学校出版物页面上创建青少年自己的媒体形象,我们都要树立起正面的典型和代表,这些青少年代表着他们是谁,他们是怎样的人,以及他们在社区建设中扮演的角色。

学习与发展中的抵抗生态

学生的抵触情绪是最常见的学习障碍之一。在传统的"抵制模式"中,学生总是带着心理包袱来到学校,所以常常努力抵制老师接近他们。在这些模型中,抵抗被视为一种心理疾病或防御性反应,是阻碍学生在课堂内外健康成长的关键因素。很明显,这种情况下的学生抗拒是对环境的一种不健康的过度反应,源于受虐史或其他童年不幸遭遇。然而,女性主义和其他批判性心理学研究者已经提出了抵抗模型的替代版本,以帮助解释为什么这种现象在我们的学校如此普遍。具体来说,他们已经证明了抵抗是对压迫性和潜在的虐待关系的健康性防御反应。这一理论不仅延伸到家庭系统的微观生态层面,还延伸到中观系统的课堂和更大的教育系统之中。从这种替代模式的角度来看,教育者必须将学生的反抗视为一种参与形式,而不是一种疏远形式。也就是说,应该把反抗看作一种脆弱的需求信号,而不是一种强烈的侵略信号。而这一信号又需要被视为一种邀请,承认教育交往与其他人际关系一样,必须建立在相互信任的基础之上。那些已经在不健康环境里产生抵抗行为的学生,需要一

第十二章 青少年发展的教育生态

段时间来发展学习上的人际关系。如果教师过早地放弃这种协商，就会失去建立信任和参与学习的机会。在本节中，我们将介绍与那些为了生存而需要反抗的学生建立信任和培养参与学习关系的相关策略。

除了将学生抵抗行为的态度从恶性转变为良性，教育工作者还应该审视他们在这种抵抗过程中发挥的作用，并对自己如何参与使青少年产生抵抗行为的生态系统提出疑问。为什么学生会抵制我们接近他们的努力？作为教育者，我们是否助推了这种抵抗行为？单纯地把阻力理解为一种学生现象，往往忽视了教育者在这动态过程中的作用。反思性教育要求我们审视自己在教育关系中的角色。正如我们在第五章中讨论的，关系学习方法假设的是一种教育关系，而不是单方面的教与学过程。从这个角度来看，抵抗不能仅仅被看作一个关系伙伴的回应，相反，它必须被视为一种相互孕育关系的动态过程。

正如一位老师曾经说过的那样，在学校与青少年一起工作时，那就像"是一次真正的旅行"。任何经历过这样的旅行的人都知道，这并不总是令人兴奋的。有时候，尽管我们的初衷是好的，考虑得很周密，但年轻人还是会拒绝我们的盛情和好意，这会让教师变得失落和沮丧。尽管我们尽了最大努力完成职业目标，但关心、教学、建议、指导以及所有投入其中的时间难免会遇到阻力。没有人喜欢被拒绝，但是，当教育者被学生拒之门外，或青少年认为教师的行为缺乏尊重，对此感到不快时，我们一定要记住，抵抗可以为我们的学生提供一种健康的甚至是必要的功能。这是对青少年发展最有良性影响的行为之一，因为在这一过程中，他们将个人的自我意识和世界观与外界的身份认同和环境挑战相互关联起来了。从发展的角度来看,抵抗的时刻就是身份认同建构的时刻。如果教育者有足够的勇气与抗拒我们工作的青少年保持接触,而不是在感受到冷落时转身离开,那么这种建构就可能会变成合作的、建设性的。

赫伯特·科尔(Herbert Kohl)解释了学生抵制教师工作的一些原因,以及为什么这种抵制可以被理解为健康的反应。[1] 从学习和学校教育的关系来看,科尔将儿童和青少年抵制教育者工作的动态过程描述为"我不会向你学习"这种反应的出现是因为青少年面对这样一个事实:学习新知识有时需要否认他们可能已经知道的东西,比如,要求学生以特定的方式坐着,用特定的语气说话,遵守语法标准,避免质疑权威,等等。所有这些看似"正常"的学校行为都可能与学生的原生家庭文化有很大不同。如果没有特定的机会来表达在家庭文化中的自我认同,并得到大家的足够重视,青少年很可能会抵制学校的教育,因为学校生活此时被他们视为一种"无家可归"。特别是对于白人、中产阶级、异性恋者和基督教主流以外的青少年来说,心甘情愿地向一个既不了解也不尊重自己的成年人学习,可能会导致严重的自我丧失。此外,就像洛伦娜的情况一样,许多学生经历了学校提供的"成功"轨迹,因为他们切断了在成长过程中最让他们充满活力的家庭和社区联系。如果这种成功被理解为一个减法的过程,那么减去的就是他们曾经的生活体验和精力,更是深入内心的家庭情愫和文化认知,所以在这个层面上,青少年对学校和成年人的反对在心

---

[1] Herbert R. Kohl, *I Won't Learn from You: The Role of Assent in Learning* (Minneapolis, MN: Milkweed Editions, 1991).

理上是合理的。[1]

在过去的二十年中,福特汉姆(Fordham)和已故学者奥格布(Ogbu)进行了一系列研究,提出了关于青少年对学校的抵制的最普遍的理论之一。[2] 他们根据所谓的"非自愿少数群体"(involuntary minorities),即违背自己意愿并入美国的少数种族和民族人口,如非裔美国人、拉丁裔美国人和土著美国人,研究探索了他们对立身份认同出现的原因和表现。由于这些群体的观点都源于压迫所导致的遗留问题,即对"成功"的定义需要与占主导地位的白人多数派进行比较,所以学校有时可以被理解为种族灌输和排斥的工具。对于有这种性格的年轻人来说,要想在学校取得好成绩,就需要与学校和成年人合作,即使他们的行为可能并不符合自己的最佳利益。福特汉姆和奥格布认为,对于非自愿少数群体的一些成员来说,接受并与学校的课程保持一致就是"假冒白人"(act White)。因此,为了保持他们的种族或民族认

---

[1] Angela Valenzuela, *Subtractive Schooling: U. S. -Mexican Youth and the Politics of Caring* (Albany, NY: SUNY Press, 1999).

[2] S. Fordham and J. U. Ogbu, "Black Students' School Success: Coping with the Burden of 'Acting White,'" *Urban Review* 18, no. 3 (1986): 176–206; Signithia Fordham, "Racelessness as a Factor in Black Students' School Success: Pragmatic Strategy or Pyrrhic Victory?" *Harvard Educational Review* 58, no. 1 (1988): 54–84; John Ogbu, "Class Stratification, Racial Stratification, and Schooling," in *Race, Class, and Gender in American Education*, ed. L. Weis (Albany, NY: SUNY Press, 1988); John Ogbu, "Minority Status and Literacy in Comparative Perspective," *Daedalus* 119, no. 2 (1990): 141–168; John Ogbu, *Minority Education and Caste: The American System in Cross-Cultural Perspective* (New York: Academic Press, 1978); John Ogbu, "Minority Education in Comparative Perspective," *Journal of Negro Education* 59, no. 1 (1990): 45–57.

同,青少年必须通过叛逆行为来拒绝学校,这实质上创造了一种与学校对立的身份认同。

关于"身份认同对立"(oppositional identities)的民间理论在学校里比比皆是。人们经常说,来自低收入家庭或非自愿少数群体的学生不像来自中产阶级或白人家庭的学生那样能认识到教育的必要性,后者往往表现得更好。这些"贫困"学生有时缺乏学习动力,不愿参与,正是由于对学校所提供的教育内容不认同。学生"就是不在乎",他们的父母也同样,通常要么不愿意进入这个"不受欢迎"的学校,要么忙于多份工作而没有时间去学校参观,宗旨是"就是不重视教育"。言下之意,这些学生入学时知识匮乏,对学校的投入和信任也不足。因此,失败是由他们自己的错误造成的。面对这样的观点,难怪许多非裔美国人、拉丁裔美国人和美国原住民学生将他们的时间和精力投入抵抗行为,而不是顺从。学生们想要好成绩,想要被重视,想要体验成长,就必然会对制定当前规则的教育者提出挑战,从抵抗的发展优势中获益。

其实,许多研究人员对福特汉姆和奥格布的结论是有所质疑的,因为他们提出了一种对非自愿少数群体的单一固化描述,认为少数民族的生活被僵化的种族等级制度过度决定了。珍妮·沃德(见第六章)、普鲁登斯·卡特(Prudence Carter)和珍妮尔·丹斯(L. Janelle Dance)等研究人员选择关注青少年抵抗的积极方面,而不是把他们视为身份认同对立的受害者。他们提出了一项研究,表明青少年是自身发展过程中的推动者。卡特的研究表明,城市拉丁裔美国人和非裔美国青少年与白人一样认同主流教育的基本价值观和职业道德,在某些情况下甚至比白人更认同这种价值观。[1] 这些学生抵制"假冒白人"更多是因为缺乏在学校里的积极教育和生活经历，而不是哲学意义上对教育的排斥。学生在学校很少有归属感，也很少找到可以试验自己身份和批判社会期望的空间，他们可能会和老师顶嘴，拒绝辅导员的照顾，故意忽视学术研究，以便保留他们内心那份最后的倔强。卡特认为，这类学校中最成功的学生并不是采用完全主流身份认同的学生，而是那些最善于在不同领域之间来回切换身份的学生，最终发展出他们保持多元文化身份认同所必需的智力、文化和行为资源。

丹斯的研究，是通过将学生从街头带来的身份认同与他们为了"上学"而可能被要求采纳的身份认同进行对比，检验了类似的青少年抗拒上学的行为模式。[2] 她提出了三个表面上的抵触身份——她统称为"强硬派"（tough fronts），具体来说，学生们在学校常常表现为三种叛逆类型：硬核派（hardcore）、想要硬核派（the hardcore wannabe）和差不多强硬派（hard enough）。硬核派学生参与帮派活动，总是穿着嘻哈风格的服装，采取强硬的"随时准备战斗"的姿态，嘴上总是带着脏话和俚语，经常对他人的威胁做出暴力反应。想要核硬派学生虽然在行为和外表上与硬核派学

---

[1] See Prudence L. Carter's "'Black' Cultural Capital, Status Positioning, and Schooling Conflicts for Low-Income African American Youth," *Social Problems* 50, no. 1 (2003): 136 – 155; "Intersecting Identities: Gender and Academic Achievement," in *Beyond Acting White*, ed. Eric McNamara Horvat and Carla O'Connor (New York: Rowan & Littlefield, 2006), 111 – 132; and *Keepin' It Real: School Success Beyond Black and White* (New York: Oxford University Press, 2005).

[2] L. Janelle Dance, *Tough Fronts: The Impact of Street Culture on Schooling* (New York: RoutledgeFalmer, 2002).

生几乎相同，但实际上并没有参与暴力或犯罪活动，而且在很大程度上是为了保护自己免受朋辈的威胁。虽然想要硬核派已经准备好、愿意并且能够在必要时"身体力行"，但他们更喜欢"嘴上说说"，更喜欢发表口头上的宣言，从而避免那种身份受到考验的情况。与硬核派及想要硬核派相反，差不多强硬派意味着足够熟悉街头文化，在语言上能够与其他两派相互沟通，这样就可以更多地专注于学习，并试图在学校取得成功。

虽然这些身份认同之间的差异和它们所呈现的阻力类型对丹斯研究中的学生们产生了巨大的影响，但与她一起工作的许多教育工作者似乎无法或不愿意看到几者之间的不同之处。事实上，丹斯研究的学生一直在抱怨，有能力区分这三种身份，并以一种对青少年街头文化充分理解的方式参与学生教育的老师实在太少了。由于无法区分硬核和想要硬核，教育工作者经常将学生的行为统一误读为"破坏性"动作，尽管对许多学生来说，这种行为仅仅是在街头文化中生存的必要掩护。当教育工作者将所有由街头文化激发的反抗行为归入一个单一的"黑帮"类别时，他们不仅失去了学生的信任和尊重，而且在更大范围内导致了学生的质疑，即学校教育无关紧要，老师们一无所知。不可避免的结果是，学生变得更加喜欢街头生活，拒绝教育者提供的任何东西，从而使"黑帮"生活方式合法化。

全身心地对待青少年的发展，意味着不能仅从表面上看待青少年的"强硬派"。那些在青少年中提倡健康抵抗的教育者，会把学生对学校的立场放在创造生活和身份认同的大环境中来考虑。建立能给学生提供健康人际关系和归属感的"家园"空间，区分学生对那些街头文化形式上和实质上的尊崇，鼓励为了解放性和生存性的抵抗,培养学生的适应能力和对多元文化的认同能力,这样便可以在一段时间内恢复学生的健康抵抗。幽默、耐心和信任在这里是无价的资源,也是学生们试图在成年人身上寻找的特征。

"了解"青年,就是要在他们复杂的生活现实中接近他们,这是迈向有效教育的关键一步。然而,正如我们在本书各章中所建议的,理解是青少年人生发展动态系统的一部分,它源于与学生之间的友好关系,并为更深层、更广泛的互动学习奠定了基础。因为发展是一个持续的建构过程,努力理解我们的学生也需要有容忍误解的能力,教育者也需要认识到尽管尽了最大努力,但对学生的了解也只能这么局限,所以我们在试图接触青少年的内心世界时往往会错失目标。从发展的角度看,"他们所处的地方"总是在通往另一个地方的路上,永远不变的事情就是"改变"。如果教育者理解了这一点,就有机会在青少年更广阔的生态系统中扮演重要角色,并与他们一起成长。

索　引

A

Abstinence（青少年）,sexual（性的）,190

Acculturation（文化适应）,156

Achieved identity（同一性达成）,38－39

Adolescence（青少年）,concept of（概念）,xi,3－9

African Americans（非裔美国人）,参见 Blacks

Apprenticeships（学徒制）,240－243

Asian Americans（亚裔美国人）,157

Assimilation（同化）,162,163f,169－173

Authorship of one's life（书写人生）,5－9

参见 Coauthorship of lives

B

Bartsch,Karen（卡伦·巴奇）,46,49

Bidimensional model（二维模型）,of acculturation（文化适应）,156

Big Picture Company（远景公司）,242－243

Bill & Melinda Gates Foundation（比尔和梅琳达·盖茨基金会）,56,242,245

Bioecological approach（生态学方法）,251

Blacks（黑人）

and capitalization of "Black"（"黑人"的资本化）,262n9

Caribbean American attitudes about(加勒比裔美国人的态度),170-173

female experience of(女性经历),105-106,110-111

learning attitudes of(学习态度),252

racial identity development theory and(和种族认同发展理论),132,134-135,136-137t,138-143

as social category(社会类别),262n9

truth-telling by(说真话),113

Boys(男孩),scripts for(脚本),111-114;参见 Gay youth; Gender

Brain(大脑),skill building and(和技能建构),68

Bronfenbrenner, Urie(乌里·布朗芬布伦纳),249-251

C

Career-development education(职业发展教育),234-238,247-248

Careers(职业生涯)。参见 School-to-career transitions

Caribbean Americans(加勒比裔美国人),157-158,170-173

Caring(关怀),xii-xiii,93-94,98

Carter, Prudence(普鲁登斯·卡特),258-259

Carter, Robert(罗伯特·卡特),144,149

Cass, Vivienne(薇薇安·卡斯),196

Chodorow, Nancy(南希·乔多罗),79

Chumship(密友),83-84

Clinical-developmental approach(临床发展方法),87-92

Clinton, Bill(比尔·克林顿),184-185

Coalition for Essential Schools(基础教育学校联盟),242

Coauthorship of lives(生活的"合著"),7,9,12-15,27,39

Cognitive development(认知发展)
  in adolescents(青少年),2-5,8,47-48
  constructionism and(和建构主义),49
  experimentation and(和实验),2-3
  interpsychological character of(跨心理学特征),8-9,50,85
  Piaget's model of(皮亚杰模型),46-47
  risk taking and(和冒险行为),45-46
Coleman,E.(E. 科尔曼),196
Collaboration(互动),90
College(大学)
  high school students studying at(高中生学习的地方),56-57,245-246
  transition to(过渡到高等教育),243-246
"Color-blind" racial attitudes("色盲"的种族态度),123,125,144
Commitment(承诺)
  in faith(信仰),211,220-221
  in identity development(认同发展),28,160
  relativism and(和相对主义),220-221
Communities(社区)
  and developmental assets movement(和发展资产理论),75-76
  initiation of youth into(青少年启蒙),227-229
Connell,R. W.(R. W. 康奈尔),105
Constructionist perspective(建构主义观点)
  on adolescence(青少年时期),3-9
  authorship and(和著作),5-9
  basic principles of(基本原则),x-xi,261n3
  on cognitive development(认知发展),49

on gender(性别),99-100

on race(种族),123-124

Cooperation(合作),90

Creativity(创造性行为),risk taking and(和冒险),42,44,52-54,57

Crisis(危机),identity development and(和身份认同发展),21-28,160

Cross,William(威廉·克罗斯),135-141

Csikszentmihalyi,Mihaly(米哈伊·契克森特米哈伊),53-54,61

D

Dance,L. Janelle(L. 珍妮尔·丹斯),258-260

Deep connection(深入联系),in education(教育),223

Defiant behavior(挑衅行为),as reality testing,(现实测试),2-3

参见 Resistance

Delpit,Lisa(丽莎·德尔皮),126

Developmental alliances(发展联盟),xii-xi,124-126

Developmental assets(发展资产),73-76

Differentiation(分化),128-130

Diffuse identity(同一性混淆),32-35

Dornbusch,Sanford M.(桑福德·M. 多恩布施),130,131

Drinking(饮酒),42

Dukes,Richard L.(理查德·L. 杜克斯),153,157

E

Early College High School Initiative(大学前期教育计划),56-57,245-246

Ecology(生态)。参见 Educational ecology of adolescent development

Education(教育)

career-development(职业发展),234-238

as challenge for adolescents(青少年的挑战),53-57

and existential concerns(和存在主义关切),222-229

joy and(和愉悦),226-227

sex(性),188-190

Educational ecology of adolescent development(青少年发展的教育生态),249-260

components of(组成部分),250-251

individuals' roles in(个体的作用),251

media critiques and(和媒体评论),253-255

resistance and(和抵抗),255-260

Educators(教育工作者)

distancing of(疏远),15

and existential concerns(和生存关怀),223

identities of(身份),17,38-39,120

life construction of(生活建构),student influence on(学生影响),12-15

role of(作用),8

and student resistance(学生抵触),256-257

参见 Teachers

Entropy(精神熵),54

Erikson, Erik(埃里克·埃里克森),18-27,107,205-206,212

Ethics(伦理学)

racial analysis and(和种族分析),122

relational approach and(和关系式方法),xi-xii

Ethnicity(民族)

assimilation and(和同化),162,163f,169-173

career-development education and(和职业发展教育),237

commitment and(和承诺),160

complexity of(复杂性),154-155

crisis and(和危机),160

culture versus(与文化相对),155

developmental approach to(发展方法),160-168,165t

generations and（和后代），
169-174
identification with（身份认同），161f
identity development and（和认同发展），151-176
and labeling（和标签），158
models of identity development based on（基于……的认同发展模型），133t
pan-（泛），157-158
race versus（与种族相对），152-153,152t
social/anthropological perspectives on（社会学和人类学视角），156-160
of specific groups（特定群体），168-176
Whites and（和白人），156-158
参见 Race
Existential concerns（存在主义关切），201-229
cognitive development and（和认知发展），48

developmental approach to（发展方法），202-209
and faith development（和信仰发展），209-222
practical implications of（实际意义），222-229
relativism and（和相对主义），217-221
Experimentation（实验）
cognitive development and（和认知发展），2-3
identity development and（和认同发展），20-27,36-38
risk taking as（冒险），41,49

F

Fairness（公平），88-89
Faith（信仰）
definition of（定义），210-212
identity and（和身份认同），205-206,214-216
参见 Faith development
Faith development（信仰发展）
in adolescence（青少年），213-222

347

in early childhood(幼儿),213

foundations for(基础),202-209

Fowler's model of(福勒模型),212-216

in infancy(婴儿期),9,212

practical implications of(实际意义),222-229

relativism and(和相对主义),217-220

Ferguson, Ann Arnett(安·阿内特·弗格森),105

Fine, Michelle(米歇尔·法恩),105,107,125,188-190

First Amendment(第一修正案),222

Fischer, Ann R.(安·R. 菲舍尔),155

Fischer, Kurt(库尔特·费舍尔),68-69,71

Flow(心流理论)

in education(教育),54,62

experience of(经验),61

skill specialization and(和技能掌握),71

Fordham, Signithia(西格尼西亚·福特汉姆),257-258

Foreclosed identity(同一性闭合),29-32

Formal operational thought(形式运算),47-48,48f,202,214

Fowler, James(詹姆斯·福勒),202,212

Freud, Sigmund(西格蒙德·弗洛伊德),128,212

Friendship(友谊),83-84

Future(未来),adolescent concept of(青少年概念),68-69

G

Gates Foundation(盖茨基金会),56,242,245

Gay-straight alliance groups(同直联盟团体),198-199

Gay youth(同性恋青少年)

career-development education and(和职业发展教育),237,238

developmental approach to(发展方法),196-197

and gay-straight alliance groups
（和同直联盟团体），197 - 198

identity development and（和认同发展），114 - 115

参见 Homophobia

Gender（性别）

biology and（和生物学），99 - 100

and classroom behavior（和课堂行为），105

folk theories of（民间理论），99

homosexuality and（和同性恋），114 - 117

identity development and（和认同发展），99 - 117

moral development and（和道德发展），93 - 94,209

scripts for（脚本），100,103 - 105

social construction of（社会建构），99 - 100

and transgender youth（和跨性别青年），198-199

参见 Boys；Girls

Gilligan, Carol（卡罗尔·吉利根），79,93 - 94,99,102 - 104,209

Girls（女孩）

career-development education and（和职业发展教育），237

psychosocial development pattern for（社会心理发展模式），103 - 107

and science（和科学研究），69 - 70

social roles for（社会角色），104 - 107

support systems for（支持体系），107 - 111

参见 Gender；Lesbian youth

Going underground（转入地下），102 - 107

Goodman, J.（J. 古德曼），100,181,183

Gould, Stephen Jay（斯蒂芬·杰伊·古尔德），123

Grabelle, Samantha（萨曼莎·格

349

拉贝尔),243

Guidance counseling(指导咨询),18

H

Hardcore identity(硬核派认同),259-260

Hardcore wannabe identity(想要硬核派认同),259-260

Hard-enough identity(差不多强硬派认同),259-260

Healthy Communities-Healthy Youth Initiative(青年健康发展和社区变革),75,255

Helms,Janet(珍妮特·赫尔姆斯),144,146-147,152-153

Hernandez Sheets,Rosa(罗莎·赫尔南德斯·谢茨),154,155,157

Herring,Roger(罗杰·赫林),237-238

Herwig,Sara(萨拉·赫维格),199,272-279

High school-to-college transition(从高中到大学的过渡),243-246

High-stakes testing(高风险性测试),xii,57,62-63,81-82

Homeplaces(家园),107-108

Homespaces(家庭式空间),109-111,197-199

Homophobia(恐同症),111-112,114-117,198,237-238

Homosexuality(同性恋)。参见Gay youth;Lesbian youth

hooks,bell(贝尔·胡克斯),113

I

Idealization(理想化)

　　in faith development(信仰发展),215

　　in identity development(身份发展),36

Identity development(身份发展),17-39

　　and achieved identity(和同一性达成),38-39

　　in adults(成人的),38-39

　　authorship and(书写),6

commitment in(承诺),28
complexity of(复杂性),17-18
context dependence of(上下文联系),120-121
crisis and(和危机),21-28
and diffuse identity(和同一性混淆),32-35
Erikson's model of(埃里克森模型),18-27
ethnicity and(和民族),151-176
existential concerns and(和存在主义关切),201-229
experimentation and(和实验),20-27,36-38
faith and(和信仰),205-206,214-216
and foreclosed identity(和同一性闭合),29-32
friendship and(和友谊),83-84
gender and(和性别),99-117
importance of(重要性),in adolescence(青少年),18,38-39
Marcia's model of(马西亚模型),27-39
moratorium in(延缓),36-38
performance and(和表演),121
personal meaning and(和个人意义),92-93
psychosexual development and(和性心理发展),19, race and(和种族),119-150
relational approach to(关系学习方法),79-98
resistance as means of(抵抗手段),109-111,257-258
safety necessary for(安全的必要性),33,37
sexuality and(和性),177-200
working and(和工作),246-248
Identity moratorium(同一性延缓),36-38
Identity statuses(同一性状态),

351

28－29

Imagination（想象力）
skills and（和技能），68－69
theoretical（理论），4－5

Initiation（启动），of youth into community（青年融入社区），227－229

Instrumental perspective on ethnicity（从工具主义角度看种族问题），156

Internships（实习），240－243

Interpersonal theory of psychiatry （精神病学人际理论），79－80，82－83

Interpersonal understanding（人际理解），88－90

Interpsychological development（心理互动发展），8－9，50，85

Irvine, Janice（贾尼斯·欧文），184，190

J

Jessor, Richard（理查德·杰索尔），55－56

Jessor, Shirley（雪莉·杰索尔），55－56

Jobs for the Future（未来工作），245

Joy（快乐），226－227

K

Kaufman, Gordon（戈登·考夫曼），210

Kegan, Robert（罗伯特·凯根），221

Kessler, Rachael（拉切尔·凯斯勒），222，224

Kimmel, Michael（迈克尔·基梅尔），111－112

Kincheloe, Joe L.（乔·L.金奇洛），124

Kirst, Michael（迈克尔·科斯特），245

Kohl, Herbert（赫伯特·科尔），257

Kohlberg, Lawrence（劳伦斯·科尔伯格），87－92，207－209

L

Lapan, Richard（理查德·拉

潘),234-235
Larson, Reed(雷德·拉尔森), 53-54,61
Latinos/as(拉丁裔美国人),157
Leadbeater, Bonnie(邦妮·里德比特),107
Learning(学习)
　attitudes toward(学习态度), 252
　mind-to-mind(思维互动),9-12
　resistance to(抵制),255-260
Leistyna, Pepi(佩皮·莱斯蒂纳),153
Lesbian youth(同性恋青年)
　career-development education and(和职业发展教育), 237-238
　developmental approach to(发展方法),196-197
　and gay-straight alliance groups(和同直联盟团体),197-198
　参见 Homophobia

Levine, Elliott(埃利奥特·莱文),242-243
Lewinsky, Monica(莫妮卡·莱温斯基),185
Lightfoot, Cynthia(辛西娅·莱特福特),43-45,49,52
Linear model(线性模型), of acculturation(文化适应),156
Littky, Dennis(丹尼斯·利特基),243
Love(爱)
　friendship and(和友情),84
　sex and(和性),183,192
Luttrell, Wendy(温迪·拉特勒尔),235

M

Machoian, Lisa(丽莎·马乔安),105
Madd skillz(花样技能),57-60
Marcia, James(詹姆斯·马西亚),27-39
Martinez, Ruben O.(鲁本·O.马丁内斯),153,157
Massachusetts Department of

353

Education（MDOE），(马萨诸塞州教育部），235－236

Mastery（掌握），57

McCormick, Jennifer（詹妮弗·麦考密克），107

Meade, Michael（迈克尔·米德），227－228

Meaning（意义），参见 Existential concerns

Media（媒体）

critiques of（批判），254－255

influence of（影响），253

sexuality as portrayed in（对性的描绘），180－181，254

Meeting of minds（达成共识），8－9

Melting pot theory（大熔炉），169

Mentoring（指导），96－98

Met School（大都会学校），241－243

Metz, Mary Haywood（玛丽·海伍德·梅茨），13－14

Miller, Jean Baker（让·贝克·米勒），79，95，111

Mind-to-mind learning（思维互动学习），9－12

Minorities（少数民族），170n2，257－258

参见 Blacks; Ethnicity; Race

Moradi, Bonnie（邦妮·莫拉迪），155

Moral development（道德发展），87－96，207－209

Mutual level of social understanding（社会理解的共同水平），89－90

N

Nakkula, Michael J.（迈克尔·J.纳库拉），14，56－57，66，69

Narratives（叙述）

authorship of life and（生命的创作），5－9

faith development and（和信仰发展），213－214

Negentropy（负精神熵），54

No Child Left Behind（NCLB）(《不让一个孩子掉队法案》)，57，63，67

Novelty（新奇），superficiality of

（肤浅），53，57

Nurmi，Jari（亚里·鲁米），68－69

O

Ogbu，John（约翰·奥格布），257－258

Omi，Michael（迈克尔·奥米），123

Oppositional identities（身份认同对立），257－258

P

Palmer，Parker（帕克·帕尔默），222，225－226

Pan-ethnicity（泛族裔），157－158

Parks，Sharon（莎朗·帕克斯），48，202，218－222

Pastor，Jennifer（詹妮弗·帕斯特），107－108

Patriarchy（男权制），103－104，112

Performance（演绎）

  of identities（身份认同），121

  of race（种族），130－131

Personal meaning（个人意义），92－93

Perspective-taking（换位思考），48，88，202，208，215

Phinney，J. S.（J. S. 菲尼），155，162－164，168

Piaget，Jean（让·皮亚杰），46－47，202

Pornography（色情作品），179－180，254

Portes，A.（A. 波特），170

Possibility development（可能性发展），62－68

  developmental assets and（和发展资产），73－76

  imagination and（和融合），68－69

  skill and（和技能），68－73

Prejudice（偏见），126－127

Primordialist perspective on ethnicity（从原始主义者的角度来看民族），156

Problem behavior syndrome（问题行为并发症），56

Problems(问题),emphasis shifted from(强调转变),66-68

Project IF (Inventing the Future) (IF[发现未来]项目),66-68

Psychosexual development(性心理发展),19

Psychosocial moratorium(社会心理暂缓期),20-21,24,27-29,107

Purpose of life(生活的目标)。参见 Existential concerns

R

Race(种族)

career-development education and(和职业发展教育),237

developmental approach to(发展方法),120-123,127-131,129f

and developmental model of social relationships(和社会关系发展模式),149t

ethnicity versus(与民族的对比),152-153,152t

identity development and(和认同发展),119-150

importance of(重要性),in American society(美国社会),121-122

and "minorities"(和"少数民族"),170n2

models of identity development based on(基于……的认同发展模型),133t

performance of(演绎),130-131

social construction of(社会建构),123-124,170

参见 Blacks;Ethnicity;Racism;Whites

Racism(种族主义)

institutional(制度上的),125-126

resistance to(抵抗),110,113

stereotypes and prejudice(刻板印象和偏见),126-127

Ravitch, Sharon(莎伦·拉维奇),14,69

Reciprocal level of social

understanding(社会理解的互惠水平),88-89

Reciprocal transformation(互惠转化),14

Relational approach(交往方式)

 educational ecology of adolescent development(青少年发展教育生态),249-260

 ethics of(伦理),xi-xii

 to identity development(认同发展),79-98

 to learning(学习),80-82

 to psychological development(心理发展),9,79-80

 to teaching(对于教学),97-98

Relativism(相对主义),217-221

Relevance(相关性),of education(教育),235-236

Religion(宗教)。参见 Faith;Faith development

Resistance(抵抗)

 to "acting White"("假冒白人"),258-259

 boys and(和男孩),111

 educator role in(教育者的作用),256-257

 folk theories of(民间理论),258

 girls and(和女孩),109-111

 as healthy response(健康的反应),256-257

 identity development through(认同发展),109-111,257-258

 to learning(去学习),255-260

 for liberation(为了自由),110-111

 by minorities(少数民族),257-258

 for survival(为了生存),110

 theories about(理论),255-260

 traditional understanding of(传统理解),255

Risk taking(承担风险)

 cognitive development and(和认知发展),45-46

357

compounding of(调和),55-56

creativity and(和创造力),42,44,52-54,57

culture of(文化),43-45

in education(教育),54-55

by educators(教育者),55

as experimentation(实验),41,49

importance of(重要性),in adolescence(青少年),41,44,45,53

intuitive(直觉),45-46,50-51

perceptions of(感知),42-43

positive(积极的),43

as problem behavior(问题行为),41

spontaneous(自发性),45-46,51-52

Rites of passage(成人仪式),227-229

Robinson,Traci(特雷西·罗宾逊),110

Role confusion(角色混乱),22-26

S

Sadker,David(戴维·萨德克),105

Sadker,Myra(迈拉·萨德克),105

Sapon-Shevin,M.(M.萨蓬-谢文),100,181,183

Scaffolding(支架)

and challenging education(和具有挑战性的教育),54

cognitive development and(和认知发展),50

context dependence of(上下文联系),12

definition of(定义),9-10

risk taking and(和冒险),51-52

School(学校)

gender and(性别),105

meanings of(意义),for students(学生),7

School-to-career transitions(从学校到职业生涯的过渡),231-

248

　career-development education and(和职业发展教育),234－238,247－248

　and high school-to-college transition(高中到大学的过渡),243－246

　identity development and(和认同发展),246－248

　and internships/apprenticeships(和实习/学徒制),240－243

　relational approach to(关系方法),240－243

　stresses in(压力),232－234

Science(科学研究),girls and(女孩),69－70

Search Institute(研究机构),73－75,255

Sears,James(詹姆斯·西尔斯),188－190

Segmented assimilation(分段同化),170

Selman,Robert(罗伯特·塞尔曼),87－92

Sex education(性教育),188－190

Sexuality(性)

　code of silence about(沉默准则),183－184

　desire and(欲望),188－189

　developmental approach to(发展方法),195－197

　education about(教育),188－190

　identity development and(认同发展),177－200

　and interpersonal relations(和人际关系),199－200

　love and(和爱),183,192

　media and(和媒体),180－181,254

　pleasure and(和快感),188

　pornography and(和色情影像),179－180

　preadolescence and(和前青少年期),178－179

　private/public concerns about(私密的/公开的关注),184－185

359

and psychosexual development（和性心理发展），19

rationality and（和理性），189

and same-sex experimentation（和同性实验），191-192

scripts for（脚本），181-187

and sexual orientation myths（和性取向迷思），190-195

technocratic approach to（技术性方法），189-190

and transsexuality（和性别转换），199

Sexual orientation（性取向），myths about（迷思），190-195

Silence（安静），in educational settings（教育环境），224-225

Sizer, Ted（泰德·西泽尔），242

Skiba, Russell J.（拉塞尔·J.希巴），105

Skills（技能）

imagination and（和想象力），68-69

mastery of（掌握），57

possibility and（和可能性），68-73

specialization versus generalization of（专业化与泛化的对比），70-71,73

sports and（和体育），72-73

transfer of（转化），71

Small-schools movement（小规模学校活动），242-243,245

Socioeconomic status（社会经济地位），tracking and（入世），231

Solitude（孤单），in educational settings（教育环境），224-225

Spencer, Margaret Beale（玛格丽特·比尔·斯宾塞），130,131,251-253

Sports（体育），72-73

Stages（阶段），28-29

Statuses（地位），28-29

Steinberg, Shirley R.（雪莉·R.斯坦伯格），124

Stereotypes（刻板印象），126-127

Straight-line assimilation theory（直线同化理论），169-170

Stress（压力），learning attitudes

and(和学习态度),252
Students(学生)
  developing possibilities of(发展可能性),62-69
  preparation of(准备),62-63
Sublimation(升华),200
Sullivan,Harry Stack(哈里·斯塔克·沙利文),79-80,82-86,191-192
Summers,Lawrence(劳伦斯·萨默斯),69-70
Symbols(符号),faith development and(信仰发展),216-217

T

Take the Time("花点时间"),255
Tatum,Beverly Daniel(贝弗利·丹尼尔·塔图姆),151
Teachers(教师),respected(受尊重的),57,81,260
  参见 Educators
Teaching(教学)
  of existential concerns(存在主义关切),218-219,222-229
  relational(关系性),97-98
  rewards of(奖励),13
Theoretical imagination(理论想象力),4-5
Theoretical thinking(理论思维),2-3,46,49
Third-person perspective-taking(第三人称换位思考能力),48,202,208,215
Thought-action gap(思想-行动鸿沟),92
Threaded case studies("贯穿式"案例研究),ix-x
Tillich,Paul(保罗·蒂利希),210
Tough fronts(强硬派),259-260
Tracking(入世),231
Transgender youth(跨性别青年),198-199
Transsexual youth(变性青少年),199
Traverse Bay(特拉弗斯湾区),Michigan(密歇根州),76
Troiden,R. R.(R. R. 特罗

361

登),196

U

Ultimate concerns(终极关怀)。参见 Existential concerns

V

Values(价值观),adult-youth shared("成人—青少年"共同[价值观]),56

Venezia,Andrea(安德烈亚·威尼斯),245

Violence(暴力),masculinity and (和男性气质),112-113

Vygotsky,Lev(利维·维果茨基),8-10,49-50,82,85,154

W

Ward,Janie(珍妮·沃德),109-110,113,197-198,258

Waters,Mary(玛丽·沃特斯),170-173

Way,Niobe(奈奥比·韦),107

West,Cornel(康奈尔·韦斯特),158

Whites(白人)

acting like(假冒),resistance to(抵制),258-259

and capitalization of "White"("白人"的资本化),262n9

and ethnicity(和民族),156-158

privileges of(特权),143

racial identity development theory and(和种族认同发展理论),143-145,146-147t,148,150

as social category(社会类别),262n9

Winant,Howard(霍华德·维南特),121,123

Working(工作),identity development and(和身份认同发展),246-248

Z

Zane,Nancie(南茜·赞恩),105

Zhou,M.(M.周),170

Zone of proximal development (ZPD)(最近发展区),9-12